JN086036

組織論レビュー

組織学会［編］ Ⅳ マクロ組織と環境の ダイナミクス

東京 白桃書房 神田

まえがき

　2012 年 10 月の組織学会年次大会（於 国士舘大学）において，「組織論レビュー」という企画が組まれた．全学会員を対象とした公募への応募者から若手・中堅 10 名が選抜され，1 年半の歳月をかけて自身の研究領域における膨大な先行研究レビューを行い，その成果を発表するという企画であった．大会当日，国士舘大学の会場には多くの学会員が集まり，終日，活発な議論が展開された．その成果は，組織学会編による『組織論レビュー I ・II』（白桃書房）として出版された．

　それから 9 年．本書では，2021 年の組織学会年次大会（於 神戸大学）において行われた第 2 回組織論レビューの成果をまとめた．この間，感染症などにより世界は大きく変わってしまったが，組織論の研究者たちは地道に研究を続けていた．世界中に散らばったそれらの研究をトピックごとに拾い集め，丁寧にレビューしたのが本書である．

　本書には，上下巻合わせて 15 本のレビュー論文と，実行委員の一人である服部による文献レビューに関する論文 1 本，合わせて 16 本の論文が収載されている．レビュー論文の主たる書き手はいわゆる新進気鋭の若手研究者であり，その分野でバリバリ研究している方たちである．当然，誰もが組織論において最新かつ重要なトピックをとりあげている．さらに，多くのレビュー論文については，いわゆるベテラン勢による，それぞれのレビュー論文に対するコメントまで掲載されている．組織論の研究者だけでなく，組織論に興味のある方すべてにとってまちがいなく面白いものばかりだ．第一弾と同様，本書も長く読み継がれ，組織論研究の礎のひとつとなることは想像に難くない．

　レビュー論文とは，既存の研究を体系的に収集・検討した論文である．詳しくは本書に収載されている服部論文に譲るが，レビュー論文は，それ自体が完結した一本の作品でなければならない．多くの組織論研究者は，自分の

論文執筆にあたって先行研究をレビューするが，それはその論文の問いを特定するためのいわば前フリである．本書に収載されているのはそのような論文の一部としての文献レビューではない．それぞれの論文が，既存の研究をレビューすることそのもので学術的な貢献を生み出している．このことを，第一弾の組織論レビューを編纂した高橋伸夫先生は「極上のプレーンヨーグルト」と表現した．上質な素材を探してきて，人工的な味付けはせずに素材そのもののうまさを引き出す．その意味で，本書に収載されているレビュー論文は間違いなく，極上のプレーンヨーグルトである．

　本書は，組織論という研究領域に関心を持つすべての人を読者として想定している．もちろん，組織論の研究者，およびその卵である大学院生が主たる読者となるだろう．レビュー論文は，その研究トピックについて研究する上で知っておくべき概念や理論，その研究トピックが体系化されてきた歴史，当然読んでおくべき重要な論文について一通り学習するのにとても役立つ．本書がきっかけとなり，本書が取り上げたトピックに取り組む研究者が増えれば，実行委員としては非常に嬉しい．あるいは，本書をお手本に自ら別のトピックでレビュー論文を執筆する研究者が現れれば，それもまた嬉しい．

　もうひとつ想定している読者は，日々の組織での活動に悩みを抱えている実務家たちである．本書はいわゆる研究書であり，組織論研究に関するアカデミックなトレーニングを受けたことがない人にとっては少し敷居が高いかもしれない．しかし，丁寧に読み込めば，それぞれの著者が取り上げたトピックについて，世界中でどのようなことが研究されており，何がどこまでわかっているのか，その概要を掴むことができるだろう．良い理論は実践においても役に立つ．本書が，実務家がアカデミアの知を活用するためのガイドとして少しでも役立つならば，これもまた実行委員として最高の喜びである．

　本書に収載されているレビュー論文は，2021年10月30，31日に神戸大学の主催でオンライン開催された組織学会年次大会で報告されたものである．この報告にいたるまでのプロセスは，第一弾の組織論レビューのときを

踏襲した．すなわち，大会本番の 1 年半前に報告者を確定し，2 回の大会ごとに開催されたミーティングで進捗状況を確認しつつ，大会本番を迎えるという体制をとった．

　より具体的に，これまでの歩みを振り返っておきたい．2019 年 12 月，我々は約 2 年後の年次大会にて第 2 弾の組織論レビューを行うことをアナウンスし，同時に報告を公募した．2020 年 3 月の締め切り時点で，大学院生からベテランまで様々な研究者から 59 件の応募があった．実行委員に 3 名の匿名レフェリーを加えて応募書類を精査し，約 1/3 に報告者を絞り込んだ．

　こうして絞り込んだ報告者たちには，2020 年 6 月に横浜国立大学主催でオンライン開催された研究発表大会にて，顔合わせを兼ねたミーティングに出席してもらい，レビュアーからのコメントのフィードバックも行った．続く 2020 年 10 月に大阪市立大学の主催でオンライン開催された年次大会では，各自のテーマを改めて確認するとともに，自身がレビューの対象とする主要な文献リストを提出してもらい，ここから実質的な執筆活動がスタートした．

　2021 年 6 月，東洋大学の主催でオンライン開催された研究発表大会にて，再度のミーティングを行った．ここでは 5 月中旬に提出された初稿に対する実行委員のコメントを伝えるとともに，大会当日のコメンテーターの希望についての聞き取りを行った．報告者たちは，9 月には完成原稿をコメンテーターに送り，コメンテーターからのフィードバックを受けて，10 月の年次大会での報告準備を進めていった．

　2021 年 10 月の組織学会年次大会もまた，COVID-19 の感染拡大によりオンライン開催となった．報告時間は第 1 回を踏襲し，報告が 60 分，コメンテーターのコメントが 20 分，質疑応答が 10 分の計 90 分とした．各会場の参加者は少ない場合でも 50 名程度，多い場合には 170 名を超えた．大会参加人数はエントリーベースで 446 名にのぼり，これは近年の大会の中でもかなり多い部類に入るものである．画面越しにも熱気が伝わってくるような盛り上がりだったと思う．会員たちの感想を直接聞くことはできなかったが，SNS では「面白かった」というコメントがいくつか確認できた．やはり，組織論を学ぶことは楽しい．それを再確認できた大会だった．その後，報告

者とコメンテーターが最終稿を提出し，本書出版の運びとなった．残念なが
ら，一部のコメンテーターについては，ご本人のスケジュール等の都合によ
り，コメントを本書に収載するに至らなかったが，レビュー論文について
は，年次大会に登壇した全組の原稿を，読者の皆様にお届けすることができ
た．

　本書は多くの方のご協力によって完成した．当然，各論文の執筆者の尽力
がなければこの企画は成り立たなかったが，残念ながら選に漏れた方々もあ
わせてすべての応募者に感謝申し上げたい．最終的に執筆いただいたトピッ
クだけでなく，選に漏れたものも興味深いものばかりだった．どこかで，そ
のレビュー論文も読んでみたいと思う．そして，それぞれの論文へのコメン
トを快く引き受け，かつ原稿までご執筆いただいたコメンテーターの皆様に
も感謝申し上げたい．皆様からいただいたコメントは執筆者の励みになった
だけでなく，レビュー論文の貢献をさらに高みへと導いてくださった．ま
た，応募を審査していただいた3名の匿名レフェリーにも感謝申し上げた
い．本当は名前を挙げてお礼申し上げたいが，レフェリーという役割ではか
なわない．少しでも気持ちが伝わっていれば幸いである．さらに本書の出版
を快く引き受けてくださり，出版まで粘り強く伴走してくださった白桃書房
の平千枝子さん，金子歓子さんにも感謝申し上げたい．
　最後に，高橋伸夫先生にも，大きな感謝の気持ちを伝えたい．今回の組織
論レビューで実行委員を担った高尾，服部，宮尾は第1回組織論レビューの
執筆者だった．当時，高橋先生があのような素敵な企画を立案し，私たちを
導いてくださったからこそ，時を経てこの第2回組織論レビューが生まれた
のである．神戸大学が年次大会を引き受けることになり，何をしようかと話
し合った際，自然と「前に僕たちがやった組織論レビュー，あれ，もう1回
やりたいよね」という話になった．このような形でタスキを繋げることがで
きたのは本当に嬉しいし，感謝の気持ちでいっぱいである．

　第1回組織論レビューの報告は2012年に行われたのだが，その当時，高
橋先生は「こういうのをオリンピックイヤーごとにできればいいよね」とい
うことをおっしゃっていた．奇しくもCOVID-19の影響で東京オリンピッ

クの開催が1年遅れたため，第2回組織論レビューの報告もオリンピックイヤーに行われた．研究はオリンピック競技のように順位を競うものではないが，それでも執筆者全員にメダルを贈りたい気分である．このような素敵な論文の出版をサポートさせてもらったことに，実行委員一同，あらためてお礼申し上げたい．

組織論レビュー実行委員

東京都立大学大学院経営学研究科　教授　高尾義明
神戸大学大学院経営学研究科　准教授　服部泰宏
神戸大学大学院経営学研究科　准教授　宮尾　学

目　次

3　組織ルーティン概念の変遷と今後の展望

吉野　直人

6 ステータス研究の経営学的意義とその課題
組織論・戦略論研究の新たなる可能性

金 柄式

7 組織美学の生成と発展

加藤　敬太

8 研究開発における組織内・組織間関係
特許データによる貢献と限界，留意点

吉岡（小林）徹

1 マクロ現象としての「両利きの経営」とマルチレベル分析への展開

岩尾 俊兵・塩谷 剛[*]

1-1 はじめに:両利き経営論の勃興

　現代社会は,技術・災害・市場などの不確実性と複雑性が増した,VUCA(Volatility, Uncertainty, Complexity, Ambiguity)の時代などと表現されることがある(O'Reilly & Tushman, 2008).こうした社会において,組織が生き残るためには,激しい経営環境・競争環境の変化に対応し続ける必要があるだろう.そして,そのためには,既存の事業から着実に利益を確保する一方で,同時に既存事業からの脱皮や革新にも挑戦するといった,「両にらみ」のマネジメントが必要とされよう(Lavie et al., 2010).

　本稿は,こうした利益追求と革新の両にらみのマネジメントを実現する「両利き(の)経営」の研究潮流を概観し[1],当該分野の展開について論じる.ここで,両利き経営(ambidextrous organization または organizational ambidexterity)とは,知の探索と深化・深耕・活用[2]を同時に追求することを指す(e.g., 入山, 2019).

　具体的には,企業・組織に成功をもたらした既存の戦略・構造・文化との適合度を高めていくという進化的変化(evolutionary change)=深化と,過

---

* 本稿の執筆において,両著者の貢献は均等である.
1 "ambidextrous organization" および "organizational ambidexterity" を直訳すれば「両利きの組織」となる.しかし,本稿は,当該分野における近年の日本語著作(e.g. 安藤・上野, 2013; 入山, 2019; オライリー・タッシュマン, 2019)に従い,これらの訳語として「両利きの経営」または「両利き経営」の両方を用いている.
2 これまで,先行研究は,exploitation の訳として「深化」「深耕」「活用」などの単語を用いてきた.本稿では,このうち入山(2019)に倣って,主に「深化」を用いることにした.

去の成功にとらわれることなくそれらを自己破壊していく革命的変化（revolutionary change）＝探索を，同時に追求するのが両利きの経営である（Tushman & O'Reilly, 1996）．たとえば両利き経営分野における 85 本の論文について包括的な文献レビューをおこなっている Turner et al.（2013）は，両利き経営の定義を「既存の知識を利用し洗練していく（深化）と同時に，企業活動において判明した知識の不足・欠落を解消するために新しい知を創造する（探索）能力[3]」であるとしている．

　なお，知の探索と深化を同時追求する方法のうち，当初は組織の構造を使い分けるという点に注目が集まっていた．すなわち，既存のビジネスを深化させていく部門と，既存のビジネスを自己破壊して新たなビジネスを生み出す部門を組織的に分けて，場合によっては分社化するというマネジメントの必要性が唱えられたのである（Markides, 2013）．両利き経営分野の嚆矢のひとつともいえる Tushman & O'Reilly（1996）などは，こうした「組織構造レベルでの両利き経営」の必要性を説いた初期の代表的研究であった．

　ただし，両利き経営の発展について概観した Birkinshaw & Gupta（2013）によると，両利き経営のコンセプトを実務志向の雑誌 *California Management Review* にて一般に紹介した Tushman & O'Reilly（1996）と，それに関連する一般書である Tushman & O'Reilly（1997）の出版からしばらくの間，両利き経営にはアカデミックな注目は集まっていなかった．当初，両利き経営というコンセプトは，実務界の一部で受け入れられたにとどまったのである．

　しかし，この状況は，Gibson & Birkinshaw（2004）が発表されてから変化した．Gibson & Birkinshaw（2004）以前における両利き経営の代表的論者である Duncan（1976）や Tushman & O'Reilly（1996）たちは，両利きの経営を成り立たせるために組織構造に工夫を加える（たとえば探索部門と深化部門を分ける）ことを主張していたのに対して，Gibson & Birkinshaw（2004）が，より広範な組織の文脈に着目する「文脈レベル（contextual）での両利き経営」というコンセプトを発表したことで，これまでより多くの組

3　原文は "Ambidexterity is the ability to both use and refine existing knowledge (exploitation) while also creating new knowledge to overcome knowledge deficiencies or absences identified within the execution of the work (exploration)" である．

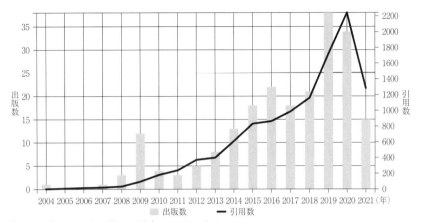

注：2021 年は 2021 年 7 月 24 日時点のデータである.

図1　"organizational ambidexterity" をタイトルに含む論文の出版および引用状況

織現象を取り込むことができるようになったのである．実際に，両利き経営についての論文発表数は，彼らの論文が発表された 2004 年以降急速に増加している．

　図1は，両利き経営について，世界的な論文データベースである Web of Science に採録されている論文の出版数と引用数の推移を記録したものである（2021 年 7 月 24 日時点）．なお，ここではタイトルに "organizational ambidexterity" の語が入っている論文のみをカウントしており，検索方法によってはこれよりも多くの論文が捕捉される．

　なお，2013 年には Academy of Management において両利き経営についてのシンポジウムが企画され，その成果は *Academy of Management Perspective* の特集号に発表された．この特集号が企画された 2013 年の時点では，このまま人気が収束していくという可能性も示唆されていたが（Birkinshaw & Gupta, 2013），実際には 2014 年以降も両利き経営分野の論文発表数は幾何級数的に増加し続けていることがわかる．

　このように，経営学界における両利き経営ブームのきっかけとなった Gibson & Birkinshaw（2004）だが，実はこの論文の投稿段階では両利き経営をそれほど意識した論文ではなかったという（Birkinshaw & Gupta, 2013）．両利き経営はあくまでも数ある研究のフレーミングの可能性のひと

つにすぎず，むしろ研究の主眼は組織の首尾一貫性と環境適応とのバランスを取る組織の文脈と条件についての考察にあったというのである（Birkinshaw & Gupta, 2013）．この論文の転機は，実際には，*Academy of Management Journal* のエディターであった Marshall Schminke から「文脈レベルでの両利き経営（contextual ambidexterity）」というコンセプトで論文をまとめるという示唆を受けたときだったという（Birkinshaw & Gupta, 2013）．

　両利きの経営は，上述のような概念の拡張を伴いながら，2000 年代を通じて実務界と学界の両方で注目を集め続けている．それに伴って，当該分野のレビュー論文もいくつか登場してきた．そのうちの１つである Turner et al.（2013）は，組織レベル，組織内のグループレベル，個人レベルのそれぞれに両利き経営を可能にする知的資本のメカニズムがあると指摘した．ただし，Turner et al.（2013）は，組織間関係レベルの両利き経営の可能性に気付いておらず,不十分な議論にとどまっている．O'Reilly & Tushman（2013）もまた，組織を超えたコミュニティレベルの両利き経営を今後の研究課題として挙げている．なお，O'Reilly & Tushman（2013）は当該分野の展望論文であり，両利きの経営を可能にする境界条件についての定量的な議論を今後の課題として挙げている．これに関して,以後に述べる Junni et al.（2013）や Fourné et al.（2019）のように，両利き経営の定量的な効果に関する大規模なメタ・アナリシスの手法を用いたレビューも試みられてきている．

　このうち Junni et al.（2013）によれば，2013 年以前の研究を総括すれば，両利き経営と企業の経営成績との間にはおおむね正の相関があるといえるが，一方でその相関には調整変数（moderator variable）が存在していることも明らかになったという．たとえば，ハイテク産業やサービス産業においては，両利き経営と経営成績の間の相関が比較的高い一方で，製造業においては両者には低い相関しかみられなかった（Junni et al., 2013）．ここで重要なのは，こうした正の相関に研究手法が影響を与えているという事実である．すなわち，公的な記録（archival data）を用いた研究よりも質問票調査（cross-sectional survey）を基にした研究の方が正の相関が高まっていた．さらに，客観的な指標を用いるよりも主観的な指標を用いる方がより高い正の相関がみられたのである（Junni et al., 2013）．

　次に，2019 年におこなわれたメタ・アナリシスである Fourné et al.（2019）

は，上述のような「研究手法が与える影響」については主に取り扱ってはいないが，やはり両利き経営と経営成績との間には調整変数が存在することを示唆している．たとえば，ハイテク産業では，文脈レベルでの両利きよりも構造レベルでの両利きの方が有効，反対にサービス産業では構造レベルの両利きよりも文脈レベルの両利きの方が有効，ハイテク産業や製造業では一企業内での両利きよりも他者とのアライアンスによる両利きの方が有効，といった発見がなされた（Fourné et al., 2019）．なお，ここでいう組織内文脈レベルの両利き経営，組織構造レベルの両利き経営，企業間関係レベルの両利き経営，といった両利きの経営を実現する複数のアプローチについては，本稿第 1-3 節で詳細に論じることにする．

　このように，両利きの経営に関する研究は，組織の様々なレベルでの両利き経営コンセプトの提示→定量的な効果の測定→境界条件の探求→メタ・アナリシスというように，順調に蓄積されてきているようにもみえる．しかしながら，後述するように，両利きの経営に関する現状の研究群には，マルチレベル分析への視点が不十分だという欠点も残されている．そこで本稿では，はじめに両利き経営コンセプトの発展経路をたどり，次に両利き経営を実現する方法についての既存研究の知見とそれに対する疑問を提示し，さらに今後の両利き経営研究の方向性について考察する．

　本稿の文献レビュー方法は次の通りである．まず，Web of Science の "Business" および "Management" 分野において "ambidextrous（ヒット数：621 件）" および "ambidexterity（ヒット数：1707 件）" の 2 単語を用いて論文検索をおこない，引用数の多いものから順にレビューをおこなった．また，日本語文献については，CiNii において「両利きの経営（ヒット数：28件）」および「両利き経営（ヒット数：11 件）」という 2 単語を用いて同様の論文検索をおこなった[4]．『組織科学』誌については，別途「両利き」で検索した（ヒット数：4 件）．レビュー作業においては，引用関係から必要な書籍・論文等について適宜レビューに加えていった．ただし，これらすべてに触れることは物理的にも困難であるため，本稿ではこうして収集した文献のうち筆者らが必要と考えるものを取り上げていく記述的レビューをおこ

4　最終検索日 2021 年 7 月 24 日.

なっており，メタ・アナリシス的な手法は採用していない．

1-2 両利き経営の概念をめぐる議論の展開

1-2-1 探索・深化概念の導入

　両利き経営の構成要素である探索と深化という言葉を初めて使用した研究は，March（1991）である．March（1991）によると探索（exploration）は「サーチ」「変化」「リスクテイキング」「実験」「遊び」「柔軟性」「イノベーション」として捉えられるものを含み，深化（exploitation）は「精練」「選択」「生産」「効率」「導入」「実行」として捉えられるものを含んでいる．この定義は広範かつ，様々な解釈が可能であった．これに対して，Levinthal & March（1993）は，探索・深化という活動の幅の広さに言及しながらも，定義の軸を知識に限定し，探索とは新しい知識の追求であり，深化とは既に知られている知識の利用や改善と定義している．

　探索と深化の両者のマネジメントにはそれぞれ対極的な組織能力・アプローチが必要とされるため，深化に注力する組織ほど，しばしば，探索の実践が困難になるという問題に直面する．探索は，経済的，人的，時間的なコストがかかるわりに不確実性が高く，これに対して，深化は早期に結果が得られ確実性が高いため，企業は深化に傾斜しがちである．その結果，探索は排除され，組織の適応プロセスを潜在的に自己破壊的なものにしてしまう（March, 1991）．Levinthal & March（1993）は，こうした深化への傾斜状況を「成功の罠（success trap）」と呼んでいる．

　Levinthal & March（1993）は，「成功の罠」に加えて，探索が深化を駆逐し，失敗を重ねる度に新たな探索を繰り返す「失敗の罠（failure trap）」についても言及している．この組織的な病理は，探索の失敗を許容する組織内の3つの楽観主義によって引き起こされるという．第1に，「そもそもほとんどのアイデアは失敗し，経営成果に結びつかないものだ」という考え方が組織内に蔓延している場合である．第2に，「成功したイノベーションですらも導入時においては十分なパフォーマンスをあげることができない」という考え方が組織内に蔓延している場合である．第3に，一度設定してし

まった探索の目標水準を容易には下げづらいという考え方が組織内に蔓延している場合である．この3つの要因によって組織は，失敗しても探索を継続し，また失敗する，というサイクルを繰り返すことになる．

このように，探索・深化概念が登場した当初の議論では，探索と深化はトレード・オフの関係にあると見做され，これらのバランスを取ることに重きが置かれていたといえよう（March, 1991; Levinthal & March, 1993）．

1-2-2 探索・深化から両利き（Ambidexterity）へ

両利きという用語の初出は Duncan（1976）[5] であり（O'Reilly & Tushman, 2013），探索・深化の概念の登場に先立つ．

Duncan（1976）は，イノベーションのプロセスを導入（initiation）と実行（implementation）の2段階で捉え，コンティンジェンシー理論の視点から各段階に応じて異なる組織編成が必要であることを主張している．イノベーション導入のプロセスは，新しい知識の認識，イノベーションに対する組織メンバーの態度形成，イノベーションを実行に移す意思決定の3つのサブステージから構成され，探索に関連する活動であると考えられる．一方，イノベーション実行のプロセスは，イノベーションの試験的運用[6]と継続的運用の2つのサブステージから構成され，深化に関連する活動であると考えられる．

Duncan（1976）は，イノベーション導入のプロセスにおいては，多様な組織メンバーから構成され，公式化の程度が低く，分権的な組織が適合する一方で，イノベーション実行のプロセスでは，同質的な組織メンバーから構成され，公式化の程度が高く，集権的な組織が適合するという主張を展開している．すなわち，組織は時間の経過とともに構造を変化させることによって，逐次的に探索と深化の両立を図ることができるとする考え方である．

Duncan（1976）の発表から20年が経過して初めて，両利きの概念はより

5　なお，Duncan（1976）のタイトルは The ambidextrous organization: Designing dual structures for innovation であるが，本文中で ambidexterity（ambidextrous）という用語は一度も使用されていない．また，Tushman と O'Reilly が Duncan に言及するのは Tushman & O'Reilly（1996）の出版以降のことであり，当初彼らは Duncan を引用していなかった（中園, 2021）．
6　研究者によっては，この試験的運用までを探索に関する活動と考える．

広範囲から注目を集めることになる．その契機となった論文が*California Management Review*に掲載された Tushman & O'Reilly（1996）である．Tushman & O'Reilly（1996）は，長期にわたって成功し続けるためには，漸進的な（incremental）イノベーションと不連続な（discontinuous）イノベーションとを同時に追求することが必要であり，それを実現するためには異なる部門で分業して，それぞれのイノベーションに取り組むべきであると主張している．

　このように両利きの概念が注目を集め始めた当初の議論は組織構造そのものに焦点を当てたものであり，その研究の数も非常に限定的なものであった．また，これらの議論の中で探索・深化と類似の概念が登場するものの，探索・深化が両利きの経営を構成する概念として直接使用されたのは 2000 年代に入ってからである（e.g., Tushman & Smith, 2002; Benner & Tushman, 2003）．

1-2-3　探索・深化概念の精緻化

　前述のとおり，Levinthal & March（1993）では探索を新しい知識の追求，深化を既存の知識の改善や利用と捉えているが，探索と深化の分類について，この定義には曖昧な点が残っていた．たとえば，既存製品による新市場への進出など探索と深化のどちらに分類してよいか判断がつかないといった難点があった．

　この問題に対して，Gupta et al.（2006）は *Academy of Management Journal* に掲載されたレビュー論文において，探索と深化は「学習の種類」と「学習の有無」の 2 つの視点から分類することができると説明している．前者に分類される Benner & Tushman（2002）は，探索は異なる技術軌道へのシフトであり，深化は既存の要素における改善を意味し，既存の技術軌道に基づくものであると捉えている．He & Wong（2004）は，探索を新製品市場への参入を目的とした技術イノベーション，深化を既存の製品市場を深耕することを目的とした技術イノベーションとして定義しており，ドメインの拡大か洗練かという視点から探索と深化とを分類している．一方，後者に分類される Vermeulen & Barkema（2001）は，探索は新しい知識を追求することであり，深化は既存の知識を単に使用することであると定義してい

る.

　Gupta et al.（2006）は，次の理由から前者による分類が望ましいと主張している．第1に，どのような活動にも学習が伴うことが挙げられる．第2に，学習の有無による分類は，既存のルーティンを反復することによって発生する学習を見落とす危険性がある．既存ルーティンの反復が意図せざる逸脱として新たなドメイン獲得につながった場合や，反対に組織に存在しなかった新たな技術やプロセスを導入したものの，結果的に既存のビジネスの効率改善に収まる場合において，学習の有無による分類では，探索か深化か判別することは困難であると考えられる．

　探索と深化を厳密に区別する議論がなされている一方，両者の差異は種類というよりも程度の問題によるものと指摘する論者も現れている．Lavie et al.（2010）は，探索とは組織の現在の知識基盤やスキルからの転換であり，深化とは組織における既存の知識基盤に基づいたものであると定義したうえで，両者を分離したものではなく連続体として概念化するべきであると指摘している．探索はその後の知識の応用による深化にとってかわられる．たとえば，新技術を使用して実験を行うとき，組織は探索を実施することになるが，これらの実験や新しく獲得した知識の応用を繰り返すうちに，深化のルーティンを発達させ，その知識により詳しくなる．その結果として，探索は深化に発展する．また，新しい知識を獲得する能力は，組織における既存の知識基盤にある程度依存することになる（Cohen & Levinthal, 1990）.

　以上のように，探索と深化の間には自然なサイクルが存在するため（Rothaermel & Deeds, 2004），このような推移性は離散的な概念ではなく連続体として記述することが適切である，というのがLavie et al.（2010）の主張である.

1-2-4 「両利きの経営」研究の拡張

　両利きの概念が注目を集め始めた当初の議論は，時間的，空間的に組織を分離して，探索と深化とを両立させるというものに限定されていたが，これに対してGibson & Birkinshaw（2004）は，文脈レベルの両利きという新たなコンセプトを提唱した．文脈レベルの両利きとは，整合性（alignment）と適応性（adaptability）を同時に達成させる行動能力を意味する.

ここで，整合性とは，組織の構成員が組織全体の目的達成に向けて協働することを指す．整合性は組織内の各活動における首尾一貫性を重視するところから，深化に関連する概念であると考えられる．一方，適応性とは，環境変化に対応するために，組織の構成員が事業活動を素早く再編成することができる能力であり，探索に関連する概念であると考えられる．Gibson & Birkinshaw（2004）は，組織構成員が整合性と適応性に関する活動の時間配分をどのようにするか判断可能にするよう組織における文脈（organizational context）を設計することで，両利きの組織を実現することができると主張した．

　組織における文脈とは，個人の行動を形成するシステム，プロセス，信念を意味し，規律（discipline），伸張（stretch），支援（support），信頼（trust）の4つの次元によって特徴付けられる（Ghoshal & Bartlett, 1994）．第1に，規律とは，責任に対して生じる期待に応えるために，組織構成員が自発的に努力をするよう促すものであり，明確なパフォーマンスや行動の規準，率直で素早いフィードバックなどが含まれる．第2に，伸張とは，自発的に野心的な目標を達成するための努力を促す文脈の特徴を指し，組織共通の野心やアイデンティティなどが含まれる．第3に，支援とは，他者への援助と支持を促す文脈の特徴であり，組織構成員が経営資源にアクセスすることを可能にする仕組みや，現場における主導権の付与などが含まれる．第4に，信頼とは，互いの責任が果たされることを信じ，それに頼ることを促す文脈の特徴であり，意思決定プロセスにおける公正性や公平性，意思決定とそれに影響を与える活動への関与などが含まれる．

　Gibson & Birkinshaw（2004）の特徴的な点は，組織構成員の行動や彼らを取り巻く文脈という視点から両利き経営にアプローチしたことにあるだろう．加えて，組織における個人（マネジャー）に着目した議論も展開されている．O'Reilly & Tushman（2004）は，両利きの組織には，異なる戦略，組織構造等を並行して稼働できる両利きのリーダーシップが必要であると論じている．これまで，ルーティンや学習の焦点の大きな違いから，個人レベルで探索と深化のルーティンを切り換えることは困難であると考えられてきたが（Gupta et al., 2006），Mom et al.（2009）は，マネジャー個人のレベルにおいても探索と深化の同時追求が可能であることを指摘し，その先行要因

を定量的に検証している.

　以上の点を踏まえると，両利きの経営研究は，マクロレベルからミクロレベルへ，組織構造といったハード面から個人の行動や文脈といったソフト面へ議論が拡張していったといえよう.

1-3 両利き経営の４タイプ

　前節でみてきたように，両利き経営の議論が発展した結果として，現在では両利き経営の実現方法をいくつかのタイプに分類できるようになった. 具体的には，①個人レベルの両利き，②組織構造レベルの両利き，③組織全体レベルの両利き（探索と深化の時期による両利き），④組織ネットワークレベルの両利き，の４つに大別できる. ただし，このうち④は，近年興隆しつつある視点であるため前節では取り上げていなかった.

　なお，これら４つの区分は，本来は互いに独立したものではなく，それぞれが相互に補完しあう関係にある. しかし，現状では，一部の研究を除いて，既存研究においてこうした視点は取られてきていない. もちろん，これら４つのレベルのうち２つ以上に注目した，マルチレベルの研究は存在するものの（e.g., Mon et al., 2018; Jansen et al., 2012; Simsek, 2009），これらも４つのレベルの両利き経営の相互関係を直接的に検討したものではない. こうした点を次に確認していく.

1-3-1 組織内の個人レベルの両利き経営

　両利きの経営を成り立たせる方法のひとつは，組織内の個人レベルで探索と深化を両立させるというものである（e.g., Mom et al., 2009; Stokes et al., 2015; Junni et al., 2015）. 本稿でもすでに登場した「文脈レベルの両利き」（e.g., Gibson & Birkinshaw, 2004）も，個人レベルの両利きのひとつとして捉えることができる.

　文脈レベルの両利き経営とは，組織において過去の行動との一貫性と未来への適応とを同時に実現する組織成員の行動能力（behavioral capacity）のことである（Gibson & Birkinshaw, 2004）. すなわち，組織内・部門内の個々人が，日々の仕事をこなしている中で，効率性を追求するモードと革新

や変革をおこなうモードとを臨機応変に使いわけるような状況を指す．こう
した研究の嚆矢となった Gibson & Birkinshaw（2004）は，世界7か国の多
国籍企業10社の従業員4195名に対する質問票調査によって，こうした「文
脈レベルの両利き」が事業成果への従業員満足と顧客満足の両方に寄与して
いたと指摘している．

　組織内の個人に着目した研究は，近年では組織行動論（organizational
behavior）や人的資源管理（human resource management）分野と合流し
ている．両利き経営を可能にしている従業員の特性についての研究などが，
こうした研究潮流に位置付けられよう．たとえば，財務や会計系の教育を受
けたものよりもマーケティングの教育を受けた者の方が探索行動に出やすい
（Stokes et al., 2015），同一産業での在籍年数（tenure）が短い方が両利きの
性質を持ちやすい（Ambos et al., 2008），同一職種での在籍年数は短く同一
企業における在籍年数の長いマネジャーが両利きの性質を持ちやすい（Mom
et al., 2015），といった性質が発見されてきた．

　また，Mom et al.（2009）は，マネジャー個人の性質に着目して，自己の
知識の精緻化と更新を怠らないといった性質を備えたマネジャーは，個人レ
ベルでも両利きを実現すると論じている．さらに，こうした人材は，相互に
矛盾する組織目標を受容し，異なるタスクを同時並行的に処理するゼネラリ
ストであり，強い意思決定権を持ち，社内における広いネットワークを持つ
という特徴があるという（Mom et al., 2009）．

　個人レベルの両利きについて，総じていえば，規則・慣習・常識などに縛
られそうな教育歴・職務歴・性格を持つものは深化に傾倒しやすく，その反
対の特徴を持つ個人は探索をおこなう傾向にあるといえよう（Junni et al.,
2015）．

　このように，個人レベルの両利き経営は，組織行動論や人的資源管理論と
合流しながら，確かな測定に基づいた研究を蓄積してきた．しかしながら，
これらの研究群は，ミクロな組織成員レベルでの両利き経営の単純集計が，
マクロな組織現象としての両利き経営をもたらすという前提を置いているこ
とが多い．しかし，そもそも組織には2人以上の構成員がおり，組織成員の
活動の単純和以上の結果がもたらされるはずである（Barnard, 1938）．

　そのため，組織内の個人にも探索と深化のいずれかまたは両方の性質がみ

られることが事実だとして，個人レベルでも探索と深化が両立している必要があるのか，といった点などを再考する必要があるだろう．たとえば，すべての組織成員が両利きの性質を持つ場合，探索に偏った個人と深化に偏った個人とが同数ずつ存在する場合，探索に偏った個人のみや深化に偏った個人のみからなる場合など，様々な組織の状態を考えうる．しかしながら，こうした状態のうちどれが望ましいのかといった議論は，既存研究ではいまだにあまり議論されていない状態にある．

1-3-2　組織構造レベルでの両利き経営

　両利き経営を実現するために，組織構造を使い分けるというマネジメント手法も存在している（e.g., Duncan, 1976; 柴田，2008; Tushman & O'Reilly, 1996）．たとえば，探索部門と深化部門とを組織的に分け，場合によっては分社化し，それぞれに適合的な組織設計をするといったマネジメントである．たとえば，Christensen は，「イノベーション（イノベーター）のジレンマ」の解決方法として，イノベーション部門の既存部門からの分離を説いた（Christensen & Bower, 1996）．

　また，Tushman & O'Reilly（1996）も，当初はこの組織構造レベルでの両利き経営を主に論じていた．たとえば，社内に探索部門と深化部門とを設置して，探索部門は有機的でフラットな組織設計をおこない，深化部門は機械的でヒエラルキーな組織設計をおこなうといった具合である．このとき，探索部門と深化部門とは分化させられる必要があると同時に，上位層（senior team）ではこれらの資源の融通を可能にするために統合もおこなわれる必要がある（Benner & Tushman, 2003）．すなわち，分化のメリットと統合のメリットの両にらみをする必要があるとされたのである．なお，O'Reilly と Tushman は 2008 年に「ダイナミックケイパビリティとしての両利き経営：イノベーターのジレンマを解決する（Ambidexterity as a dynamic capability: Resolving the innovator's dilemma）」と題する論文（O'Reilly & Tushman, 2008）を発表している．その意味で，Tushman, O'Reilly, Christensen との問題意識は共通していたといえよう．

さらに，経営学分野において両利き経営（ambidextrous organization）という用語を初めて用いたとされる Duncan（1976）もまた，一組織内には，イノベーションの創出を担う部門とイノベーションの利用を担う部門とが存在するとしている．そのうえで，前者には有機的組織が，後者には機械的組織が，それぞれ適合的ではないかという考察をおこなっている．このように，組織構造レベルでの両利き経営は，当該研究分野の誕生当初から論じられてきたといえるのである．

　こうした「組織構造レベルでの両利き経営」は，日本企業の経営実践の中にも見出される．たとえば，柴田（2008, 2012）は，既存技術と新規技術との並行開発戦略において，研究部門の分離と同時に統合をおこなうマネジャーが存在していたと指摘している．そのうえで，新規技術と既存技術の「技術的共有度」の差異によって，新規技術部門と既存技術部門との情報共有の度合いが変化する可能性を，ファナックとパナソニックの比較から説いている（柴田，2012）．

　これに加えて近年では，組織構造レベルでの両利き経営を実現するために，企業や部門の人事制度に着目する研究も蓄積されてきている．たとえば，Jansen et al.（2008）はマネジャー層の企業利益連動型ボーナスのようなインセンティブ報酬が，事業部レベルの両利き性を向上させるとしている．ただし，こうした効果は企業全体レベルではみられないとも指摘されている（Jansen et al., 2009）．

　人事制度の設計に加えて，組織内での権限移譲の程度も，両利き経営に正負の影響を与えるとされる．たとえば，マネジャーに権限が委譲されるほどマネジャーの両利き経営の度合いが高まるが（Mom et al., 2009），一方で現場レベル（unit level）への権限移譲がおこなわれなければ現場レベルでの両利き経営度合いは下がってしまうとも指摘されている（Jansen et al., 2012）．

　ただし，組織構造レベルでの両利き経営には，いくつかの問題もある．ひとつは，単一事業部しか存在しなかったり，人員が少なかったりする，中小企業（small and medium sized enterprises: SMEs）等の両利き経営についての分析は難しいという点である（e.g., O'Reilly & Tushman, 2013）．実際に，組織構造レベルの両利き経営は企業規模や産業区分などによって効果が

変化するとされている（Fourné et al., 2019; Junni et al., 2013）．また，組織構造の内部における個人の特性については，（一部でマネジャーやリーダーの特性が語られることはあるにせよ）あまり考慮されない．

こうした問題に加えて，組織構造レベルの両利き経営は，当初は深化に近かった活動が探索に近い活動へと変化する場合といった状況を捉えられていないという指摘もある．たとえば，日本の自動車産業における改善活動は多くの場合には既存の生産設備に関する知識の深化であるが，ときとして問題解決の連鎖を生み出し，「変種変量ライン」や「QR コード」といった新技術の創出（＝知の探索）につながることもあるとされる（岩尾，2019; Iwao, 2022）．自動車産業のほかにも，ICT 産業におけるクラウドコンピューティングの導入（Khanagha et al., 2014）や，Hewlett-Packard 社の組織変革の事例（Boumgarden et al., 2012）などにおいて，こうした深化と探索の間のゆらぎ（vacillation）現象が報告されている．

そこで次項では，こうした問題を一部解決できる，組織の時間レベルでの両利き経営について取り上げる．

1-3-3　組織の時間レベルでの両利き経営

中小企業から大企業までどのようなタイプの組織であっても利用可能な両利き経営の手法として，組織の時間レベルの両利き経営がある（e.g., Boumgarden et al., 2012; Khanagha et al., 2014; Siggelkow & Levinthal, 2003）．これは，探索をおこなう時期と，深化をおこなう時期とを，意図的に変化させるというマネジメントを指す．

たとえば，ICT 産業におけるクラウドコンピューティングの導入において，Telco（仮名）社が経営戦略の意図せざる変更を伴いつつ，既存部門と新規部門との統合と分化とを繰り返したという指摘が存在している（Khanagha et al., 2014）．また，Boumgarden et al.（2012）は，Hewlett-Packard 社や USA Today 社のオンライン・ニュース配信サービス事業の事例から，両利き経営が，探索と深化を同時追求するのではなく，どちらか一方に振れる状況を繰り返すことで達成される状況を明らかにしている．このとき，組織の戦略目標が探索と深化のどちらか一方に振れるとともに，同時に組織構造もまた変化させられているという点も指摘されている（Boumgarden et al.,

2012; Khanagha et al., 2014）.

　Hewlett-Packard 社の場合は，1980 年代からの約 30 年間で，探索につながる分権化と深化につながる集権化を時期によって使いわけており（Boumgarden et al., 2012），Telco 社の場合は 2008 年のクラウドコンピューティングの勃興から調査時の 2013 年までの 5 年間において既存部門と新規部門の統合と半統合と分化とを時期によって使いわけていた（Khanagha et al., 2014）.　なお，こうした組織の時間レベルの両利き経営についての研究は，比較的大規模な企業を長いタイムスパンで観察したものが多いとされる（O'Reilly & Tushman, 2013）.

　実在する企業に対する調査のほかに，コンピュータ・シミュレーションを用いた研究においても，こうした時間レベルでの両利き経営の有効性が確かめられてきている.　たとえば，Siggelkow & Levinthal（2003）は，マルチ・エージェント・シミュレーションの手法を用いて，両利き経営が求められるような経営環境において，永続的に分権的な組織も永続的に集権的な組織も，どちらもパフォーマンスが高くないことを発見している.　そこでは，当初は分権的な組織構造を用い，後に集権的な組織に切り替えるというマネジメントの有効性が示された（Siggelkow & Levinthal, 2003）.　また，「組織の時間レベルでの両利き経営」はビジネスモデルの文脈において重要であるという指摘も存在する.　たとえば，Markides（2013）によれば，企業において当初は新規事業部門で新たなビジネスモデルを導入し，時間の経過とともに主要事業部門と新規事業部門を統合するといったマネジメントが有効だと考えられるという.

　両利き経営分野において，時間の経過に着目する視点は，Tushman & O'Reilly（1996）のような初期の研究にも見出せる.　彼らは，産業や市場における主要な技術変化がインクリメンタル・イノベーションからラディカル・イノベーションへと移行する際にも，両利き経営が必要であることを当初から指摘していた（Tushman & O'Reilly, 1996）.　ただし，時間に着目すること自体に意義はあっても，探索と深化を時期的に分けるというマネジメントには，どのようなプロセスで切り替えるのかの中身が明らかではなく（O'Reilly & Tushman, 2013），いつどのような条件で切り替えるべきかの示唆もない（Markides, 2013）といった問題が指摘されている.

これらに加えて，探索と深化を時期によって切り替えるというのは「言う
は易く行うは難し」なマネジメントである可能性もあるだろう．そもそも既
存の知識を用いて手堅く稼ぐ時期と，新たな知識を得てイノベーションを創
出する時期を切り替えられるというのは，両利き経営の手段ではなく，ダイ
ナミックケイパビリティ（Teece et al., 1997）の結果である可能性がある．
既存事業からイノベーションへと舵を切るには，新たな事業機会を認知し，
機を捉えて，革新をおこなう必要があり，こうしたことを実現するダイナ
ミックケイパビリティが必要であるとされる（Teece, 2007）．両利き経営は，
ダイナミックケイパビリティを実現するための手段とされることもあるが
（e.g., O'Reilly & Tushman, 2008），組織の時間レベルでの両利き経営は結果
と手段とを取り違えている可能性があるだろう．
　ここまでの議論は，一組織・企業内の知識・資源に着目してきた．しか
し，実際には，企業は外部の様々な組織と組織間関係を結んでおり，サプラ
イヤーシステムやコミュニティなど一組織や一企業を超えた知識・資源を必
要とする場面も考えられる（O'Reilly & Tushman, 2013）．こうしたことか
ら，近年では，組織ネットワークレベルでの両利き経営と呼べるマネジメン
ト手法もまた，提案されてきている．

1-3-4　組織ネットワークレベルでの両利き経営

　組織ネットワークレベルでの両利き経営とは，戦略的提携・アライアンス
や，サプライヤーシステム内での知識共有（knowledge sharing），政府や大学・
研究機関などとの組織間関係を利用した両利き経営のことを指す（e.g., Im &
Rai, 2008; Rothaermel & Alexandre, 2009; Stettner & Lavie, 2013; Tiwana,
2008; Vrontis et al., 2017）．本稿では，組織間関係レベルでの両利き経営に
加えて，顧客の知識を利用した両利き経営など，一組織の範囲を超えた両利
き経営を包括する概念として「組織ネットワークレベルでの両利き経営」と
いう語を用いている．
　たとえば，既存の知識の深化においては自社内のネットワークを主に用い
つつ，新たな知識の探索のためには自社外のネットワークを利用するといっ
たマネジメントが考えられるだろう．実際に，Tiwana（2008）は，アメリ
カのサービス系企業の調査から，知識やイノベーションの探索・創出段階に

は元からの知り合いではないネットワーク（弱い紐帯，ブリッジ）が有効で，イノベーションの利用段階においては知り合い同士のネットワーク（強い紐帯）が有効であったと報告している．

また，Im & Rai（2008）は，サプライヤーシステムにおける探索的な知識共有と深化的な知識共有の先行要因について，米物流企業76社とその顧客企業238社を対象とした質問票調査に基づき分析している．分析の結果，顧客企業のデータでは探索的な知識共有と深化的な知識共有は共に長期的な関係の成果に正の影響を与えることが示された一方，物流企業のデータでは，深化的な知識共有の影響のみが確認された（Im & Rai, 2008）．

Rothaermel & Alexandre（2009）もまた，技術を企業外部にアウトソーシングした場合を探索，既存技術で自前開発した場合を深化とみなして，アメリカの製造業141社を対象とした質問票調査を実施している．こうした調査の分析の結果，アウトソーシング比率とROEおよび特許取得数は逆U字型の関係にあり，アウトソーシングと内製の比率のバランスが取れている企業ほど経営成績がよい可能性が示された（Rothaermel & Alexandre, 2009）．ただし，こうした関係には吸収能力（absorptive capacity）が調整変数として存在しており，吸収能力が大きいほど便益が大きいことが示唆されている．

さらに，Stettner & Lavie（2013）も，米ソフトウェア産業190企業を対象とした調査により，アライアンス，買収を通じた探索と内部組織を通じた深化が企業パフォーマンスを高めるとしている．すなわち，探索と深化は内部組織，アライアンス，買収など特定のモード内で両立させるよりも，異なるモードにそれぞれを振り分けるほうが望ましいというのである．

これらに加えて，Vrontis et al.（2017）は，イタリアの知識集約産業（電機産業とICT産業）に対する調査結果から，両利き経営と企業の経営成績との相関には，外部の知識利用という媒介変数が存在すると指摘している．Vrontisらの調査においては，両利き経営度合いが企業外部との知識共有を促進し，知識共有の促進が企業利益を生んでいたと考えられたのである（Vrontis et al., 2017）．

このように，企業は必要な知識を外部から調達することも可能である．そのため，知の探索と深化とをそれぞれ別の組織に依存して，組織が持つネッ

トワーク全体で両者の両立を実現するという方法も存在している．なお，2013年時点において，O'Reilly と Tushman は，分析の視点を企業からより広いエコシステムに移動させるという提案を「今後の研究展望（future research）」としておこなっていた（O'Reilly & Tushman, 2013）．

その一方で，両利き経営の手法についてレビューした論文においても，文脈レベル（組織内の個人レベル）・構造レベル（組織構造レベル）・組織の時間レベルでの両利き経営という3つのうちの2つないし3つを取り上げるものが中心である（e.g., Fourné et al., 2019; Markides, 2013; O'Reilly & Tushman, 2013; Turner et al., 2013）．こうしたことから，組織ネットワークレベルでの両利き経営は，両利き経営分野の中では比較的新しく，現在研究が蓄積しつつある分野だといえるだろう．

1-3-5 マルチレベル分析の必要性

本節では，両利き経営の4つのタイプについて述べてきた．すなわち，組織内の個人レベルでの両利き経営→組織内での部門レベルでの両利き経営→組織全体の時間レベルでの両利き経営→組織外部を含んだ組織ネットワーク全体レベルでの両利き経営という4つである．このように，両利き経営は，組織をめぐる様々なレベルにおける実現が模索されている状況にあるといえよう．

このとき，本節でみてきたように，ここで述べた4つのレベルの両利き経営のそれぞれが次のような問題を抱えていた．文脈レベルの両利き経営は，組織内の個人における両利き性の集計が組織全体に両利き経営をもたらすという単純な仮定を置いてしまっていた．組織構造レベルの両利き経営は，事業部が1つしかないような小規模組織における両利き経営について有意義な視点をもたらせなかった．時間レベルの両利き経営は，そもそも実現が可能なのか，時間レベルの両利き経営はダイナミックケイパビリティの結果にすぎないのではないかという疑問が残された．組織ネットワークレベルの両利き経営は，いまだ発展の途中段階にあった．

ただし，こうした問題は4つのレベルの両利き経営の視点を相互に参照することによって解決できるかもしれない．たとえば，個人レベルの両利き経営を測定しつつ，複数の組織構造の下でどのような人材が求められるのか，

外部ネットワークを利用する場合には自社はどのような人材と組織構造が必要なのか，探索と深化のすばやい切り替えにはどのような人材・組織・ネットワークが必要なのか，といった疑問に対してそれぞれの知見を相互に利用しながら回答していくといった研究がありえよう．

　実際に，両利き経営において組織の複数のレベルを同時に分析する「マルチレベル分析」の必要性が指摘され始めている（e.g., Simsek, 2009; Turner et al., 2013）．たとえば Turner et al.（2013）は，人的資本・社会的資本・組織的資本といった組織内の様々なレベルの知的資本（intellectual capital）のマルチレベルな利用と統合の必要性を説いている．また，Jansen et al.（2012）は，事業部門レベルの両利きとパフォーマンスの関係性に対して組織全体レベルの構造や資源の特徴がいかなる影響を与えるかについて，グローバルな金融サービス企業の 88 支社 285 ビジネスユニットを対象とした質問票調査を用いて検証している．その結果として，集権的で部門間で資源を相互依存している組織において事業部門レベルの両利きが経営成績に与える正の影響が小さくなることや，金銭的資源に余裕のある組織に属する事業部門では両利きがパフォーマンスに与える正の影響が大きくなることなどが示された（Jansen et al., 2012）．他にも Mon et al.（2018）はマネジャー個人レベルの両利き経営度合いが企業の人事制度によっていかに影響を受けるかについて統計分析をおこない，Kassotaki et al.（2019）はマルチレベルでの両利き経営実現のための戦略目標の浸透の必要性を事例研究から明らかにしている．

　ただし，マルチレベル分析の必要性を説いた先駆的な研究が出てきているとはいっても，本稿で述べた 4 つのレベルのすべてを明確に扱ったものは今のところ存在していない．また，こうしたマルチレベル分析をおこなうための前提条件として，両利き経営の測定という問題も残っている．個人，部門，組織といった様々なレベルでの両利き経営の度合いが正しく測定されなければ，それらの間の相互作用についての議論もできないだろう．そこで，この点について，次節でレビューをおこなう．

1-4　両利き経営の定義と測定の明確化の試み

1-4-1　両利き経営（探索と深化）の測定

　本稿の冒頭で述べたように，探索とは，企業活動において判明した知識の不足・欠落を解消するために新しい知を創造することであり，深化とは 既存の知識を利用し洗練していくことである（Turner et al., 2013）．この定義は，Levinthal & March（1993）や Lavie et al.（2010）の定義とも概ね共通している．

　Gibson & Birkinshaw（2004）が発表された 2004 年以降，両利きの経営を構成する探索と深化を測定するための尺度開発が進められてきた．これらの測定尺度はマクロレベルのものとミクロレベルのものがそれぞれ開発されている．たとえばマクロレベルの代表的なものとして He & Wong（2004），Lubatkin et al.（2006），Jansen et al.（2006）が挙げられる．

　このうち He & Wong（2004）は，探索と深化を異なる 2 次元の学習活動と捉え，過去 3 年間，組織が探索型イノベーション活動と深化型イノベーション活動にどの程度，注意を払い，資源を投入してきたか 8 項目から測定を行っている．この論文では，シンガポールとマレーシアの製造業を対象とした調査の結果，探索と深化の 2 次元が確認されている．

　He & Wong（2004）の尺度は，製品技術イノベーションを中心としたものであったが，Lubatkin et al.（2006）は，これに新規顧客の開拓，既存顧客との関係性強化などの項目を加え，より精緻なものにしている．この研究では，ニューイングランドの中小企業を対象とした調査の結果，こちらの尺度でも探索と深化の 2 次元が確認されている．

　Jansen et al.（2006）は，先行研究と欧州大手金融サービス会社の支店マネジャー 15 名へのインタビュー調査に基づき，14 項目から構成される尺度を開発している．ここでは，マクロレベル尺度の例として，同尺度を表 1 のとおり掲載しておく．

　次に，ミクロレベルの尺度としては，マネジャーの探索と深化に着目した Mom et al.（2007; 2009）が挙げられる．Mom et al.（2007; 2009）は，探索

表1　マクロレベルの探索・深化尺度の例

		回答	次元
1	当部門は既存の製品やサービスを超える需要を受け入れている		探索
2	私たちは新しい製品やサービスを考案している		探索
3	私たちは市場で新しい製品やサービスを試している		探索
4	当部門では全く新しい製品やサービスを商品化している		探索
5	私たちは新しい市場における機会を頻繁に利用している		探索
6	私たちの部門は新しい流通経路を定期的に利用している		探索
7	私たちは定期的に新しい市場で顧客を探索し，アプローチしている		探索
8	私たちは頻繁に既存の製品やサービスの提供改善をしている		深化
9	私たちは定期的に既存の製品やサービスに小さな改良を加えている		深化
10	私たちは改善された既存の製品やサービスを市場に導入している		深化
11	私たちは製品サービス提供の効率性を高めている		深化
12	私たちは既存市場における規模の経済性を高めている		深化
13	私たちの部門は既存顧客のためにサービスを拡大している		深化
14	内部プロセスのコスト削減は重要な目標である		深化

注：選択肢は，1. 全くそう思わない〜7. 非常にそう思う

出所：Jansen et al.（2006）

表2　ミクロ（マネジャー）レベルの探索・深化尺度の例

		回答	次元
	過去1年間，あなたは下記の活動にどの程度従事しましたか.		
1	製品・サービス，プロセス，または市場に関する新たな可能性の探索		探索
2	製品・サービス，プロセス，または市場に関するこれまでとは異なるやり方の評価		探索
3	製品・サービスまたはプロセスの大幅な刷新への注力		探索
4	現在のところ投資に対する収益性や費用が不明な活動		探索
5	かなりの順応性が求められる活動		探索
6	新しいスキルや知識を習得する必要がある活動		探索
7	（まだ）明確に存在する会社方針とは異なる活動		探索
8	自身がこれまでに豊富な経験を積み重ねてきた活動		深化
9	ルーティンのように実施される活動		深化
10	既存顧客に既存の製品・サービスを提供する活動		深化
11	実施方法が明確な活動		深化
12	主に短期目標の達成に焦点を当てた活動		深化
13	現在の知識を利用して適切に実施できる活動		深化
14	既存の会社方針と明らかに一致する活動		深化

注：選択肢は，1. ごくわずかに〜7. かなりの程度まで

出所：Mom et al.（2009）

をマネジャーの知識の拡張，深化をマネジャーの既存の知識の深化と定義し，先行研究と大企業に所属するマネジャーを対象としたインタビュー調査に基づき 14 項目から構成される尺度を作成している．詳細は表 2 のとおりである．

1-4-2　両利きの操作化

両利きの操作化方法として主にバランス型（balanced dimension）と結合型（combined dimension），カテゴリー型という 3 つの考え方が存在する．バランス型の両利きは，探索と深化の差の絶対値によって求められる．すなわち，その値が小さいほど，探索と深化が均衡していることになる．結合型の両利きは，探索と深化の総量または積によって求められる．結合型の両利きでは，探索と深化の補完関係が想定されている．

バランス型，結合型の測定方法を用いた代表的な研究として Cao et al.（2009）が挙げられる．Cao et al.（2009）は，中国のハイテク団地に立地している 122 社を対象に質問票調査を実施し，結合型の両利きは企業パフォーマンスに正の影響を与え，バランス型の両利きはパフォーマンスに直接影響を与えないものの，結合型の正の影響を増幅させることを明らかにしている．

カテゴリー型は，一定の基準を設けて，組織（個人）の傾向を探索，深化，両利きに分類する方法である．Rogan & Mors（2014）は，コンサルティングファームのパートナーを対象とし，新しいビジネス，既存のビジネスまたはその両方に従事するパートナーの傾向を「1. 既存のビジネスを実行することにより優れている」から「5. 新規ビジネスを開拓することにより優れている」の 5 段階で分類し，両利きの指標とした．この指標では，「1」「2」を探索志向，「4」「5」を深化志向，「3. 両方に優れている」を両利きであると分類している．Rogan & Mors（2014）は多項ロジットモデル（multinominal logit model）を用いて，パートナーの持つ内外のネットワークが探索や深化に対して両利きを志向する確率にどのような影響を与えているのか分析している．

ここまで，両利きの経営の実証研究において標準的に用いられている操作化方法について紹介してきた．そこで，以下では，これらの測定上の問題点

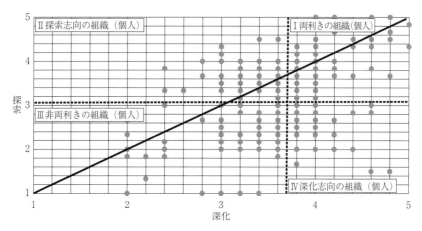

図2　散布図による探索・深化・両利きのカテゴリー化

について議論していく．図2は探索と深化のスコアの関係性を散布図で描画
したものである．原点を通る実線上では，探索と深化のスコアが同値であ
り，互いに均衡している．横方向，縦方向の点線はそれぞれ探索と深化の平
均値[7]を通り，Ⅰ，Ⅱ，Ⅳの範囲にプロットされる点をそれぞれ，両利きの
組織（個人），探索を志向する組織（個人），深化を志向する組織（個人）と
して分類する．

　結合型の測定方法では，その値が大きくⅠの範囲にプロットされる組織
（個人）が両利きであるということには特に問題はないだろう．しかしなが
ら，Ⅱ，Ⅳの範囲にプロットされる組織（個人）の両利きのスコアはそれぞ
れ同値もしくは近い値をとる可能性があり（例：探索4/深化2 VS. 探索2/
深化4），探索を強く志向する組織（個人）と深化を強く志向する組織（個
人）が同等に評価されてしまう恐れがある．バランス型の測定方法において
も同様の問題が生じる．また，結合型，バランス型の測定方法では，両利き
か，両利きではないか（両利きの程度が大きいか小さいか）という次元で操
作化され，探索もしくは深化の一方への傾斜を操作化することはできない．
この場合，前述のRogan & Mors（2014）の方法を使用することが考えられ

7　平均値＋1標準偏差を基準にすることも考えられる．

るが，単一項目による分類であるため，組織（個人）の行動や傾向に関する十分な情報が反映されていない恐れがある．

以上の議論から本稿では，図2のプロットに基づいたカテゴリー型の方法を提案したい．カテゴリー分類の境界線の設定方法については，議論の余地があるが，プロット上のスコアは複数の質問項目から計算されるため，豊富な情報を取り込めるというメリットがある．また，Ⅰ，Ⅱ，Ⅳの範囲に基づいてダミー変数を作成することによって，両利き，探索志向，深化志向別にパフォーマンスの比較を行うことも可能となる．さらに，同一の組織内で複数のビジネスユニットもしくは個人のデータを入手することが可能であれば，それらをⅠ，Ⅱ，Ⅲ，Ⅳのタイプ別に分類することも可能になるだろう．

1-5 おわりに

本稿は，「両利き経営」「両利きの経営」について，その流行状況からコンセプト誕生の歴史，近年の研究蓄積から判明した4つの両利き経営の手法まで，順次レビューをおこなった．具体的には，両利き経営についての研究が発展する中で，組織内の個人レベルの両利き，組織構造レベルの両利き，組織全体レベルの両利き，組織ネットワークレベルの両利き，という4つの両利き経営の方法が生まれてきた点を指摘した．このとき，これら4つの両利き経営は，それぞれが相互に補完する視点を提示しえた．しかしながら，現段階では，こうしたマルチレベルな視点での既存研究は少ない．その理由として，マルチレベル分析の前提条件として，両利き経営の測定という問題がいまだ解決されていない可能性があった．そこで本稿では，既存研究レビューから一歩踏み込んで，マルチレベル分析を可能にするような両利き経営の測定方法についても議論した．このように，両利き経営分野では，現在も両利き経営の定義と測定の明確化の試みが進められている最中である．そして，これらの研究蓄積を利用しつつ，今後，実際にマルチレベル分析に基づいた研究が可能となれば，両利き経営分野に新たな知見を加えることができると考えられる．

【参考文献】

Ambos, T. C., Mäkelä, K., Birkinshaw, J., & d'Este, P. (2008). When does university research get commercialized? Creating ambidexterity in research institutions. *Journal of Management Studies, 45* (8), 1424-1447.

安藤史江・上野正樹 (2013). 「両利きの経営を可能にする組織学習メカニズム：焼津水産化学工業株式会社の事例から」『赤門マネジメント・レビュー』 *12* (6), 429-456.

Andriopoulos, C., & Lewis, M. W. (2009). Exploitation-exploration tensions and organizational ambidexterity: Managing paradoxes of innovation. *Organization Science, 20* (4), 696-717.

Andriopoulos, C., & Lewis, M. W. (2010). Managing innovation paradoxes: Ambidexterity lessons from leading product design companies. *Long Range Planning, 43* (1), 104-122.

Barnard, C. I. (1938). *The functions of the executive.* Harvard University Press (山本安次郎・田杉競・飯野春樹訳 『新訳 経営者の役割』 ダイヤモンド社, 1968).

Benner, M. J., & Tushman, M. (2002). Process management and technological innovation: A longitudinal study of the photography and paint industries. *Administrative Science Quarterly, 47* (4), 676-706.

Benner, M. J., & Tushman, M. L. (2003). Exploitation, exploration, and process management: The productivity dilemma revisited. *Academy of Management Review, 28* (2), 238-256.

Birkinshaw, J., & Gupta, K. (2013). Clarifying the distinctive contribution of ambidexterity to the field of organization studies. *Academy of Management Perspectives, 27* (4), 287-298.

Birkinshaw, J., Zimmermann, A., & Raisch, S. (2016). How do firms adapt to discontinuous change? Bridging the dynamic capabilities and ambidexterity perspectives. *California Management Review, 58* (4), 36-58.

Boumgarden, P., Nickerson, J., & Zenger, T. R. (2012). Sailing into the wind: Exploring the relationships among ambidexterity, vacillation, and organizational performance. *Strategic Management Journal, 33* (6), 587-610.

Cao, Q., Gedajlovic, E., & Zhang, H. (2009). Unpacking organizational ambidexterity: Dimensions, contingencies, and synergistic effects. *Organization Science, 20* (4), 781-796.

Carmeli, A., & Halevi, M. Y. (2009). How top management team behavioral integration and behavioral complexity enable organizational ambidexterity: The moderating role of contextual ambidexterity. *The Leadership Quarterly, 20* (2), 207-218.

Cegarra-Navarro, J. G., & Dewhurst, F. (2007). Linking organizational learning and customer capital through an ambidexterity context: an empirical investigation in SMEs. *The International Journal of Human Resource Management, 18* (10), 1720-1735.

Christensen, C. M., & Bower, J. L. (1996). Customer power, strategic investment, and the failure of leading firms. *Strategic Management Journal, 17* (3), 197 218.

Cohen, M. W., & Levinthal, D. A. (1990). Absorptive capacity: A new perspective on learning and innovation. *Administrative Science Quarterly, 35* (1), 128-152.

Duncan, R. B. (1976). The ambidextrous organization: Designing dual structures for innovation. In R. H. Kilmann, L. R. Pondy, & D. P. Slevin (Eds.), *The management of organization: Strategy and implementation,* vol. 1 (pp. 167-188). North-Holland.

Fourné, S. P., Rosenbusch, N., Heyden, M. L., & Jansen, J. J. (2019). Structural and contextual approaches to ambidexterity: A meta-analysis of organizational and environmental contingencies. *European Management Journal, 37* (5), 564-576.

Ghoshal, S., & Bartlett, C. A. (1994). Linking organizational context and managerial action: The dimensions of quality of management. *Strategic Management Journal, 14* (52), 95-112.

Gibson, C. B., & Birkinshaw, J. (2004). The antecedents, consequences, and mediating role of organizational ambidexterity. *Academy of Management Journal, 47* (2), 209-226.

Gupta, A. K., Smith, K. G., & Shalley, C. E. (2006). The interplay between exploration and exploitation. *Academy of Management Journal, 49* (4), 693-706.

He, Z., & Wong, P. (2004). Exploration vs. exploitation: An empirical test of the ambidexterity hypothesis. *Organization Science, 15* (4), 481-494.

Hill, S. A., & Birkinshaw, J. (2014). Ambidexterity and survival in corporate venture units. *Journal of Management, 40* (7), 1899-1931.

Im, G., & Rai, A. (2008). Knowledge sharing ambidexterity in long-term interorganizational relationships. *Management Science, 54* (7), 1281-1296.

入山章栄 (2019). 『世界標準の経営理論』ダイヤモンド社.

岩尾俊兵 (2019). 『イノベーションを生む"改善"』有斐閣.

Iwao, S. (2022). Continuous improvement revisited: Organization design as the last step in gaining the full competitive advantage of Kaizen. *Management and Business Review, 2* (1), 56-61.

Jansen, J. J., George, G., Van den Bosch, F. A., & Volberda, H. W. (2008). Senior team attributes and organizational ambidexterity: The moderating role of transformational leadership. *Journal of Management Studies, 45* (5), 982-1007.

Jansen, J. J. P., Simsek, Z., & Cao, Q. (2012). Ambidexterity and performance in multi-unit contexts: Cross-level moderating effects of structural and resource attributes. *Strategic Management Journal, 33,* 1286-1303.

Jansen, J. J. P., Tempelaar, M. P., Van Den Bosch, F. A. J., & Volberda, H. W. (2009). Structural differentiation and ambidexterity: The mediating role of integration mechanisms. *Organization Science, 20* (4), 797-811.

Jansen, J. J. P., Van Den Bosch, F. A. J., & Volberda, H. W. (2006). Exploratory innovation, exploitative innovation, and performance: Effects of organizational antecedents and environmental moderators. *Management Science, 52* (11), 1661-1674.

Junni, P., Sarala, R. M., Taras, V., & Tarba, S. Y. (2013). Organizational ambidexterity and performance: A meta-analysis. *Academy of Management Perspectives, 27* (4), 299-312.

Junni, P., Sarala, R. M., Tarba, S. Y., Liu, Y., & Cooper, C. L. (2015). Guest editors' introduction: The role of human resources and organizational factors in ambidexterity. *Human Resource Management, 54* (S1), s1-s28.

Kassotaki, O., Paroutis, S., & Morrell, K. (2019). Ambidexterity penetration across multiple organizational levels in an aerospace and defense organization. *Long Range Planning, 52* (3), 366-385.

Kauppila, O. P. (2010). Creating ambidexterity by integrating and balancing structurally separate interorganizational partnerships. *Strategic Organization, 8* (4), 283-312.

Khanagha, S., Volberda, H., & Oshri, I. (2014). Business model renewal and ambidexterity: Structural alteration and strategy formation process during transition to a cloud business model. *R & D Management, 44* (3), 322-340.

Koryak, O., Lockett, A., Hayton, J., Nicolaou, N., & Mole, K. (2018). Disentangling the antecedents of ambidexterity: Exploration and exploitation. *Research Policy, 47* (2), 413-427.

Lavie, D., Stettner, U., & Tushman, M. L. (2010). Exploration and exploitation within and across organizations. *Academy of Management Annals, 4* (1). 109-155.

Levinthal, D. A., & March, J. G. (1993). The myopia of learning. *Strategic Management Journal, 14* (52), 95-112.

Li, Y., Peng, M. W., & Macaulay, C. D. (2013). Market–political ambidexterity during institutional transitions. *Strategic Organization, 11* (2), 205-213.

Lin, Z., Yang, H., & Demirkan, I. (2007). The performance consequences of ambidexterity in strategic alliance formations: Empirical investigation and computational theorizing. *Management Science, 53* (10), 1645-1658.

Lubatkin, M. H., Simsek, Z., Ling, Y., & Veiga, J. F. (2006). Ambidexterity and performance in small-medium-sized firms: The pivotal role of top management team behavioral integration. *Journal of Management, 32* (5), 646-672.

March, J. G. (1991). Exploration and exploitation in organizational learning. *Organization Science, 2* (1), 71-87.

Markides, C. C. (2013). Business model innovation: What can the ambidexterity literature teach us ? *Academy of Management Perspectives, 27* (4), 313-323.

Mom, T. J. M., Chang, Y., Cholakova, M., & Jansen, J. J. P. (2018). A multilevel integrated framework of firm HR practices, individual ambidexterity, and organizational ambidexterity. *Journal of Management, 45* (7), 3009-3034.

Mom, T. J. M., Fourné, S. P., & Jansen, J. J. (2015). Managers' work experience, ambidexterity, and performance: The contingency role of the work context. *Human Resource Management, 54* (S1), 133-153.

Mom, T. J. M., Van Den Bosch, F. A. J., & Volberda, H. W. (2007). Investigating managers' exploration and exploitation activities: The influence of top-down, bottom-up, and horizontal knowledge inflows. *Journal of Management Studies, 44* (6), 910-931.

Mom, T. J. M., Van Den Bosch, F. A. J., & Volberda, H. W. (2009). Understanding variation in managers' ambidexterity: Investigating direct and interaction effects of formal structural and personal coordination mechanisms. *Organization Science, 20* (4), 812-828.

中園宏幸 (2021).「『両利き』の曖昧さ：イノベーターのジレンマを解くほど器用か」『同志社商学』 *72* (5), 839-855.

Nemanich, L. A., & Vera, D. (2009). Transformational leadership and ambidexterity in the context of an acquisition. *The Leadership Quarterly, 20* (1), 19-33.

O'Reilly III, C. A., Harreld, J. B., & Tushman, M. L. (2009). Organizational ambidexterity: IBM and emerging business opportunities. *California Management Review, 51* (4), 75-99.

O'Reilly III, C. A., & Tushman, M. L. (2004). The ambidextrous organization. *Harvard Business Review, 82* (4), 74-81.

O'Reilly III, C. A., & Tushman, M. L. (2008). Ambidexterity as a dynamic capability: Resolving the innovator's dilemma. *Research in Organizational Behavior, 28*, 185-206.

O'Reilly III, C. A., & Tushman, M. L. (2013). Organizational ambidexterity: Past, present, and future. *Academy of Management Perspectives, 27* (4), 324-338.

O'Reilly III, C. A., & Tushman, M. L. (2016). *Lead and disrupt: How to solve the Innovator' Dilemma*. Stanford University Press（入山章栄監訳，冨山和彦解説，渡辺典子訳『両利きの経営：「二兎を追う」戦略が未来を切り拓く』東洋経済新報社，2019）.

Prieto, I. M., & Pilar Pérez Santana, M. (2012). Building ambidexterity: The role of human resource practices in the performance of firms from Spain. *Human Resource Management, 51* (2), 189-211.

Raisch, S., & Birkinshaw, J. (2008). Organizational ambidexterity: Antecedents, outcomes, and moderators. *Journal of Management, 34* (3), 375-409.

Raisch, S., Birkinshaw, J., Probst, G., & Tushman, M. L. (2009). Organizational ambidexterity: Balancing exploitation and exploration for sustained performance. *Organization Science, 20* (4), 685-695.

Rogan, M., & Mors, M. L. (2014). A network perspective on individual-level ambidexterity in organizations. *Organization Science, 25* (6), 1860-1877.

Rothaermel, F. T., & Alexandre, M. T. (2009). Ambidexterity in technology sourcing: The moderating role of absorptive capacity. *Organization Science, 20* (4), 759-780.

Rothaermel, F. T., & Deeds, D. L. (2004). Exploration and exploitation alliances in biotechnology: A system of new product development. *Strategic Management Journal, 25* (3), 201-221.

柴田友厚（2008）.「技術選択のジレンマのマネジメント：並行開発体制の構築」『一橋ビジネスレビュー』*56* (3), 180-191.

柴田友厚（2012）.「技術転換に向けた状況適合的並行開発戦略」『組織科学』*46* (2), 53-63.

Siggelkow, N., & Levinthal, D. A. (2003). Temporarily divide to conquer: Centralized, decentralized, and reintegrated organizational approaches to exploration and adaptation. *Organization Science, 14* (6), 650-669.

Simsek, Z. (2009). Organizational ambidexterity: Towards a multilevel understanding. *Journal of Management Studies, 46* (4), 597-624.

Stettner, U., & Lavie, D. (2013). Ambidexterity under scrutiny: Exploration and exploitation via internal organization, alliances, and acquisitions. *Strategic Management Journal, 35*, 1903-1929.

Stokes, P., Moore, N., Moss, D., Mathews, M., Smith, S.M., & Liu, Y. (2015). The micro-dynamics of intraorganizational and individual behavior and their role in organizational ambidextrous boundaries. *Human Resource Management, 54*, 63-86.

Teece, D. J. (2007). Explicating dynamic capabilities: The nature and microfoundations of (sustainable) enterprise performance. *Strategic Management Journal, 28* (13), 1319-1350.

Teece, D. J., Pisano, G., & Shuen, A. (1997). Dynamic capabilities and strategic management. *Strategic Management Journal, 18* (7), 509-533.

Tiwana, A. (2008). Do bridging ties complement strong ties? An empirical examination of alliance ambidexterity. *Strategic Management Journal, 29* (3), 251-272.

Turner, N., Swart, J., & Maylor, H. (2013). Mechanisms for managing ambidexterity: A review and research agenda. *International Journal of Management Reviews, 15* (3), 317-332.

Tushman, M. L., & O'Reilly III, C. A. (1996). Ambidextrous organizations: Managing evolutionary and revolutionary change. *California Management Review, 38* (4), 8-29.

Tushman, M. L., & O'Reilly III, C. A. (1997). *Winning through innovation: A practical guide to leading organizational change and renewal.* Harvard Business Review Press (平野和子訳『競争優位のイノベーション：組織変革と再生への実践ガイド』ダイヤモンド社，1997).

Tushman, M. L., & Smith, W. (2002). Organizational technology: Technological change, ambidextrous organizations and organizational evolution. In J. A. C. Baum (Ed.), *The Blackwell companion to organizations* (pp. 386-414). Blackwell Publishers.

Vermeulen, F., & Barkema, H. (2001). Learning through acquisitions. *Academy of Management Journal, 44* (3), 457-478.

Voss, G. B., & Voss, Z. G. (2013). Strategic ambidexterity in small and medium-sized enterprises: Implementing exploration and exploitation in product and market domains. *Organization Science, 24* (5), 1459-1477.

Vrontis, D., Thrassou, A., Santoro, G., & Papa, A. (2017). Ambidexterity, external knowledge and performance in knowledge-intensive firms. *The Journal of Technology Transfer, 42* (2), 374-388.

Wei, Z., Yi, Y., & Guo, H. (2014). Organizational learning ambidexterity, strategic flexibility, and new product development. *Journal of Product Innovation Management, 31* (4), 832-847.

2 知識統合の理論と実践

I-P-O モデルをフレームワークとして

王 亦軒

2-1 はじめに

　近年日本企業は人材の移動や知識の流出がもたらす競争力の低下を懸念しており，これをどのように防ぐかが１つの課題とされている．確かに知識は企業にとって最も重要な経営資源であり，他社への知識漏洩は防ぐべきである．しかし，どんなに優れた知識でも模倣や陳腐化が進むことによってその価値は低下する（Levin et al., 1987）．したがって，企業の競争優位性の源泉は個別知識そのものではなく，絶えず新しい知識を生成する技術，即ち知識統合（knowledge integration）にある（Grant, 1996a, b）．知識統合の研究は海外トップ・ジャーナルで頻繁に掲載されており（e.g. Martinelli et al., 2018; Nagle & Teodoridis, 2020），大きな注目を浴びている．ところが，日本で知識統合を取り上げた研究はごくわずかなものに留まっている（e.g., 王，2016）．

　本稿では，1990 年代から研究が進められてきた比較的若い分野である，知識統合に関するレビューを行う．先行研究では，領域全体を理解する総合的フレームワークの不在，システマティック・レビューの欠如，実践への軽視といった限界がある．本稿ではこれらの限界を踏まえた上で，システマティックに整理した文献を独自の理論的フレームワークに当てはめて説明し，そのフレームワークが実践へ与える示唆を議論した上で将来の研究の方向性も示す．具体的には，Berggren et al.（2011）と Newell et al.（2006）の理論を基に作成した I-P-O モデル（Input-Process-Output model）を用い，

知識統合とは何か，知識統合能力はどのように強化されるかなどを説明する．これらの試みは知識統合，組織能力の研究領域及び企業の実践に貢献しうる．

2-2 知識統合論

　知識統合はナレッジ・ベースド・ビュー（knowledge-based view）や組織能力の理論に依拠し，組織内外における異なる知識を結合するプロセスや，そのプロセスで必要とされる能力（知識統合能力）を研究してきた（Berggren et al., 2011）．知識統合とは異なる知識を共有，結合，創造するプロセスであり（Tell, 2011; Okhuysen & Eisenhardt, 2002），部門横断的なプロジェクトや産業を跨ぐ新製品開発など，グループ，企業，企業間のさまざまな組織レベルで行われる（Tell, 2011）．

2-2-1 知識

　それでは，まず知識統合の「知識」とは何を指すのだろうか．この分野では，知識そのものについての説明が省略されることが多く（Zahra et al., 2020），知識の種類や特徴に焦点を当てている．例えば Grant（1996b）によると，知識には移転可能性（transferability），集約性（capacity for aggregation），充当性（appropriability）の3つの特徴がある．

　移転可能性とは文字通り知識の移転ができるかどうかを意味するが，形式知（explicit knowledge）の方が暗黙知（tacit knowledge）より移転可能性は高い．形式知は明示的に言語化しやすい知識であるのに対して，暗黙知は経験や直感などに基づく，言語化しづらい知識を指す（Polanyi, 1966; Nonaka, 1994）．前者はコミュニケーションを通して容易に移転できるが，後者はそうではない．暗黙知は実践から獲得されるものであるため，このような知識を移転しようとしても時間はかかり，コストも高くなる（Kogut & Zander, 1992）．集約性とは1ヵ所にまとめることを意味し，形式知の方が暗黙知より集約性は高い．例えば，フォード・モーター社の全ての会計情報や在庫情報は1ヵ所に集約できても，個々の管理者の能力，工作機械の癖などをまとめるのは難しい（Grant, 1996b）．資源の充当性とは，所有者がそ

の資源により生み出した価値と同等のリターンを受け取ることである（Levin et. al., 1987）．知識の所有権はあいまいなため，法律で保護される特許や著作権を除いて市場取引はできない．特に，暗黙知は移転が困難なため，充当性は低く，生産活動に適用する時のみ価値が発揮される（Grant, 1996b）

2-2-2　知識統合の概要

　次に，なぜ知識統合は重要なのか．第1に，知識統合による知識創造は知識移転より効率的だからである（Grant, 1996a, b）．知識移転は暗黙知と形式知の相互作用により，1つのアクター（個人や組織）からもう1つのアクターへ知識を転換させるプロセスであるが，全ての専門知識を移転させるには時間やコストが大量にかかる．例えば，新製品開発において異なる部門の専門家同士が互いの知識を学ぶ（移転する）より，各々の知識を組み合わせた方が効率的である．また，基本的な知識共有や効率化のためにマニュアル，ガイダンスや手順書など「可視化」を図る指図書（direction）が必要である（Demestz, 1988）．更に，特定の問題解決に関する時間規定，質問や情報共有を促すマネジメント・コントロールも効果的である（Okhuysen & Eisenhardt, 2002; Schiuma et al., 2012; Malhotra & Majchrzak, 2014; Lin et al., 2019）．

　第2に，上述した形式知と暗黙知を結合することで新たな知の創造やイノベーションが促進されるからである（Berggren et al., 2011）．古くから，Schumpeter（1934）の「新結合」によるイノベーションの創出や Weick（1979）の創発的プロセスで提唱された「古い組み合わせの中に新しいものを，新しい組み合わせの中に古いものを入れる」などが結合の重要性を示している．特に，知識ドメインが完全に異なる部門間（例；市場部門と研究開発部門）の知識を結合した方がイノベーションは期待できる（Moenaert & Souder, 1990）．しかし，異なる分野の専門家では，文化，考え方，問題解決方法等が根本的に違うため（Dougherty, 1992），知識の境界が存在する（Carlile, 2002）．その境界を超えるものとしてバウンダリー・オブジェクト（boundary object）がしばしば挙げられるが，これは図面やノート，マップなど，異なる知識ドメインを超える人工物を指す（Pershina et al., 2019）．

　第3に，専門家の移転に伴う知識の流失を防ぐことができるからである．

個人レベルの知識を組織の指図書やルーティン（March & Simon, 1958, p. 142）といった組織レベルの「統合装置」に埋め込むことさえできれば，人が移動しても知識は組織に残る．ルーティン（routine）とは，特定の刺激に対して，固定化された反応を促進し，選択が簡単になる程度まで慣例化させた一連の活動である．そのような刺激・反応パターンは，複雑で多様なパターンを自動的に行うようにみせる（March & Simon, 1958）．ルーティンには，語ることができる部分とできない部分，すなわち形式知と暗黙知の両方が含まれている．指図書とルーティンは知識統合のメカニズムであり，両者の構築ないし再構築を通し知識統合能力が強化される（Grant, 1996a）.

　また，組織が知識統合を通して競争優位性を獲得するためには，統合の効率性（efficiency of integration），統合の範囲（scope of integration）と統合の柔軟性（integration of flexibility）に配慮する必要がある（Grant, 1996a）.統合の効率性は，文字通り統合の速さを表し，共通知識，調整レベルや組織構造によって決まる．統合の範囲は統合する知識の複雑性（種類）を指し，代替可能な知識ではなく補完的な知識を意味する．統合の範囲が広くなると，因果関係が複雑になり競争相手からの模倣が困難になる（Grant, 1996a）.組織メンバー間における共通知識不足の問題や調整レベルを高める必要性などが生じるため，統合の効率性は下がる．統合の柔軟性は，新たな知識にアクセスし，既存の知識を組み替える能力である．競争が熾烈な環境において，絶えず知識を組み替え，新たな知識を創造することは競争優位性の獲得に繋がる．

　先行研究では，知識統合が何に影響を及ぼし，何がそれに影響を及ぼすかといった因果関係の証明に焦点が当てられてきた（Tell, 2011）.例えば，ソーシャル・キャピタル，CEO のリーダーシップ，IT が知識統合に与える影響（e.g., Liu & Zhu, 2020; Caridi-Zahavi et al., 2016; Liu & Ravichandran, 2015; Luo & Bu, 2016），知識統合が生産性，効率性，イノベーションに与える影響（e.g., Tiwana, 2008; Singh, 2008; Nijssen & Ordanini, 2020）などである．しかし，知識統合とは何か，どのように知識統合能力は強化されるかなどメカニズムそのものへの解釈が不十分であり（Zahra et al., 2020），Grant（1996a, b）以降，理論的研究はほぼ進んでいない．これでは概念のあいまいさや乱用によって理論発展の停滞が懸念されるため，統一的フレームワー

クの提示は急務である.

2-2-3　知識統合のレビュー研究

　知識統合に関するレビュー研究は論文と書籍をあわせて4件出版されている（表1）. まず，Tell（2011）は知識統合の定義，知識統合への影響要因，知識統合が効率性，効果，イノベーションといった企業の成果に与える影響などを詳細に整理した. ただし，彼の研究は2008年までの論文を整理しているため，近年の研究は含まれない. 次に，van Knippenberg（2017）はチームイノベーションに関する実証研究を知識統合とチーム風土の2つの観点からレビューを行った. しかし，知識統合全体をレビューしたわけではない. そして，Loebbecke & Myers（2017）は主に企業のナレッジ・ポータルの実施・設置などに焦点を当て，概念と課題について整理した. また，その中で企業内部のナレッジ・ポータルがいかに知識統合と関連するかをレビューした. 最後にZahra et al.（2020）はミクロレベルの個人の認知，スキル，経験などがマクロレベルの組織，組織間の知識統合に与える影響を詳細に整理し，知識統合のミクロ－マクロの相互作用を今後考慮する必要性を論じた.

　レビュー研究に共通する限界として以下の点が挙げられる. 1つ目は，シ

表1　知識統合に関するレビュー研究の整理

著者	発見事実	データソース・サンプル	タイプ
Tell（2011）	知識統合とイノベーション ・知識統合の定義：3つのアプローチ ・知識統合に影響を及ぼす要因 ・知識統合の成果	ISI Web of Science n = 46本，1989年〜2008年	書籍
van Knippenberg（2017）	チームイノベーション ・知識統合とイノベーション ・チーム風土とイノベーション	記載なし	論文
Loebbecke & Myers（2017）	ナレッジ・ポータル実証研究整理 ・ナレッジ・ポータルの概念整理 ・ナレッジ・ポータル3つの課題	ABI/INFORMS and EBSCO n = 61本（知識統合41本）， 1988年〜2015年	論文
Zahra et al.（2020）	知識統合のミクロ-マクロ相互作用 ・知識及び知識統合の概念整理 ・個人レベルの知識統合 ・グループレベルの知識統合 ・マクロ組織レベル	記載なし	論文

ステマティック・レビューの欠如である．例えば，van Knippenberg（2017）や Zahra et al.（2020）はナラティブ・レビューであり，文献整理の戦略や手続きが明確ではない．2つ目は，実践に与える示唆の軽視である．Tell（2011）や Zahra et al.（2020）は主に知識統合の概念や論理の整合性に着目しており，レビュー研究が実践に与える影響については言及されていない．3つ目は，知識統合を説明するフレームワークの欠如であり，領域全体の課題でもある．以上の限界を踏まえた上でレビューを行う．

2-3 研究方法

　本研究の主な目的は知識統合の統一的な枠組みを構築することである．そのために，関連文献を系統的に整理するシステマティック・レビューと枠組みや将来の方向性を説明するナラティブ・レビューを組み合わせた手法，システマティック・ナラティブレビュー（systematic narrative review）を採用する（Best et al., 2014）．

　ナラティブ・レビューは，特定の課題に対して示唆に富む深い解釈ができるが，文献収集方法が不明確で再現性がないため，バイアスへの懸念がある．反面，定量的システマティック・レビューは，調査結果を包括的かつ構造的に再現することに長けているが，ナラティブ・レビューにみられるような質的解釈の豊かさに欠けることが多い（Mays et al., 2005）．このハイブリッドな手法を用いることで，文献の選出プロセスは明確かつ再現性があり，提示した枠組みに対するマッピングもできる（Teoh et al., 2021）．

　まずは知識統合と，知識統合に関連する分野について文献数の推移を辿る．近年，知識統合の研究は経営学のみならず，教育学，心理学，社会学や経済学などさまざまな領域で関心を集めている．また，経営学では組織学習（e.g., Xi et al., 2020），組織知識（e.g., Liu & Zhu 2020），ダイナミック・ケイパビリティ（e.g., Salunke et al., 2019），ナレッジ・マネジメント（e.g. Schiuma et al., 2012）といった分野と密接に関連する．

2-3-1 文献検索の手続き

　図1に示された通り，ISI Web of Science の社会科学と人文科学分野にお

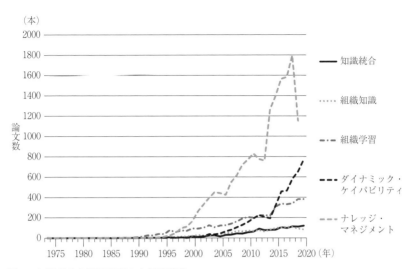

図1　知識統合と関連分野の文献数推移

出所：ISI Web of Science（1975 年～ 2020 年）；社会科学，人文科学分野；知識統合 1279 本，組織知識 1425 本，組織学習 4857 本，ダイナミック・ケイパビリティ 4761 本（2020 年 12 月 31 日）

　いて knowledge integration（知識統合），organizational knowledge（組織知識），organizational learning（組織学習），dynamics capabilities（ダイナミック・ケイパビリティ）と knowledge management（ナレッジ・マネジメント）のキーワードで検索した結果，対象期間における論文総数はそれぞれ 1279 本，1425 本，4857 本，4761 本，16566 本である．知識統合の論文数は，ダイナミック・ケイパビリティ，組織学習やナレッジ・マネジメントの論文数には遠く及ばないが，2007 年以降の増加率が非常に高い．特に，2016 年以降では組織知識の論文数を上回り，かなりの注目を浴びている．

　続いて，知識統合についてシステマティックに文献を整理するために，ISI Web of Science のデータベースで "knowledge integration"，"knowledge integration capability"，"knowledge integration capabilities" の英単語をタイトル，概要，キーワードに含む論文を検索した．検索にヒットした論文数はそれぞれ 1554 本，27 本，10 本の合計 1581 本（重複あり）である．そして，"Management" 及び "Business" 分野に絞り込み（344 本），重複する論文，経営学に関連しない論文，インパクトファクター（impact factor）のない論文を取り除き，300 本が残った．

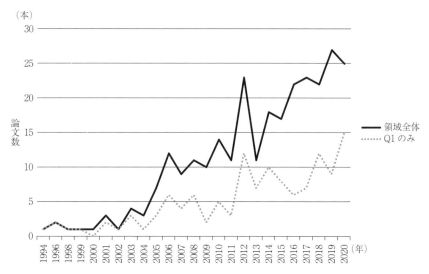

図 2　経営学と関連する知識統合論文数の推移

出所：Web of Science（1994 年～ 2020 年）．知識統合領域全体の論文数は合計 300 本，
この内 Q1 は 124 本，実務関連論文 2 本，合計 126 本（2020 年 12 月 31 日）

　本稿では，インパクトファクターが最も高い分位の Q1 の論文に焦点を当
てる．ISI Web of Science では，論文の被引用件数を掲載論文数で割ること
でインパクトファクターを算出し，ジャーナルの質を測る．インパクトファ
クターがジャーナルや論文の質を完全に図れるとは言い難いが，トップ・
ジャーナルや良質な論文は大抵インパクトファクターが高いため，この基準
に従う．ジャーナルは大まかに Quarter 1 ～ 4（Q1-4）と 4 分位され，数字
が小さいほどインパクトファクターは高い．図 2 では，知識統合の領域全体
（300 本）と Q1（124 本）の論文が毎年どれだけ出版されているかが示され
ている．全体として，論文数は右肩上がりで増える傾向にある．
　また，領域全体の流れを簡単に整理するために，この 300 本の論文を基に
ソフトウェア R を用いて引用マップ（Historical Direct Citation Network）
を作成した（図 3）．引用マップで示された通り，Grant（1996a）の研究は
Kogut & Zander（1992）の結合能力と Nonaka（1994）の形式知と暗黙知
の研究がベースとなっている．また，後に March（1991）と Pisano（1994）
の組織学習の研究が徐々にこの分野で引用されるようになった．2003 年か

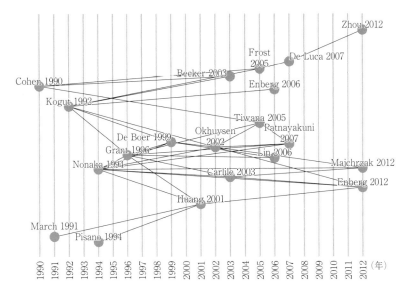

注：第1著者名のみ記載

図3　知識統合論の引用マップ

ら外部から知識を統合する研究が注目され，Frost & Zhou（2005）や De
Luca & Atuahene-Gima（2007）などが Cohen & Levinthal（1990）の吸収
能力（absorptive capability）の理論を応用している．

2-3-2　レビュー対象

　次にナラティブ・レビューを行う Q1 論文の内訳について述べる．表2に
示された通り，Q1 の質的研究は 33 本（約 26%），量的研究は質的研究の約
2 倍である 66 本（約 52%），実証研究は合計 99 本（約 78%）である．その
他，理論研究が 25 本（約 20%），実務家向けの研究は 2 本（約 2%）である
ため，レビュー対象となる論文は合計 126 本である．量的研究には，統計分
析（e.g., Nagle & Teodoridis, 2020），シミュレーション（Klessova et al.,
2020），実験（e.g., Okhuysen & Eisenhardt, 2002），メタアナリシス（Mes-
mer-Magnus & DeChurch, 2009），アクション・リサーチ（Bittne & Lei-
meister, 2014）など多種多様な手法が採用された．質的研究でも単一事例分
析（e.g., Schiuma et al., 2012），比較事例分析（e.g., Scarbrough et al.,

表 2　内容分析対象の論文

分類	ジャーナル	論文数
実証論文		
質的研究	分位：Q1	33
量的研究	分位：Q1	66
小計		99
理論研究	分位：Q1	25
小計		124
実務家向け論文	*California Management Review*	1
	MIT Sloan Management Review	1
小計		2
合計		126

2004)，グラウンデッド・セオリー・アプローチ（Sjödin et al., 2019），エスノグラフィー（Carlile & Rebentisch, 2003），ゲーム（Pershina et al., 2019）などさまざまな方法論が用いられている．

　本稿では独自のI-P-O モデル，知識統合の実証研究（99本），企業の実践と深く関わるトップ・ジャーナル（*California Management Review, MIT Sloan Management Review*）（Foss & Saebi, 2017）をマッピングして内容分析を行う．I-P-O モデルは経営学の理論基盤として頻繁に活用され，対象プロセスの主な先行要因，構成要素，結果を区別するのに役立ち，将来の研究の礎となる（Ghezzi et al., 2018）．

2-4　結果：知識統合のI-P-O モデルと実践への影響

　Berggren et al.（2011）の簡易的な知識統合モデルの 2 つの問題点を踏まえた上で独自のフレームワークを構築する．1 つ目の問題点は，知識統合そのものを十分に説明していない点にある．彼らは，内部的・外部的の 1 つの次元で知識統合を捉えようとしているが，枠組みが大まかで説明が不十分である．Newell et al.（2006）が提唱する生成的・機械的次元を付け加えることで，知識統合をより深く考察することができる．2 つ目の問題点は，知識統合能力の構築又は強化についての説明が不十分な点にある（Grant, 1996a）．例えば，Teece（2018）では，ダイナミック・ケイパビリティには

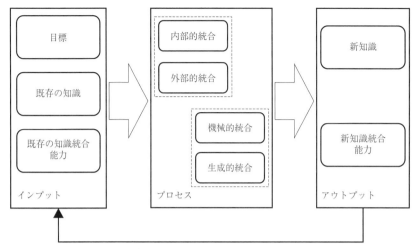

図 4　知識統合の I-P-O モデル

強弱があり，それを強化することで競争優位性が獲得できることが述べられている．しかし，組織能力としての知識統合能力がいかに強化されるかについては説明されていない．これらの問題点を踏まえた上で，知識統合のI-P-O モデルを構築した（図 4）．

2-4-1　インプット

インプットには「目標」，「既存の知識」と「知識統合能力」がある．目標は，特定の問題解決（e.g., Malhotra & Majchrzak, 2014; Pershina et al., 2019），組織プロセスの改善（e.g., Pisano, 1994; D'Adderio, 2001），新システムの導入（e.g., Tiwana & Mclean, 2005），新製品開発（e.g., Becker & Zirpoli, 2003; Carlile & Rebentisch, 2003）など組織が達成しようとする結果を指す．目標の違いによって，組織メンバー，組織レベル，作業内容や業務環境などもそれに合わせる必要があるため，知識統合プロセスに影響を及ぼす．また，共有的相互依存，逐次的相互依存と互恵的相互依存（Thompson, 1967），あるいはチーム的相互依存（Van de Ven et al., 1976）といった業務関連性の違いが統合プロセスに影響する．そして，目標が明確であるかどうか，組織メンバーにしっかり共有されているかどうかも知識統合の質と直結

する（Rauniar et al., 2019）.

　統合される既存の知識は，主に専門知識を指しており，「補完的」専門知識を統合することで競争優位性を獲得することができる（Tell, 2011）．また，前述した通り知識の特徴や種類によって統合の効率性や統合の範囲は異なる（Grant, 1996a）．

　例えば，多国籍企業において，統合の範囲が一定でもグローバル本社の知識にローカル支社の知識を統合することと，支社の知識に本社の知識を統合することでは効率性も異なる（D'Adderio, 2001; Frost & Zhou, 2005）．後者である支社の知識を本社が吸い上げて統合することを「逆知識統合」（reverse knowledge integration）と呼ぶ（Frost & Zhou, 2005）．逆知識統合は，本社と支社間の組織構造やガバナンスによって効率性が低くなることが多い．また，理論知の方が応用知より（Pisano 1994），暗黙知の方が形式知より統合の効率性は低い（Grant, 1996a）．更に，知識の異質性が高ければ高いほど，統合の範囲は広くなる反面効率性は下がる（D'Adderio, 2001; Tiwana & Mclean, 2005）．そして，統合の範囲が広くても関連知識や交差する知識（interlaced knowledge）の度合いが高ければ効率性は高くなる（Tanriverdi & Venkatraman, 2005; Tuertscher et al., 2014）．最後に，組織の常識（common knowledge），共通認識（shared understanding）などの蓄積があった方が統合の範囲が広くても効率は高いとされている（Grant, 1996a; Bittner & Leimeister, 2014）．

　既存の知識統合能力は，2つの統合メカニズムである指図書とルーティンの構築や再構築によって養われる．また，統合メカニズムは本来企業・組織レベルを想定したものだが（Grant, 1996a），グループ（Tsai et al., 2012）や企業間（Rosell et al., 2017）などさまざまな組織レベルに援用することができる．組織の知識統合能力によって，統合の効率性，範囲及び柔軟性は決まる（Grant, 1996a）．知識統合能力は過去の経験から培ったものであるため（Huang & Newell, 2003），各組織レベルの統合能力は必ずしも同じではない．

2-4-2　プロセス

　プロセスには，内部的・外部的（Berggren et al., 2011; Mitchell, 2006），機械的・生成的（Newell et al., 2006）の2つの次元がある．

（1） 内部的・外部的統合

　内部的統合とは，組織内部の単一部門あるいは販売部門，製造部門，研究開発部門など様々な部門の知識を結合する（cross-functional integration）能力である（Pershina et al., 2019）．例えば，製品開発のプロジェクトや会議などで内部的統合は行われる（Huang & Newell, 2003）．内部的統合能力が低いと部門間のコラボレーションは失敗に終わることが多い（Grant, 1996a）．

　外部的統合とは組織外部で得た経験や知識を内面化し（Liu & Ravichandran, 2015），内部の知識と結合させるプロセスである（Berggren et al., 2011）．複雑な製品やサービスの知識を１つの組織が全て所有することは非効率であるため，外部の知識にアクセスして吸収する能力が肝となる（Cohen & Levinthal, 1990; Zahra & George, 2002）．吸収能力には，識別，吸収，応用の３つのプロセスがある（Cohen & Levinthal, 1990）．サプライヤーやサービス企業などと提携する場合，補完的知識を識別する能力が重要である．また，大学など公的研究機関の特許を取得し，製品化するためには特許の知識の識別に留まらず，その知識を吸収し，組織内部の知識と統合させて応用する能力が問われる．ゆえに，外部的統合能力が低い組織は知識を吸収してもその価値を生かせない（Teo & Bhattacherjee, 2014）．

（2） 機械的・生成的統合

　機械的統合とは，個々の専門知識を組み合わせて結合するプロセスである（Newell et al., 2006）．このプロセスは，相互依存性の低い業務における知識統合に適しており，必要とするコミュニケーションの頻度を最低限にすることで効率化を図る．機械的統合の業務関係は，共有的相互依存，逐次的相互依存と互恵的相互依存である（Grant, 1996b）．相互依存性が一番低い共有的相互依存ではルールやマニュアルによる調整が，相互依存性がより高い逐次的相互依存は計画による調整が効果的である．最も相互依存性の高い互恵的相互依存はルーティンによる調整を通して，ルールや指示など言語によるコミュニケーションがない場合でも，個人間の比較的複雑な相互作用のパターンを支持する（Grant, 1996b）．ゆえに，各々の組織メンバーが独立して業務を遂行してもそれらを組み合わせることができる．指図書とルーティンによってより広範囲の知識を効率良く統合する組織は，機械的統合能力が

高いと言える.

　生成的統合とは,専門知識をすり合わせて結合するプロセスである（New-ell et al., 2006）.このプロセスは,相互依存性の高い業務における知識統合に適しており,組織メンバー間の頻繁なコミュニケーションを通して新たな統合の柔軟性を図る.生成的統合は,グループのコミュニケーションで調整する.ゆえに,会議などの場で「創造的摩擦（creative destruction）」を引き起こすことにより新たな知識を創造する（Leonard-Barton, 1992）.したがって,生成的統合能力とは,新しい知識にアクセスし既存の知識を組みかえて指図書とルーティンを再構築する能力を指す.

　ここではどちらが優れているという議論ではなく,インプットの違いによって異なる統合プロセスを辿ることを示唆する.効率性を重視する場合,コミュニケーションと知識の伝達を節約する指図書やルーティンによる統合が重要であるが,通常とは異なるノン・ルーテインで複雑なタスクはチームによる問題解決が妥当である（Grant, 1996b）.また,企業間における知識統合の研究で類似した概念に非連結型知識統合（decoupled knowledge inte-gration）と連結型知識統合（coupled knowledge integration）がある（Rosell et al., 2017）.前者は,企業と提携先の間では情報の共有のみ行われ,後者では,企業間で知識の認識,共有,結合などのプロセスを辿る.

（3）　4種の知識統合

　上記の内部的・外部的次元と機械的・生成的次元を基に,内部機械的統合,内部生成的統合,外部機械的統合と外部生成的統合の4種類に分けることができる（表3）.以下,先行研究の事例を基にそれぞれについて議論する.

　内部機械的統合は,製品のマイナーチェンジ,生産工程の改善,システムの更新など組織内における相互依存性が低い業務の知識統合を指す.例えば,Schiuma et al.（2012）の研究では,生産工程を改善するために従来の

表3　4種の知識統合

タイプ	機械的	生成的
内部的	内部機械的統合	内部生成的統合
外部的	外部機械的統合	外部生成的統合

手続き通りに行うことが重要だと指摘した．ミーティング時間は制限され，参加メンバーもコミュニケーションを必要最小限に抑えるために各部門マネジャーの間のみで行われた．また，内部機械的統合は効率性や効果性を重視するため，メンバーの知識の関連性が高ければ高いほど有効である（Tanriverdi & Venkatraman, 2005）.

内部生成的統合は，新システム導入，新サービスの提供，新製品開発など組織内における相互依存性が高い業務の知識統合を指す．異なる部門の異質的・補完的知識を統合することで部門横断的なイノベーションが期待できるため（Ståhle et al., 2019），クロス・ファンクショナル・チームの形成によってこれらの目的を達成することが多い（Pershina et al., 2019）.しかし，多くの部門を巻き込むことで，知識の異質性が向上して新奇性のある結果が得られる反面，知識統合が困難になる（Grant, 1996a）.この場合，知識の可視化を手助けする「翻訳するルーティン（translation routine）」の形成，頻繁なコミュニケーション（D'Adderio, 2001）とバウンダリー・オブジェクト（Pershina et al., 2019）などが有効である．この2つの統合プロセスは，主にプロジェクト・グループと企業・組織レベルで行われる.

外部機械的統合は，アウトソーシング，提携パートナーとの契約の更新，オープンソースソフトウェアのバグ処理やコード改善など組織外における相互依存性が低い業務の知識統合を指す．このプロセスでは通常，外部の専門知識を内省化しないで知識統合を行うため（Daniel & Stewart, 2016; Kamuriwo & Baden-Fuller, 2016），外部の知識の価値を識別することが重要である（Cohen & Levinthal, 1990）.例えばITシステムの更新など，主に核ではない技術や業務をアウトソーシングすることで，企業間のコミュニケーション頻度を減らし，目標を効率的に達成する（Teo & Bhattacherjee, 2014; Narul, 2014）.また，企業間で目的とその達成方法についての認識が一致していれば，利害関係者間の摩擦が軽減され，より効率的かつ効果的である（Gilchrist et al., 2018）.

外部生成的統合は，オープン・イノベーション，クラウド・ソーシング，産業を跨ぐ新製品と新システムの開発など組織外における相互依存性が高い業務の知識統合を指す．このプロセスでは通常，外部の専門知識を内省化した上で知識統合を行う（Revilla & Knoppen, 2015; Rosell et al., 2017）.外部

生成的統合では協同的意味形成（joint sense-making）と協同的意思決定（joint decision-making）も重要である（Revilla & Knoppen, 2015）．前者は知識の価値を共に定義づけること，後者は，その知識を問題解決に向けてどのように適用するかを決めることである．例えばトヨタやホンダは，今後どのような製品を投入し，どのような市場を開拓していくのかをサプライヤーと共有するだけでなく，供給される製品の品質，コスト，納期について必要な改善点を話し合っている．更に，コミュニケーションを頻繁に取り，協力して困難な問題を解決するために相互に適応策を交渉し，サプライチェーンのオペレーションルーティンを構築・再構築している（Revilla & Knoppen, 2015）．

　また，外部の知識は提携先の企業に限らず，顧客やその他専門家の知識も含む．例えば，サービス産業では顧客の知識を積極的に取り入れないとサービス・イノベーションは起こりにくい（Salunke et al., 2019）．また，オープン・イノベーションでは，さまざまな専門家が参加するが，知識の異質性が高いため企業側が意図的に専門家間のコミュニケーションの頻度を上げる必要がある（Sun et al., 2020）．この2つの統合プロセスは，主に産業・企業間レベルで行われる．

　4種の知識統合プロセスの研究動向として，内部機械的統合5本，内部生成的統合33本，外部機械的統合13本，外部生成的統合38本の論文がある．

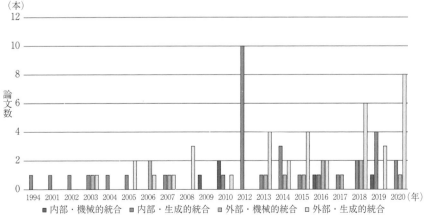

図5　知識統合プロセスの研究動向

また，Kodama（2006）など内部生成的統合と外部生成的統合を同時に扱う
論文が5本，内部機械的統合と外部機械的統合の両方を取り扱う論文が1
本，外部機械的統合と外部生成的統合を同時に扱う論文が1本存在する．全
体的には生成的統合が最も注目されていると言えよう．

　以上，4種の知識統合プロセスに関する概念を提示し，議論した．知識統
合を種類別に分けることは極めて重要である．なぜなら先行研究で議論され
た「知識統合」は必ずしも同じことを意味せず，知識統合のあり方は業務の
相互依存（Grant, 1996b）や組織の内と外（Berggren et al., 2011）の境界に
よって変わってくるからである．企業は，目標，知識，既存の知識統合能力
などのインプットを考慮した上で，異なる種類の知識統合を選択すべきであ
る．また，4種の知識統合の経験を積むことで異なる知識統合能力が蓄積さ
れるのも明白である．

2-4-3　アウトプット

　アウトプットには「新知識」と「新知識統合能力」がある．

　新知識は4種の統合プロセスを経て統合された知識全般を指し，新奇性の
高いものや成功の産物に限らない（Berggren et al. 2011）．これは主に，新
製品（e.g. Tsai & Hsu, 2014; Kraaijenbrink, 2012），新システム（e.g.
Tiwana & Mclean, 2005; Karahanna & Preston, 2013），新サービス（e.g.
Salunke et al., 2019; Ordanini & Parasuraman, 2011），新たな解決方法（e.g.,
Schiuma et al., 2012）などに埋め込まれている．

　また，新知識統合能力は統合プロセスの経験や学習を通して付随的に養わ
れるものであり，経験を積み重ねていく中で常に変化する．新知識は常に組
織の目標と直結するが，新知識統合能力は必ずしも目標と一体ではなく，意
図的に得られた結果ではない（Berggren et al., 2011）．ただし，異なる知識
統合を経験することで異なる知識統合能力が強化されるため，経験する知識
統合を意図的に選択してその能力を強化することは可能である．アウトプッ
トで得られた新知識や能力はインプットであった既存の知識や能力を刷新
し，I-P-O モデルの循環によって組織の知識統合能力は絶えず変化する．

2-4-4　企業の実践への示唆

　企業の実践への影響は次の2点が挙げられる．第1に，企業のナレッジ・マネジメントに役立つ．すなわち，自社には知識統合の4種のうちどれが必要で，現状では何が得意・不得意であるかを改めて考え，マネジメントするきっかけになる．例えば，1999年頃の日産自動車は経営破綻寸前にあったが，その大きな原因の1つが，部門間の分厚い壁によってコミュニケーションが阻害された点にある（ゴーン，2001）．部門間の対話不能な状態は，新製品開発や企業全体の意思決定までに悪影響を及ぼした．それを打破するために，カルロス・ゴーンは9つの部門横断的なプロジェクト・チーム（クロス・ファンクショナル・チーム）を結成し，セクショナリズムを無くすことに尽力した．結果として部門間のコミュニケーションは活発となり，「健全な」意見のぶつけ合いによって生じた新たなアイデア，解決策や行動など（創造的摩擦）が「日産リバイバル」にも貢献した．これは企業内で異なる部門の専門知識をすり合わせて結合するプロセスであるため，内部生成的統合と言えよう．また，この事例からも分かるように，企業の知識統合プロセスは常にインプットと一致する必要がある．日産自動車の場合，個々の部門の知識を単に組み合わせる機械的統合では，日産リバイブルという困難な目標を達成することができなかった．これはつまり，企業は常に目標が何であり，どのような知識や能力が必要か，それを解決する道は組織内外のどこにあるのか，創造的摩擦は必要なのか，などを改めて問う必要がある．そこでおのずと適切な知識統合プロセスは決まる．

　第2に，知識統合のリスクについて注意を払うことができる．例えば，核心的な知識や技術を外部機械的に統合する場合にはリスクが伴う．Becker & Zirpoli（2003）によるとフィアットは分業による効率化を重視するあまり，自動車業界のどの企業よりもサプライヤーとの相互依存度を下げ，アウトソーシング戦略を実施した．その結果，短期的には利益を得ることができたが，長期的には知識の空洞化が生じ，技術力の高い製品の開発が困難となった．外部的知識統合の用途はあくまで専門知識へのアクセスや認識に留まるため，提携の数や質などを組み立てるアライアンスポートフォリオと，個々のパートナーシップ間の活動や知識の流れを調整するための適切なモニ

タリング・メカニズムが企業レベルで必要になる（Kamuriwo & Baden-Fuller, 2016）．一方，内部生成的統合は知識漏洩のリスクを負う．Venturini et al.（2019）によると，高度かつ部門横断的な知識統合には大きなリスクが潜んでいる．例えば新製品開発を行う場合，本稿のフレームワークに従うと内部生成的統合を採用するのが効果的である．しかし，内部生成的統合では参加メンバーの間でコミュニケーションが頻繁に行われ，企業にとって重要な知識が漏洩する恐れもある．この場合，内部機械的統合による「防衛戦略」を採ることも可能である．すなわち，正式な契約を作成し，参加メンバーを限定し，コミュニケーションの頻度を下げる．以上のように，今後企業が知識統合を行う際，チェックリストとして本稿のフレームワークを活用できるであろう．

2-5 おわりに

2-5-1 本稿のまとめ，貢献及び限界

Grant（1996a, b）の研究を引き金に，知識統合の研究に関心が集まり，この二十余年間で実証研究が盛んに行われてきた．しかし，Grant（1996a）の論文以降統一的フレームワークが欠如しているため，概念があいまいなまま研究が進められてきた（Tell, 2011; Zahra et al., 2020）．本稿ではシステマティック・ナラティブレビューを用いて知識統合の I-P-O モデルを構築した．理論的貢献は 2 点挙げられる．

第 1 に，「知識統合とは何か」について答えた．内部的・外部的次元（Berggren et al., 2011）に機械的・生成的次元（Newell et al., 2006）を組み合わせることで 4 種の知識統合プロセスを導き出し，彼らの理論を拡張した．また，業務の相互依存関係（Thompson, 1967; Van de Ven et al., 1976），知識統合の特徴（Grant, 1996a）と組織の吸収能力（Cohen & Levinthal, 1990）を用いて 4 種の知識統合を定義した．統合の種類を明確に区別することで，あいまいなままの議論を回避し，理論の更なる精緻化に貢献している．

第 2 に，「知識統合能力はどのように強化されるか」の問いに答えた．知

識統合の I-P-O モデルの循環によって新しい知識が蓄積され，知識統合能力が付随的に構築・再構築されることを示した．これは経験する知識統合の種類によって，強化される統合能力が異なることも意味する．また，インプットとプロセスがフィットすることで，知識統合が順調に行われ，望ましいアウトプットが得られることもわかった．したがって，本稿の I-P-O モデルは Berggren et al.（2011）の簡易的な知識統合モデルを発展させるものである．

　本稿の限界は次の 3 点挙げられる．第 1 に，レビューする論文の選考基準の限界である．ISI Web of Science の Q1 に該当する論文に集中してレビューを行ったが，インパクトファクターの高低による選別は，基準値を満たさない高品質な論文を見落とす可能性がある．第 2 に，検索方法の限界である．本稿では，"knowledge integration"，"knowledge integration capability"，"knowledge integration capabilities" で検索をしたが，これらのキーワードに引っ掛からない重要な関連論文が除外されている可能性がある．第 3 に，I-P-O モデル自身の限界である（Ghezzi et al., 2018）．本稿で示された知識統合モデルは一方向の因果関係しか示していないが，組織メンバーの行動によるフィードバック効果に繋がる可能性を常に秘めている（Ghezzi et al., 2018）．したがって，知識統合に関する因果関係を実証する場合，それを考慮した上でこのモデルを慎重に取り扱う必要がある．

　また，本稿の I-P-O モデルは知識統合の統一的枠組みを目指したものの，これを完全に決定づけるものではなく，理論の精緻化の手がかりを与えたに過ぎない．今後の研究では上記の限界を踏まえた上で，知識統合領域及び関連する他領域や事象の知見を「統合」することで，理論と実践の更なる発展が期待できる．

2-5-2　今後の展望

　つづいて今後の展望について議論する．第 1 に，知識統合理論の更なる精緻化は必要である．前に述べた通り，知識統合に関する概念はあいまいに定義され，実証研究で乱用されているケースが少なくない（Eisenhardt & Bhatia, 2002）．先行研究では，知識統合を知識共有や知識移転と同じように扱っているケースもあるが（Tell, 2011），それでは知識統合という概念を持

ち出す必要性がなくなる．今後，知識統合を関連概念と区別し，比較分析を
行うことで理論の深化が期待できる．

　第2に，知識統合能力を更に深く考察するために，知識統合能力とダイナ
ミック・ケイパビリティの関係を明らかにする必要がある．ダイナミック・
ケイパビリティ論によると，安定した環境下ではオーディナリー・ケイパビ
リティ（ordinary capability）としての管理，運営とガバナンスの能力が重
要である．しかし，競争が熾烈な環境下では感知（sensing），捕捉（seiz-
ing），変革（transforming）など既存のオーディナリー・ケイパビリティを
組み替えるダイナミック・ケイパビリティを必要とする（Teece, 2007）．
Grant（1996a）は，統合の柔軟性がダイナミックな知識統合能力と関係す
る可能性を指摘している．したがって，機械的統合はオーディナリー・ケイ
パビリティ，生成的統合はダイナミック・ケイパビリティと関連する可能性
がある．今後両者の関係性を明確にすることで4種の知識統合をより深く理
解し，更なる理論的発展が期待できる．

　第3に，さまざまな種類のアクターが有する知識を統合する研究に期待が
持てる．なぜなら，これは必ずしも従来の知識統合メカニズムと類似するも
のではないからである．特にデジタル・プラットフォームには多種多様なア
クターが存在し，例えば楽天では，買い手，売り手，運送業者，ペイメント
会社，楽天大学などさまざまなアクターが関わっている．現状ではデジタ
ル・プラットフォームの知識統合に該当する研究は少ない．例えば外部的統
合に関する先行研究では，サプライチェーンにおけるバイヤーとサプライ
ヤー，クラウド・ソーシングにおける関連企業，オープン・イノベーション
における群衆など，1種類のアクターの統合に着目するに留まる．異なるア
クターの知識を統合する能力が，どのようにイノベーションやパフォーマン
スに影響を及ぼすかを考察するのは興味深い．

【参考文献】

Becker, M. C., & Zirpoli, F. (2003). Organizing new product development. *International Journal of Operations & Production Management, 23* (9), 1033-1061.

Berggren, C., Bergek, A., Bengtsson, L., & Söderlund, J. (2011). Exploring knowledge integration and innovation. In C. Berggen, A. Bergen, L. Bengtsson, M. Hobday & J. Söderlund (Eds.), *Knowledge integration and innovation: Critical challenges facing international technology-based firms*, (pp.3-19). Oxford University Press.

Best, P., Manktelow, R., & Taylor, B. (2014). Online communication, social media and adolescent wellbeing: A systematic narrative review. *Children and Youth Services Review, 41*, 27-36.

Bittner, E. A. C., & Leimeister, J. M. (2014). Creating shared understanding in heterogeneous work groups: Why it matters and how to achieve it. *Journal of Management Information Systems, 31* (1), 111-144.

Caridi-Zahavi, O., Carmeli, A., & Arazy, O. (2016). The influence of CEOs' visionary innovation leadership on the performance of high-technology ventures: The mediating roles of connectivity and knowledge integration. *Journal of Product Innovation Management, 33* (3), 356-376.

Carlile, P. R. (2002). A pragmatic view of knowledge and boundaries: Boundary objects in new product development. *Organization Science, 13* (4), 442-455.

Carlile, P. R., & Rebentisch, E. S. (2003). Into the black box: The knowledge transformation cycle. *Management Science, 49* (9), 1180-1195.

Cohen, W. M., & Levinthal, D. A. (1990). Absorptive capacity: A new perspective on learning and innovation. *Administrative Science Quarterly, 35* (1), 128-152.

D'Adderio, L. (2001). Crafting the virtual prototype: How firms integrate knowledge and capabilities across organisational boundaries. *Research Policy, 30* (9), 1409-1424.

Daniel, S., & Stewart, K. (2016). Open source project success: Resource access, flow, and integration. *The Journal of Strategic Information Systems, 25* (3), 159-176.

Demsetz, H. (1988). The theory of the firm revisited. *Journal of Law, Economics, & Organization*, 141-161.

De Luca, L. M., & Atuahene-Gima, K. (2007). Market knowledge dimensions and cross-functional collaboration: Examining the different routes to product innovation performance. *Journal of Marketing, 71* (1), 95-112.

Dougherty, D. (1992). Interpretive barriers to successful product innovation in large firms. *Organization Science, 3* (2), 179-202.

Easterby-Smith, M., & Lyles, M. A. (Eds.) (2011). *Handbook of organizational learning and knowledge management* (2nd ed). Wiley.

Eisenhardt, K. M., & Bhatia, M. (2002). Organizational complexity and computation, companion to organizations. In J. A. C. Baum (Ed.), *The Blackwell companion to organizations*, (pp. 442-466). Blackwell Business.

Foss, N. J., & Saebi, T. (2017). Fifteen years of research on business model innovation: How far have we come, and where should we go? *Journal of Management, 43* (1), 200-227.

Frost, T. S., & Zhou, C. (2005). R&D co-practice and 'reverse' knowledge integration in multinational firms. *Journal of International Business Studies, 36* (6), 676-687.

Ghezzi, A., Gabelloni, D., Martini, A., & Natalicchio, A. (2018). Crowdsourcing: A review and suggestions for future research. *International Journal of Management Reviews, 20* (2), 343-363.

ゴーン, C. (2001). 『ルネッサンス：再生への挑戦』ダイヤモンド社.

Gilchrist, A., Burton-Jones, A., & Green, P. (2018). The process of social alignment and misalignment within a complex IT project. *International Journal of Project Manage-*

ment, 36（6）, 845-860.

Grant, R. M.（1996a）. Prospering in dynamically-competitive environments: Organizational capability as knowledge integration. *Organization Science, 7*（4）, 375-387.

Grant, R. M.（1996b）. Toward a knowledge-based theory of the firm. *Strategic Management Journal, 17*（S2）, 109-122.

Huang, J. C., & Newell, S.（2003）. Knowledge integration processes and dynamics within the context of cross-functional projects. *International Journal of Project Management, 21*（3）, 167-176.

Kamuriwo, D. S., & Baden-Fuller, C.（2016）. Knowledge integration using product R&D outsourcing in biotechnology. *Research Policy, 45*（5）, 1031-1045

Karahanna, E., & Preston, D. S.（2013）. The effect of social capital of the relationship between the CIO and top management team on firm performance. *Journal of Management Information Systems, 30*（1）, 15-56.

Klessova, S., Thomas, C., & Engell, S.（2020）. Structuring inter-organizational R&D projects: Towards a better understanding of the project architecture as an interplay between activity coordination and knowledge integration. *International Journal of Project Management, 38*（5）, 291-306.

Kodama, M.（2006）. Knowledge-based view of corporate strategy. *Technovation, 26*（12）, 1390-1406.

Kogut, B., & Zander, U.（1992）. Knowledge of the firm, combinative capabilities, and the replication of technology. *Organization Science, 3*（3）, 383-397.

Kraaijenbrink, J.（2012）. Integrating knowledge and knowledge processes: A critical incident study of product development projects. *Journal of Product Innovation Management, 29*（6）, 1082-1096.

Leonard-Barton, D.（1992）. Core capabilities and core rigidities: A paradox in managing new product development. *Strategic Management Journal, 13*（S1）, 111-125.

Levin, R. C., Klevorick, A. K., Nelson, R. R., Winter, S. G., Gilbert, R., & Griliches, Z.（1987）. Appropriating the returns from industrial research and development. *Brookings Papers on Economic Activity, 1987*（3）, 783-831.

Lin, L., Müller, R., Zhu, F., & Liu, H.（2019）. Choosing suitable project control modes to improve the knowledge integration under different uncertainties. *International Journal of Project Management, 37*（7）, 896-911.

Liu, J., & Zhu, Y.（2020）. Promoting tacit knowledge application and integration through guanxi and structural holes. *Journal of Knowledge Management.*

Liu, Y., & Ravichandran, T.（2015）. Alliance experience, IT-enabled knowledge integration, and ex ante value gains. *Organization Science, 26*（2）, 511-530.

Loebbecke, C., & Myers, M. D.（2017）. Deploying internal knowledge portals: Three major challenges. *Information & Management, 54*（4）, 491-505.

Luo, Y., & Bu, J.（2016）. How valuable is information and communication technology? A study of emerging economy enterprises. *Journal of World Business, 51*（2）, 200-211.

Malhotra, A., & Majchrzak, A.（2014）. Managing crowds in innovation challenges. *California Management Review, 56*（4）, 103-123.

March, J. G.（1991）. Exploration and exploitation in organizational learning. *Organization Science, 2*（1）, 71-87.

March, J. G., & Simon, H. A. (1958). *Organizations*. John Wiley & Sons.

Mitchell, V. L. (2006). Knowledge integration and information technology project performance. *Mis Quarterly*, 919-939.

Martinelli, E., Tagliazucchi, G., & Marchi, G. (2018). The resilient retail entrepreneur: dynamic capabilities for facing natural disasters. *International Journal of Entrepreneurial Behavior & Research*.

Mays, N., Pope, C., & Popay, J. (2005). Systematically reviewing qualitative and quantitative evidence to inform management and policy-making in the health field. *Journal of Health Services Research & Policy*, *10* (1_suppl), 6-20.

Mesmer-Magnus, J. R., & DeChurch, L. A. (2009). Information sharing and team performance: A meta-analysis. *Journal of Applied Psychology*, *94* (2), 535.

Mitchell, V. L. (2006). Knowledge integration and information technology project performance. *Mis Quarterly*, 919-939.

Moenaert, R. K., & Souder, W. E. (1990). An information transfer model for integrating marketing and R&D personnel in new product development projects. *Journal of Product Innovation Management*, *7* (2), 91-107.

Myers, M. B., & Cheung, M. S. (2008). Sharing global supply chain knowledge. *MIT Sloan Management Review*, *49* (4), 67.

Nagle, F., & Teodoridis, F. (2020). Jack of all trades and master of knowledge: The role of diversification in new distant knowledge integration. *Strategic Management Journal*, *41* (1), 55-85.

Narula, R. (2014). Exploring the paradox of competence-creating subsidiaries: Balancing bandwidth and dispersion in MNEs. *Long Range Planning*, *47* (1-2), 4-15.

Newell, S., Huang, J., & Tansley, C. (2006). ERP implementation: A knowledge integration challenge for the project team. *Knowledge and Process Management*, *13* (4), 227-238.

Nijssen, E. J., & Ordanini, A. (2020). How important is alignment of social media use and R&D-Marketing cooperation for innovation success? *Journal of Business Research*, *116*, 1-12.

Nonaka, I. (1994). A dynamic theory of organizational knowledge creation. *Organization Science*, *5* (1), 14-37.

Okhuysen, G. A., & Eisenhardt, K. M. (2002). Integrating knowledge in groups: How formal interventions enable flexibility. *Organization Science*, *13* (4), 370-386.

Ordanini, A., & Parasuraman, A. (2011). Service innovation viewed through a service-dominant logic lens: A conceptual framework and empirical analysis. *Journal of Service Research*, *14* (1), 3-23.

王亦軒 (2016). 「クロス・ファンクショナル・チームによる知識統合：日産自動車を事例として」『経済科学』*64* (1), 51-61.

Pershina, R., Soppe, B., & Thune, T. M. (2019). Bridging analog and digital expertise: Cross-domain collaboration and boundary-spanning tools in the creation of digital innovation. *Research Policy*, *48* (9), 103819.

Pisano, G. P. (1994). Knowledge, integration, and the locus of learning: An empirical analysis of process development. *Strategic Management Journal*, *15* (S1), 85-100.

Polyani, M. (1966). *The tacit dimension*. Doubleday & Co.

Rauniar, R., Rawski, G., Morgan, S., & Mishra, S. (2019). Knowledge integration in

IPPD project: Role of shared project mission, mutual trust, and mutual influence. *International Journal of Project Management, 37* (2), 239-258.

Revilla, E., & Knoppen, D. (2015). Building knowledge integration in buyer-supplier relationships: The critical role of strategic supply management and trust. *International Journal of Operations & Production Management, 35* (10), 1408-1436.

Rosell, D. T., Lakemond, N., & Melander, L. (2017). Integrating supplier knowledge in new product development projects: Decoupled and coupled approaches. *Journal of Knowledge Management, 21* (5), 1035-1052.

Salunke, S., Weerawardena, J., & McColl-Kennedy, J. R. (2019). The central role of knowledge integration capability in service innovation-based competitive strategy. *Industrial Marketing Management, 76,* 144-156.

Scarbrough, H., Swan, J., Laurent, S., Bresnen, M., Edelman, L., & Newell, S. (2004). Project-based learning and the role of learning boundaries. *Organization Studies, 25* (9), 1579-1600.

Schiuma, G., Canonico, P., De Nito, E., & Mangia, G. (2012). Control mechanisms and knowledge integration in exploitative project teams: A case study from the coal fired power plant industry. *Journal of Knowledge Management, 16* (4), 538-549.

Schumpeter, J. (1934). *The theory of economic development.* Harvard University Press.

Singh, J. (2008). Distributed R&D, cross-regional knowledge integration and quality of innovative output. *Research Policy, 37* (1), 77-96.

Sjödin, D., Frishammar, J., & Thorgren, S. (2019). How individuals engage in the absorption of new external knowledge: A process model of absorptive capacity. *Journal of Product Innovation Management, 36* (3), 356-380.

Ståhle, M., Ahola, T., & Martinsuo, M. (2019). Cross-functional integration for managing customer information flows in a project-based firm. *International Journal of Project Management, 37* (1), 145-160.

Sun, Y., Tüertscher, P., Majchrzak, A., & Malhotra, A. (2020). Pro-socially motivated interaction for knowledge integration in crowd-based open innovation. *Journal of Knowledge Management, 24* (9), 2127-2147.

Tanriverdi, H., & Venkatraman, N. (2005). Knowledge relatedness and the performance of multibusiness firms. *Strategic Management Journal, 26* (2), 97-119.

Teece, D. J. (2007). Explicating dynamic capabilities: The nature and microfoundations of (sustainable) enterprise performance. *Strategic Management Journal, 28* (13), 1319-1350.

Teece, D. J. (2014). The foundations of enterprise performance: Dynamic and ordinary capabilities in an (economic) theory of firms. *Academy of Management Perspectives, 28* (4), 328-352.

Teece, D. J. (2018). Business models and dynamic capabilities. *Long Range Planning, 51* (1), 40-49.

Tell, F. (2011). Knowledge integration and innovation: A survey of the field. In C. Berggren , L. Bengtsson., M. Hobday, & J. Söderlund (Eds.), *Knowledge integration and innovation: Critical challenges facing international technology-based firms* (pp. 20-58). Oxford University Press.

Teo, T. S., & Bhattacherjee, A. (2014). Knowledge transfer and utilization in IT outsourcing partnerships: A preliminary model of antecedents and outcomes. *Informa-*

tion & Management, 51 (2), 177-186.

Teoh, M. W., Wang, Y., & Kwek, A. (2021). Conceptualising co-created transformative tourism experiences: A systematic narrative review. *Journal of Hospitality and Tourism Management, 47,* 176-189.

Thompson, J. D. (1967). *Organizations in action.* McGraw-Hill.

Tiwana, A., & Mclean, E. R. (2005). Expertise integration and creativity in information systems development. *Journal of Management Information Systems, 22* (1), 13-43.

Tiwana, A. (2008). Do bridging ties complement strong ties? An empirical examination of alliance ambidexterity. *Strategic Management Journal, 29* (3), 251-272.

Tsai, K. H., & Hsu, T. T. (2014). Cross-functional collaboration, competitive intensity, knowledge integration mechanisms, and new product performance: A mediated moderation model. *Industrial Marketing Management, 43* (2), 293-303.

Tsai, K. H., Hsu, T. T., & Fang, W. (2012). Relinking cross-functional collaboration, knowledge integration mechanisms, and product innovation performance: A moderated mediation model. *Canadian Journal of Administrative Sciences/Revue Canadienne des Sciences de l'Administration, 29* (1), 25-39.

Tuertscher, P., Garud, R., & Kumaraswamy, A. (2014). Justification and interlaced knowledge at ATLAS, CERN. *Organization Science, 25* (6), 1579-1608.

Van de Ven, A. H., Delbecq, A. L., & Koenig Jr, R. (1976). Determinants of coordination modes within organizations. *American Sociological Review,* 322-338.

van Knippenberg, D. (2017). Team innovation. *Annual Review of Organizational Psychology and Organizational Behavior, 4,* 211-233.

Venturini, R., Ceccagnoli, M., & van Zeebroeck, N. (2019). Knowledge integration in the shadow of tacit spillovers: Empirical evidence from US R&D labs. *Research Policy, 48* (1), 180-205.

Weick, K. (1979). *The social psychology of organizing* (2nd ed.). Addision Wesley.

Winter, S. G. (2003). Understanding dynamic capabilities. *Strategic Management Journal, 24* (10), 991-995.

Xi, Y., Wang, X., & Zhu, Y. (2020). Organizational unlearning and knowledge transfer in cross border M&As: The mediating role of knowledge integration from a routine-based view. *Journal of Knowledge Management.*

Zahra, S. A., & George, G. (2002). Absorptive capacity: A review, reconceptualization, and extension. *Academy of Management Review, 27* (2), 185-203.

Zahra, S. A., Neubaum, D. O., & Hayton, J. (2020). What do we know about knowledge integration: Fusing micro-and macro-organizational perspectives. *Academy of Management Annals, 14* (1), 160-194.

2 ダイナミックな知識統合プロセスと今後の研究課題

児玉 充

1. 全体的論評

　王亦軒氏の論文は，日本国内での研究蓄積が少ない知識統合に関する分野に関して，海外における 20 年以上（1994 年〜 2020 年）の研究をレビューし，I-P-O モデルの理論的枠組みから知識統合プロセスを分析・考察した点は高く評価できる．

　著者が提案している I-P-O モデルのフレームワークが Book Chapter と ESCI-ranked Journal の論文を引用・拡張していることから，レビュー対象を SSCI-ranked Journal の論文に限定せず，Web of Science（ESCI）や Book Chapter（Web of Science: Book Citation Index），さらには Scopus（CiteScore）のデータベースまで裾野を拡大した方がよりシステマティックなレビューになると考える．基本的に IF（impact factor）はジャーナルの影響度を評価する指標を意味し，掲載された論文の影響度を評価する指標ではない．

　以下，知識統合プロセスに関する新たな 2 点の問いと今後の研究課題について言及する．

2. 統合される知識はどこに埋め込まれ，どのように生成・統合されるのか？　⇒知識境界論とネットワーク論からの知見

　Leonard-Barton（1995）は，多くのイノベーションは分野間や専門間で起きると言及している．組織における知識には，専門分野間に「知識バウンダリ」（e.g., Brown & Duguid, 1991）が存在する．知識はイノベーションの源泉であり，障壁でもあるが，知識は，バウンダリを越えて行われるタスクが競争優位の主要な源泉であると同時に，イノベーションの生成と継続が非常に困難である理由をも示している（Carlile, 2002）．従って，知識バウンダリはイノベーションプロセスと深く関係すると同時に知識統合プロセスにも大きな影響を与える．

Carlile（2004）はバウンダリにおける知識の3つの特性（syntactic boundaries / semantic boundaries / pragmatic boundaries）について言及し，そして，知識の相関的な特性（deference, dependency, novelty）を，バウンダリを2名以上のアクター間のベクトルとしてイメージすることで表現できると指摘した．イノベーションに関連したバウンダリの特質として，特に重要な pragmatic boundaries においては，従来には存在しない新たな課題や目標に対して，アクターたちがこれを達成すべく，アクター間での摩擦やコンフリクト，さらには政治的パワーを通じて既存の知識を変革するといった行為がある．

　具体的には新たなビジネスコンセプトの実現（新しいビジネスモデル実現のための製品・サービス開発，新しい技術アーキテクチャーやコンポーネントの開発，新しい開発・生産手法など）がこれに該当する．イノベーションの源泉となる新たな知識はこのような pragmatic boundaries から生み出される．

　組織学習論の文脈からは，実践コミュニティ（e.g., Brown and Duguid 1991）の特徴である semantic boundaries では，個人が同類の活動に参加すると学習のための意味が共有される（Dougherty, 1992）．一方で，pragmatic boundaries では新規性の増大によってさまざまな利害がアクター間で生じ，アクターによる知識の共有と評価を妨げる．このためにはバウンダリでの知識の共有と評価のための適切な手段を実現し，既存の知識を変換するためのビジネスコミュニティの形成（Kodama, 2007a）が必要となる．そこではアクター間での共通知識[1]としての利害，意思，パースペクティブの理解と共有が必要となる．

　ビジネスコミュニティという組織体の形成が，アクター間での共通知識のキャパシティとアクター間で直面するバウンダリのタイプを一致（又は収束）させ，アクターにこれら共通知識や専門知識を評価・活用（さらには転換）する能力を生み出していく（Kodama, 2018a, b）．しかし，Carlile（2004）は pragmatic boundaries の特質を有するどのような組織形態（e.g., 非公式組織）から新たな知識が生成・統合されるメカニズムについて明らかにして

1　共通知識はバウンダリオブジェクトとして機能する（Carlile, 2002）.

いない.

　コメンテーターが注目しているのは組織内外を横断した pragmatic boundaries の特質を有するスモールワールド構造の重層的ネットワークという非公式組織の形成にある（Kodama, 2007a, 2009）. Group interlock network（Watts, 2004）とよばれる文脈のネットワークの形成は，複数の重層的な pragmatic boundaries における知識を評価・統合・転換し，新たな知識創造（e.g., Kodama, 2002, 2005）を生み出すと，推察されるが，詳細な研究は今後の課題である.

　Shannon & Weaver（1949）のコミュニケーション理論をさらに組織理論に拡張した Carlile（2004）の 3T（Transfer / Translate / Transform）モデルは，これまで企業における製品イノベーションや企業変革などの事例研究や定量的実証研究で分析フレークワークとして活用されている.

　例えば，松下電器の知識統合による企業変革モデル（Kodama, 2007b），企業間を横断した新製品開発における知識統合プロセス（Kodama, 2007c），製品開発における顧客とサプライヤーとの知識共有プロセス（Le Dain & Merminod, 2014），ステークホルダー間でのプロジェクトマネジメント（Van Offembeek & Vos, 2016），知識統合能力（knowledge integration capability）と 3T モデルにおける共通知識との相関（Acharya et al., 2022）などが報告されている. 以上の観点から，知識統合プロセスというブラックボックスの解明にはこのような知識境界論やネットワーク論からの分析と考察が重要となる.

3. ダイナミック・ケイパビリティにおける知識統合能力の位置づけは？　⇒ダイナミック・ケイパビリティにおける資産のオーケストレーションとの関係

　これまで知識統合能力とダイナミック・ケイパビリティ（e.g., Teece, 2007, 2014）との関係性についての先行研究はほとんどない. しかし，多くのイノベーションが専門分野間のバウンダリで発生するという事実（Leonard-Barton,1995）から分かることは，組織内外の各種のバウンダリを越えて効果的に知識を管理することが競争上の優位性をもたらすということである. 知識境界論のフレームワーク（e.g., 3T モデル）を戦略的問いに適用すると，ダイナミック・ケイパビリティのコアコンセプトを説明する具体的な

方法が得られる可能性がある（Carlile, 2004）.

　Carlile（2004）は企業レベルでは，ダイナミック・ケイパビリティとは，各種のバウンダリを越えて知識を共有し，評価するために使用できるキャパシティ（capacity）と能力（ability）のさまざまな組み合わせと見なすことができると言及している．そして彼はこのような観点から，企業を資源の束と見なす（Barney, 1991）のでなく，知識の共有と評価が必要となるさまざまなタイプのバウンダリの束と見なすことで，企業をより完璧に記述できると主張しているが詳細は明らかでない．しかし前述した組織内外を横断したpragmatic boundaries の特質を有するスモールワールド構造の重層的ネットワークの統合（つまり複数の pragmatic boundaries の束）がダイナミック・ケイパビリティの戦略的かつ組織的特質を明らかにするヒントがあるかもしれない（Kodama, 2018a, b）.

　一方で，ダイナミック・ケイパビリティの中心的概念である，「資産のオーケストレーション」機能（Teece, 2007）は，（1）調整・統合，（2）学習，（3）再構成[2] の3つの組織的プロセスによって補強される（Teece et al.,1997）．調整および統合のルーティンは，たとえば，新製品開発などを目的として，さまざまな知識を起業家的な手法で結び付ける．学習は，実践と実験の成果であり，より効率的なタスクの遂行を可能にする．再構成または変革は，既存の知識の再結合や修正・転換に結び付く．ダイナミック・ケイパビリティによる資産のオーケストレーション機能は，どちらかといえば作り出すものであり，模倣するのが難しく，購入することは一般に不可能である（Teece, 2014）．別の解釈からすると，資産のオーケストレーション機能とは，Carlile（2004）が言及する pragmatic boundaries で既存の知識を転換（既存の知識の再結合や修正さらには転換）する能力を意味する．

　このような資産のオーケストレーション機能に関して，Teece（2014, p. 340）が米国陸軍の Stanley McChrystal 将軍のコメントを取り上げている．「我々の軍隊には，優秀性を重んじる文化がある．与えられた任務を，どれほどうまくこなせるかが問題だ．しかし，1つ1つのピースをどれほど巧妙

2　ダイナミック・ケイパビリティの主要な3つのクラスター（サブシステム）に関して，seizing と transforming を支えるものとして，資産のオーケストレーションが最も関連性が強いと Teece（2014）は指摘している．

に組み合わせるかに比べれば，それほど難しい問題ではない．本当に必要な技術とは，民間機関との協力，通常の軍隊との協力，各ピースをまとめる技術である．これが戦争の技術であり，難しい部分だ」．つまり，米国陸軍がイラクに関与していた期間中，資源だけでは不十分だったことを意味している．

また Apple 社の故スティーブ・ジョブズは新製品開発に対して次のように言及している．「製品をデザインする時には 5000 のことを一度に考えることになる．大量のコンセプトを試行錯誤しながら組み替え，新たな方法で繋ぎ，望みの物を生み出すんだ．そして未知の発見や問題が現れるたびに全体を組み直す．そういったプロセスがマジックを引き起こすのさ．」(Jobs, 1995)

イノベーション実現に向けた資産のオーケストレーション機能さらには知識統合プロセスとはこのような「1 つ 1 つのピースをどれほど巧妙に組み合わせるか！」，「大量のコンセプトを試行錯誤しながら組み替え，新たな方法で繋ぎ，望みの物を生み出す！」，に本質があると考えられる．

Teece (2014) は，VRIN 資源 (Barney, 1991) それ自体は，定義上，本質的に貴重なものであるが，VRIN 資源だけでは，長期にわたる企業価値は生み出されないと言及している．企業が長期にわたって成長し，存続していくには，ダイナミック・ケイパビリティを備えた優れた戦略を追求する経営陣とミドルマネジャーによる賢明なオーケストレーション（知識統合プロセス）が必要となる．

知識統合能力とダイナミック・ケイパビリティとの共通点は資産のオーケストレーションという知識統合プロセスにあると解釈できるが，このような知識統合プロセスや資産のオーケストレーションのダイナミックなメカニズムはほとんど明らかとなっていない．さらには「どのピースをどのように巧妙に組み合わせ，共特化 (cospecialization) を実現していくのか？」．共特化 (Teece, 2007) には知識論の観点から，「暗黙知」，「形式知」，「実践知」に加えて，「境界知 (boundaries knowledge)」(Kodama, 2019, 2020) の創造が必要であると推察されるが，今後の研究課題と言える．

【参考文献】（王論文に書誌情報があるものは除く）

Acharya, C., Ojha, D., Gokhale, R., & Patel, P. C. (2022). Managing information for innovation using knowledge integration capability: The role of boundary spanning objects. *International Journal of Information Management, 62*, 102438.

Barney, J. (1991). Firm resources and sustained competitive advantage. *Journal of Management, 17* (1), 99-120.

Brown, J. S., & Duguid, P. (1991). Organizational learning and communities-of-practice: Toward a unified view of working, learning, and innovation. *Organization Science, 2* (1), 40-57.

Carlile, P. R. (2004). Transferring, translating, and transforming: An integrative framework for managing knowledge across boundaries. *Organization Science, 15* (5), 555-568.

Kodama, M. (2002). Transforming an old economy company through strategic communities. *Long Range Planning, 35* (4), 349-365.

Kodama, M. (2005). Knowledge creation through networked strategic communities: Case studies on new product development in Japanese companies. *Long Range Planning, 38* (1), 27-49.

Kodama, M. (2007a). *The strategic community-based firm*. Palgrave Macmillan.

Kodama, M. (2007b). Innovation through boundary management—a case study in reforms at Matsushita electric. *Technovation, 27* (1-2), 15-29.

Kodama, M. (2007c). Innovation and knowledge creation through leadership-based strategic community: Case study on high-tech company in Japan. *Technovation, 27* (3), 115-132.

Kodama, M. (2009). Boundaries innovation and knowledge integration in the Japanese firm. *Long Range Planning, 42* (4), 463-494.

Kodama, M. (2018a). *Sustainable growth through strategic innovation: Driving congruence in capabilities*. Edward Elgar Publishing.

Kodama, M. (Ed.) (2018b). *Collaborative dynamic capabilities for service innovation: Creating a new healthcare ecosystem*. Palgrave Macmillan.

Kodama, M. (2019). Boundaries knowledge (knowing) -A source of business innovation. *Knowledge and Process Management, 26* (3), 210-228.

Kodama, M. (Ed.). (2020). *Developing boundaries knowledge for innovation*. Edward Elgar Publishing.

Le Dain, M. A., & Merminod, V. (2014). A knowledge sharing framework for black, grey and white box supplier configurations in new product development. *Technovation, 34* (11), 688-701.

Leonard-Barton, D. (1995). *Wellsprings of innovation*. Harvard Business School Press.

Shannon, C. E., & Weaver, W. (1949). *The mathematical theory of communication*. Univ. of Illinois Press.

Jobs, S. (1995). The lost interview. https://www.youtube.com/watch?v=TRZAJY23xio

Teece, D. J., Pisano, G., & Shuen, A. (1997). Dynamic capabilities and strategic management. *Strategic Management Journal, 18* (7), 509-533.

Van Offenbeek, M. A., & Vos, J. F. (2016). An integrative framework for managing project issues across stakeholder groups. *International Journal of Project Management, 34* (1), 44-57.

Watts, D. J. (2004). The "new" science of networks. *Annu. Rev. Sociol., 30*, 243-270.

3 組織ルーティン概念の変遷と今後の展望

吉野 直人

3-1 はじめに

　組織ルーティン（以下，ルーティン）は，組織論では古くから注目されてきた概念の1つである．なぜなら，研究者にとっては，組織に遍在するルーティンが現実の企業行動を説明する分析単位となり，実務家にとっては，ルーティンが他者の行動の予測可能性を高めてコンフリクトを事前に解消する，過去の組織の知識を蓄積・共有する，代替案の探索や情報処理にかかるコストを節約する，といった様々な機能を果たすからである（Becker, 2004）．それゆえ，これほど馴染み深い概念を検討する余地などないように思われるかもしれないが，本稿はルーティンに注目する意義を改めて検討する必要があると考えている．

　カーネギー学派から現在に至るまで，ルーティン概念の捉え方について様々な議論が展開されてきた．それは言い換えれば，企業行動を正確に説明するための記述モデルを巡って，同時代の社会理論を参照しながらルーティン概念を精緻化させてきた道程でもある．これに対して本稿は，ルーティンを記述するという研究目的そのものを問い直す必要があると考えている．なぜなら，概念の精緻化によって理論的な厳密さは担保されたとしても，それによって経営実践に対する含意が限定的になってしまうからである．そこで本稿では，批判的実在論の方法論的含意を手掛かりに，この問題を解消する道筋を示す．

　本稿の目的は次の2点である．1つは，ルーティンが記述モデルとして精

緻化された変遷を示すことである．最初に，認知のパターンとして定義された ルーティンが集団の反復的な相互作用へと誤解された経緯を確認する（第 3-2 節）．次に，こうした誤解を払拭すべくフェルドマン（Martha S. Feldman）とペントランド（Brian T. Pentland）によって提唱されたルーティン の二重性モデル（第 3-3 節），さらに二重性モデルの問題点を克服すべく展 開されたナラティブ・アプローチを概説する（第 3-4 節）．もう 1 つの目的 は，批判的実在論の方法論的含意を踏まえてルーティンを記述する意義を再 考することである．そのためにまず，既存研究が志向してきた記述主義の問 題点を指摘したうえで，この問題を解消する糸口が批判的実在論（critical realism）の方法論にあることを示す（第 3-5 節）．そして最後に，ルーティ ンを記述するという研究実践のプラグマティックな可能性を検討する（第 3-6 節）．

3-2　認知から行動へのミスリード

　ルーティン概念の原点は，カーネギー学派が考案した習慣（habits），実 行プログラム（performance programs），標準業務手続（standard operating procedures：以下，SOPs）といった諸概念にある．習慣は同様の刺激 や状況に対して，意識的に再考することなく同様の反応で対応することを可 能にするメカニズム（Simon, 1997, pp. 99-100, 邦訳 153-154 頁），実行プロ グラムは環境からの刺激に対して常軌化かつ体系化された反応の集合 （March & Simon, 1958, p. 141, 邦訳 215 頁），SOPs は過去の先例が制度化さ れた決定ルール（Cyert & March, 1992, pp. 38-39, pp. 120-133）と定義され る．いずれも認知能力に限界を持つ人間が意思決定における探索過程を省略 するために使用するヒューリスティクス，すなわち「if 〜, then 〜」という 条件式で表されるような意思決定ルールを意味する．カーネギー学派がルー ティンに注目したのは，それが現実の企業行動（意思決定プロセス）を説明 するための分析単位となるからであり，この試みは企業家の客観合理的な意 思決定で企業行動を説明する伝統的な経済学に対する挑戦でもあった．

　ただしここで注意を要するのは，これらの概念は認知のパターン（型）で あって行為そのものではない点である．例えば，実行プログラムは行為を始

動させる実行戦略（March & Simon, 1958, p. 142, 邦訳216頁）として，決定ルールは状況に合わせて適切な行為を選択する際に利用されるもの(Cyert & March, 1992, p. 230）として説明され，いずれも行為そのものを指しているわけではない．だからこそ彼らは，ルーティンに導かれた行為を契機とした組織学習にも注目しており，この点が官僚制を精緻化したネオウェーバー・モデルとしてのみカーネギー学派を評価してきた通説（e.g., Perrow, 1972）では看過されてきた含意である．

この論点を引き継ぎ，進化論のアナロジーで企業行動を説明したのがNelson & Winter（1982）である．彼らは，生物が遺伝子情報の選択・保持・変異を通じて環境適応するように，企業ではルーティンが遺伝子の役割を果たすと考えたが，このアナロジーがミスリードを招いた．生物学上，遺伝子には個体が持つ遺伝子構成を指す「遺伝子型（genotypes）」とそれが形質として表現された「表現型（phenotype）」があるが，カーネギー学派は前者でルーティンを捉えたにもかかわらず，Nelson & Winter（1982）は両者を混同し，ルーティンが行動を規定するという誤解が生じてしまった（Hodgson, 2003, pp. 363-365; Gavetti et al., 2007, pp. 526-527）．このことはNelson & Winter（1982）のルーティンの定義やルーティンの変化を説明するロジックに表れている．彼らはルーティンを「企業の規則的で予測可能な行動パターン」（p. 14, 邦訳16頁）と定義した．だがルーティンのコアな性質は持続性や耐久性であって予測可能性ではない．またルーティンの変化については，ルーティンの階層性を想定し，高次のルーティンが低次のルーティンを変えると考えた．これはカーネギー学派から着想を得たもので，例えば，March & Simon（1958）は実行プログラムを三層のヒエラルキーで捉えた．最下層が課業を遂行するためのプログラム，中層がプログラムの適用条件を指示するプログラム（切替えルール），最上位がプログラム自体を革新するプログラムで，下位のプログラムは上位のプログラムに適応的に変化する（p. 170, 邦訳259-260頁）．Nelson & Winter（1982）は上位のプログラムの中でも特に探索のルーティンに注目し，企業は既存のルーティンで望ましい成果が得られない場合，他の組織のルーティンを探索し，それを模倣するか既存のルーティンと結合して新たなルーティンを生み出すことで変化すると考えた（pp. 123-124, 邦訳153-155頁; pp. 130-131, 邦訳163-165

頁). だがそこには遺伝子型としてのルーティンに企業行動がロックインされるという想定が置かれており, だからこそ企業行動を変化させるメタ・ルーティンが求められてきたといえよう.

3-3 二重性モデルの展開

　誤解されたルーティンを行為のパターンとして捉え直したのが Feldman (2000) や Feldman & Pentland (2003) である. Feldman & Pentland (2003) はルーティンを「複数のアクターによって遂行されている, 相互依存的な行為の反復的で認識可能なパターン」(p. 95) と定義し, 実践から抽象化された行為の型を意味するパターンとそれを遂行する行為の違いを, ルーティンの直示的側面 (ostensive aspects) と遂行的側面 (performative aspects) として区別した二重性モデルを提唱した. 直示的側面は「ルーティンの理想的または概略的な形式で, それはルーティンの抽象的で一般化された概念, あるいは原理的にはルーティンそのもの」, 遂行的側面は「特定の場所および時間における特定の人々による特定の行為」と定義される (p. 101).

　このモデルの理論的源泉となったのが, Latour (1986) による言語の直示的定義 (ostensive definition) と遂行的定義 (performative definition) や, Wittgenstein (1953) の家族的類似性 (family resemblance) の概念である [1]. 直示的定義とは, 事象の典型例を指示することで言語の意味を説明することで, 1冊の本を指しながら「これが本です」と説明するのはこの例にあたる (廣松ほか, 1998, p. 1091). 直示的定義が必要とされるのは, 言語には指示対象を確定しきれない不確定性テーゼが存在するためで, それゆえ言語は遂行的にしか定義しえない. この点に関して, Feldman & Pentland (2003) が具体例として挙げた採用のルーティンで確認しておこう. 採用ルーティンの直示的側面は, 求人広告を出す, 応募書類を受け付ける, 応募者を選考する, といった実例で示される. これらは採用の実践から抽象化された認識可能なパターンとして, 類似性の観点から関連づけられた家族のようなものであり (松阪, 2017), 実践の中で維持されつつ新たなパターンが

1　ラトゥールとウィトゲンシュタインとの関連性からルーティン概念の二重性を詳細に検討しているのが田中 (2019) であり, 直示的の訳語はこれを参考にした.

追加されて変化することもある.

　こうした企業行動の安定と変化を記述する視点がルーティン・ダイナミクスであり，モチーフとなったのがギデンズの構造化理論（Giddens, 1984）であった．構造化理論の特徴は，伝統的な社会学で見られた構造とエージェンシーの二分法を避け，両者が社会的実践の中で相互構成されていることを強調した点にある．これを二重性モデルに当てはめると，ルーティンは行為のパターンとして実例を指示することで行為をガイドする．その意味で，ルーティンは安定した構造と考えられるが，行為の内容までを規定するわけではなく，また実際の行為は状況依存的でもあるため，ルーティンを遂行する行為には多様性が見られ，そこから新たなパターンが生み出されたりルーティンが変化したりする場合がある．ルーティンの外生的な変化を論じたNelson & Winter（1982）と異なり，ルーティン・ダイナミクスは実践のうちからルーティンの内生的な変化を捉えるところに特徴がある.

　ここでカーネギー学派のルーティン概念と二重性モデルの違いを確認しておきたい．カーネギー学派のルーティン概念は，認知と行為を二元的に捉え，前者が後者を統制すると考える認知主義に根差している[2]．認知のパターンとしてのルーティンは意思決定の自由裁量を認め，行為を規定するものではないものの，あくまでも意思決定の規範を記述したものである（上野・ソーヤー, 2009）．これに対して二重性モデルは，両者の不可分性を強調し，ルーティンを実践の認識可能な傾向として把握する点に特徴がある（Pentland & Hærem, 2015, p. 471）．Ryle（1949）によれば，デカルト以来の心身二元論では，行為者はまず知識を頭で理解してそれを行為に移すと考えられてきたため，行為を心的過程の結果として捉えてきた．しかし彼はこのアプローチを「機械の中の幽霊のドグマ」として批判した．例えば，私たちは外国人が日本語を話しているのを聞けば，その人が日本語の文法を頭で理解していると考えるが，理論としての文法を理解していなくても，他人が話しているのを見聞きしたり，相手の反応から学んだりすることで，文法に則って日本語を話すことはできる．つまり，我々が他人の頭の中を推論する

2　これに対して，規範が行為を組織化，説明，理解可能にするために使われている側面を強調することで，認知科学における実践論的転回を図ったのが状況論的アプローチである（上野, 1999）.

ことは，実際はその人が行使している能力や習慣といった傾向を考察していることにほかならない（pp. 41-45，邦訳47-53頁）．二重性モデルが認知ではなく実践に注目するのはそのためである．

　しかしこの後，二重性モデルは二元論へと逆戻りし，直示的側面が規則やSOPs と同一視された．Feldman & Pentland（2003）が直示的側面の例として官僚制の規則や楽譜を取り上げていることも原因の一端であるように思われるが（pp. 101-102），例えばBecker（2005a）は，先行研究のルーティンの捉え方を反復的な相互作用と規則あるいは SOPs に整理したうえで，直示的側面を後者に位置づけている（p. 818）．そこでフェルドマンとペントランドは，このミスリードを修正すべく二重性モデルの表現を「ostensive とperformative」から「patterning と performing」へと修正した（Feldman, 2016）．pattern は直示的側面の含意を直接的に表現したものであり，これを進行形（ing）で表現しているのは，二重性が実践論に根差すことを改めて強調するためだと思われる[3]．

3-4　記述モデルとしてのナラティブ・アプローチ

　他方で，二重性モデルには構造化理論に起因する問題が見られた．二重性モデルを前提にすると，行為者の意図や能力でルーティン・ダイナミクスが説明され，ルーティンに注目する意義が見失われてしまう点である．構造化理論は構造とエージェンシーが社会的実践の中で分離不可能だとする中心的合成論（central conflation）によって両者の二元論を避けたが，方法論のレベルでこれを再燃させ，構造の（再）生産を行為者の意図や能力で説明する方法論的個人主義を温存したのである（Archer, 1995, pp. 87-89，邦訳122-126頁）．

　この問題は二重性モデルに基づく初期の経験的研究において見られた．例えば，Feldman（2000）は大規模州立大学の学生寮の管理ルーティンを観察

3　Feldman（2016）はエリアス（Norbert Elias）の風のメタファーを使って二重性のエッセンスを説明している．「風が吹いている」と表現すると，あたかも吹いていない風が存在するかのように聞こえてしまうが，風は吹いているから風なのであって，吹いていない風はない．同様に，実践されていないルーティンはないのであって，patterning と performing はともにあり，パターンはそれが遂行される中で維持または変化する．

し，次の３つの行為者のエージェンシーに注目してルーティンの変化を説明
した．それは意図しない結果や問題が生じた場合にルーティンを達成すべく
自らの行為を「修復」するエージェンシー，行為の結果，新しい資源や行為
の機会が生み出された場合にルーティンを「拡張」するエージェンシー，結
果が理想的でない場合にルーティンを達成するより良い方法を探索すべく
「奮闘」するエージェンシーである．例えば，退去時に部屋の損傷箇所の評
価を行うルーティンでは，かつては管理スタッフが学生の退去後にこのルー
ティンを一人で行っていたが，それだと部屋に損傷があった場合，親に損害
賠償請求するのに時間がかかるため，入居および退去時に管理スタッフと学
生が一緒にチェックリストを用いて確認する方法に「修復」した．また学生
が自分で損傷状況を確認することで，部屋を自己管理する意識が高まったこ
とから，損傷評価のルーティンが学生の教育ルーティンの１つに「拡張」さ
れた．さらに，転居・転入の運営に関する引越しのルーティンでは，従来は
引越し作業を３日間で一気に行うという運営方法をとっていたが，それによ
り宿舎付近の道路が渋滞を起こしていたため，行政と交渉して，引越し期間
中は付近の道路を通行止めにし，各人に30分の専用時間を設ける方法に
「修復」した．またよりスムーズな運営を実現するため，それまでメイン
ホールを塞いで通行の妨げとなっていたホームファニシング業者に専用の販
売スペースを提供する，大学のフットボールの試合を考慮して引越しの時期
を変更するといった「奮闘」がなされた．いずれも行為者の意図や動機に注
目してルーティンの変化を説明しているが，この主体性がどこから来るのか
が説明されていないため，結局は行為者の主体性を前提にルーティンの安定
と変化を分析しているように見えてしまい，ルーティンに注目する意義が見
失われている．

　この問題に対して，行為者の意図や能力には不可知論の立場をとり，行為
を分析の中心に据えたのがナラティブ・アプローチである（Pentland et al.,
2012, p. 1485）．ここでいうナラティブとは行為者の主観や解釈ではなく，
ある目的に向けた一連の出来事や行為を意味し，典型的な出来事や行為の順
序を可視化したものはナラティブ・ネットワークと呼ばれる（Feldman,
2017, pp. 631-632; Pentland & Feldman, 2007, pp. 787-789）．図１は，Hayes
et al.（2011）が大学のメディカルセンターにおける受診予約のナラティブ

Webシステムで予約する場合	ナラティブ・ネットワーク	電話で予約する場合
A. パソコンの電源を入れる B. コンピュータがネットワークに接続される C. Webブラウザを起動する D. RelayHealth（医療機関と患者のコミュニケーションツール）にログインする E. 予約可能な時間帯を3つ選択する F. （予約センターの）オペレーターが私の予約可能な時間帯と医師の予約可能な時間帯を確認する G. オペレーターが予約を入れ，カルテの移送を依頼する H. RelayHealthに返信が届いたことがメールで通知される I. RelayHealthで返信メールを読む J. 別の予約可能な時間帯を照会するためにメールを返信する K. 自分のカレンダーで受診予約を確認する	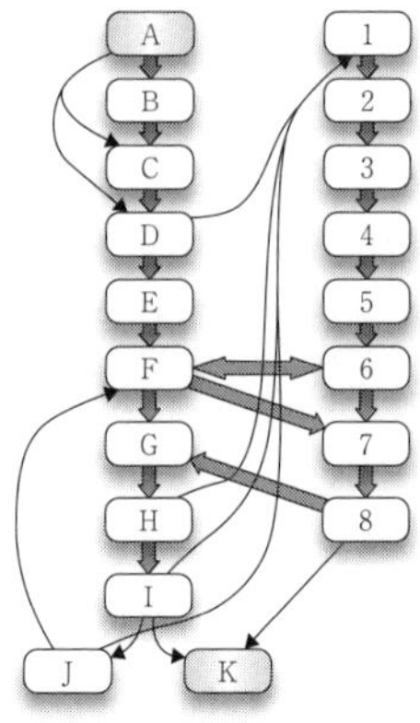	1. 電話の受話器をとる 2. 予約センター専用ダイヤルに電話をかける 3. 一連の案内に従って，適当なオペレーターにつながる 4. 病院スタッフが電話に出る 5. 病院スタッフが適切なオペレーターに転送する 6. 予約したい旨をオペレーターに伝える 7. オペレーターが予約時間を提案する 8. 予約時間を選択する

図1　患者の視点から見た受診予約のナラティブ

出所：Hayes et al.（2011）p. 168 をもとに筆者作成

を患者の視点から記述したものである．Webシステムで予約する場合は
(A) の「（患者が）パソコンの電源を入れる」が，電話で予約する場合は
(1) の「（患者が）電話の受話器をとる」がナラティブの出発点となり，(K)
の「自分のカレンダーで受診予約を確認する」が終着点となる．ナラティブ
を構成する個々の出来事はナラティブの断片として，特定のアクターと行為
の組み合わせで表現される．ナラティブ・ネットワークの太い矢印は頻度が
高いパス，細い矢印は可変的なパスを示している．患者が受診予約をするこ
とは一見すると何ら造作のないことのように思えるが，この図を見ると，受
診予約の日程を調整する予約センターのオペレーターが継続的に関与してい
ることがわかる．またこのナラティブは患者の視点から描かれているためオ
ペレーターしか登場しないが，この他にも医師のスケジュールを調整する看
護師長，医師のスケジュールをシステムに反映させる病院職員なども関与し

ており（pp. 168-169），受診予約のルーティンが他のルーティンに依存していることがわかる.

　このようにナラティブ・アプローチは，個々のパターンがどのような行為を指し示し，結果としてどのような行為の経路が形成されたのかを記述することで，二重性モデルが抱えたエージェンシーの出自に関する問題を解消するところに特徴がある．そもそも Feldman & Pentland（2003）の定義に立ち返れば，ルーティンは具体例を指し示すことで我々の行為を方向づける指向性を持つ（Feldman, 2016, p. 27）[4]．さらに「相互依存的な」という表現は，ある行為の意味が他の行為との関係性の中で決まることを示唆している．つまり，ルーティン・ダイナミクスは行為者のエージェンシーで説明できるわけではなく，先行する行為の指図性や他の行為の連関の観点から説明されなければならず，ナラティブ・アプローチはそのための記述モデルと考えられる.

　ナラティブ・アプローチが依拠する理論的基盤は次の2つである．1つがプロセス社会学におけるナラティブ方法論で，その特徴は社会現象を出来事の時間的な配列で説明する点にある．理論的なルーツは，ロシアのウラジーミル・プロップに代表される物語の形態学的アプローチにあり，そこでは登場人物の行為に注目し，それが物語全体の展開に与える影響（機能）が分析される（Abbott, 2001）．もう1つがアクター・ネットワーク理論や関係論的社会学（Emirbayer, 1997）といったフラットな存在論（flat ontology）である．フラットな存在論では，自明視された実体で社会現象を説明することを避け，それらをアクターの行為の結果として捉えるため，アクターの行為をトレースするという方法論が重視される.

　このようにルーティンは，様々な社会理論を参照することで企業行動を記述するモデルとして精緻化されてきたが，ここで2つの疑問が生じる．第1に，研究者がルーティンを記述する意味がどこにあるのか，という点である．例えば，ナラティブ・アプローチで記述されたルーティンは，現実の写

---

[4] 二重性モデル以前にこの含意を指摘していたのが，マーチ（James G. March）の制度概念であった．先行研究ではほとんど注目されてこなかったが，マーチはルーティンを制度として捉えることで，それが人々の行為を方向づけると同時に多様な実践を生み出すことを指摘していた（e.g., March & Olsen, 1989）.

像ではなく潜在的なパスの１つを提示したもので，研究者が構築した１つのストーリーであることが指摘されているが（Goh & Pentland, 2019, p. 1918; Hayes et al., 2011, p. 167），研究者の視点でルーティンを記述する意味はどこにあるのだろうか．先行研究ではこの点がクリアに説明されていない．第2に，ルーティンを記述する実践的意義がどこにあるのか，という点である．研究者の視点であることを不問にしたとして，記述によってそこにルーティンがあることはわかるが，それだけが実務的な関心といえるのだろうか．例えば，Hayes et al.（2011）が研究対象にした医療機関のような高リスク組織では，現場にどういうルーティンが存在するかだけでなく，現場の実践をルーティンとして組織化することにも関心があるように思われる．またカーネギー学派の問題意識に立ち返れば，Simon（1997）の主題は組織の習慣を記述することではなく，習慣を確立する組織のメカニズムを明らかにすることであった（吉野，2014）．さらに近年では，組織の実践がランダムではなくパターンとして認識可能になるメカニズム，すなわちルーティン性（routineness）に注目する必要性が指摘されている（筈井，2021; Wright, 2019; Yamauchi & Hiramoto, 2020）．

　これらの問題に答えるには，既存研究が参照してきた構造化理論，ナラティブ方法論，フラットな存在論とは異なる社会理論を手掛かりにする必要がある．なぜなら，これらの社会理論はいずれも観察される行為にのみ注目する経験主義に根差しているからである．そこで本稿が注目するのが批判的実在論である．ただし批判的実在論の理論的・方法論的特徴に関する優れた論攷はすでに存在し[5]，ルーティン研究との関連で見ても，二重性モデルが主流となる中で批判的実在論に依拠した研究は数少ないが存在する．具体的には，批判的実在論の観点からルーティン概念を再考した研究（Becker, 2005b; Hodgson, 2003; Iannacci & Hatzaras, 2012）や，批判的実在論の諸概念を練り上げてルーティン・ダイナミクスの再構築に挑んだ研究（筈井，2021）である．したがって本稿ではこれらの研究に屋上屋を架すのではなく，バスカー（Roy Bhaskar）の批判的実在論の方法論的含意に焦点を絞り，研究者がルーティンを記述する意義を問い直すことにしたい．

5　代表的な文献としては Danermark et al.（2002）や Sayer（2010），日本語の文献としては佐藤（2008, 2019）が挙げられ，本稿でもこれらの文献を参照した．

3-5 批判的実在論の方法論的含意

　批判的実在論はバスカーによって提唱された超越論的実在論を基軸とした思想的な運動である．統一的なフレームワークや方法論があるわけではないが，共有された教義の１つに，実証主義や観念論が立脚する経験主義への批判がある．実証主義は意識から独立した客観的実在を想定し，観察事実が客観的実在の写像であると考える．一方，観念論はこうした実在を否定し，社会的世界が主観的に構成されたものであることを強調する．しかしながらいずれも人間の経験や知覚にのみ存在資格を与える経験主義あるいは人間中心主義に陥っており，存在の問題を認識の問題に置き換える認識論的誤謬（epistemic fallacy）を犯している（Bhaskar, 1997, pp. 33-36, 邦訳33-37頁）．ちなみに先行研究が依拠してきた社会理論はいずれも社会的行為に注目しており，ここでいう経験主義に該当する．

　これに対して批判的実在論では，経験（empirical），現実（actual），実在（real）という存在の階層性を想定する．経験は人間が経験的に把握した出来事の領域である．現実は経験の領域を含めて出来事が生起する領域で，経験の領域とは異なり，我々が経験しない出来事が含まれる．実在は出来事を生起させるメカニズムや傾向が存在する領域を指す[6]．このように批判的実在論の特徴は，人間に経験されない現実や実在を認めている点にある．ルーティン研究でいえば，経験主義は経験の領域で観察される事象の生起パターンにのみ注目するが，批判的実在論は事象の生起パターンのみならずルーティン性を生み出すメカニズムにも注目するのである．

　メカニズムは事物の作用の仕方（the ways of acting of things）と定義され，Danermark et al.（2002）はこれをノーベル生理学・医学賞を受賞したレーヴィ（Otto Loewi）のアセチルコリンの例で説明している．レーヴィは「電気刺激によって筋肉運動が起きる」という事象の生起パターンを生じさせるメカニズムとして，アセチルコリンという神経伝達物質を発見した．

6　経験と現実は存在としては同じ位相になるため，Danermark et al.（2002）や Sayer（2010）は経験と現実に相当する出来事（events）と実在に相当する構造（structures）の２層で整理している．

ここでいうアセチルコリンが事物で，これが筋肉運動を生じさせる作用を持つ．事物には2つの特徴がある．第1に，それが物質に限らず様々な実体（液体，気体，電子，遺伝子など）を含む概念だという点である．この点に関して Bhaskar（1997）は「事物という言葉から普通に連想される物体のイメージはここでは完全に払拭されねばならない」（pp. 98-99，邦訳 120-121頁）と述べている．第2に，事物は別の事物で構成された階層構造を持つ集合体（ensemble）だという点である．アセチルコリンの例でいえば，アセチルコリンはコリンとアセチルコエンザイムエー（アセチル CoA）から組成されている．

　メカニズムの発現については，次の2点が重要である．第1に，メカニズムは下位構造の事物の作用に還元されない創発特性だという点である．例えば，アセチルコリンの作用はコリンやアセチル CoA の作用には還元されない．第2に，メカニズムが発現するかどうかは偶有的だという点である．メカニズムは事物の組成に依存するため必然的に存在するが，他のメカニズムの相殺作用や反作用が働くため，それが必ずしも発現するとは限らない．一例を挙げれば，飛行機が落下しないのは重力を相殺する別のメカニズム（揚力）が働いているためだが，だからといって重力が存在しないわけではない．したがって批判的実在論ではメカニズムを直接明らかにするというよりは，それらを合成した傾向（tendencies）の作用を捉え，それが規則的な事象を生起させると考える．

　では，傾向はいかにして認識されるのだろうか．まず傾向は人間が直接観察することはできないため，観察者の思考や活動による介入をつうじて客体化されることではじめて認識可能になる（e.g., Bhaskar, 1997, p. 20，邦訳 13頁；佐藤，2019）．ここでいう客体化とは，形のないものを操作可能な対象にすることを意味する．自然科学の実験を考えるとわかりやすいが，自然法則を捉えるには，理論，観察装置，実験器具といった思考のモデルや道具を使って閉鎖的な状況を作り，様々なメカニズムを統制する必要がある．もちろん社会科学で同様の厳密なコントロールができるわけではないが，比較事例分析など閉鎖的な状況を作るための工夫の余地はある（Danermark et al., 2002, pp. 100-106，邦訳 153-161 頁）．次に，傾向に関する知識の獲得にはリトロダクションと呼ばれる推論様式が用いられる．これは研究対象である

社会現象に関して，超経験的な諸条件について問いを立てて概念化を図る仮説発見的推論を意味する．最後に，リトロダクションによって獲得された知識は可謬的なため，その真偽は実践的適合性（practical adequacy）で判断される（Sayer, 2010, pp. 47-49, 邦訳 67-70 頁；佐藤，2019）．ここでいう実践的適合性とは，間主観的なコンセンサスに従う慣習主義でも実践的有用性のみが重視される道具主義でもなく，メカニズムや傾向に関する知識の妥当性や説明力の高さを意味する．

3-6 プラグマティックなルーティン研究の可能性

　以上の議論を踏まえれば，まずルーティン概念で表されてきた行為のパターンは事象の生起パターンであり，批判的実在論でいうところの経験あるいは現実の領域に該当する．ただし経験主義に根差す既存研究がこれを記述することを目指してきたのに対して，批判的実在論はルーティンを生起させる傾向を分析する射程を持つ．この点に関して，現在，傾向を捉える視座として注目されているのが，社会物質性（sociomateriality）である[7]．これは様々な事物が分散しつつも相互に関連して形成された異種混淆の集合体の作用を捉える視点で，近年のレビュー論文ではこの視点からルーティン・ダイナミクスを説明する必要性が強調されている（Feldman et al., 2016, 2019）[8]．

　例えば，Aroles & McLean（2016）はイギリスの印刷会社でフィールドワークを行い，インク使用量の測定ルーティンが社会物質的に維持されていることを明らかにした．同社は新聞の印刷を主力事業としていたが，新聞の需要減により生産効率が重視されるようになり，インクの使用量を管理する必要性が生じた．そこでインクの使用量を測定するルーティンが導入されたが，このルーティンはインクの使用量や濃度に関する標準，インク濃度を測定するデバイス（濃度計），定期的なモニタリングを行う品質管理担当者，品質管理担当者がモニタリングの結果を記録するスプレッドシート，基準を

---

[7]　社会物質性概念の理論的背景については，松嶋ほか（2019）を参照されたい．
[8]　もっともカーネギー学派がルーティンを生み出す組織のメカニズムに注目していたことを考えれば，社会物質性は既存研究で見落とされてきた古くて新しいテーマともいえる．この点に関して，Elder-Vass（2010）は批判的実在論の観点から March & Simon（1958）を再評価している．

大幅に上回る測定値やコンプライアンス違反の事例が報告される日次生産会議や月次経営会議，会議の報告書あるいはその中に記載されているデータ，図，グラフ，といった異種混淆の事物からなる集合体の作用によって維持されていた．この作用は創発特性であり，どれか1つの事物の作用に還元できるわけではない．ゆえにこのルーティンが維持されているのは，単にインクの使用量を測定するという規則があったからではなく，集合体の作用（批判的実在論でいうところの傾向）として理解する必要がある．

　考えてみれば，実務家は物理的，観念的（言説やシンボルなど），社会的（規則や人間関係など），人工的な事物（Fleetwood, 2014, p. 204）をつうじてメカニズムを統制することでルーティンを生成・維持しており，社会物質性はこうした経営実践を捉える視座だといえる．だがここで検討すべきは，この事物や集合体の傾向がどのように認識されたのか，という点である．前節の議論からすれば，社会物質性という概念やルーティンの記述といった研究者の介入によって客体化されたと考えられるが，Aroles & McLean（2016）ではその点が明示されておらず，研究者が事象やメカニズムを外在的に観察する立場に置かれてしまっているように見受けられる．しかし批判的実在論の方法論においてバスカーが観察者の介入を強調したのは，こうした経験主義的な見方を退けるためであった（Bhaskar, 1997, pp. 117, 邦訳 147-148頁）．

　ただしここでいう介入が研究者の特権ではない点に注意されたい．実務家も自らの認識によってメカニズムを客体化させ，そこから新たな実践を生み出していることを踏まえれば，実務家によって客体化された傾向を研究者が説明するという研究戦略が想定される．例えば箟井（2021）は，ウェブ会議システムの実演販売に伴う商談のルーティンをこの観点で分析している．商談の流れは次のとおりである．最初に，営業担当者がチャットで全国各地にあるオフィスのアシスタントにビデオ会議の受け手の役割をするよう依頼する．次に，依頼を受けたアシスタントがビデオ会議を開始して商談に参加し，接続状況の確認するために簡単な自己紹介を行う．ところがあるとき，白浜オフィスのアシスタントが自己紹介だけでなく白浜の風景（オフィスから臨む太平洋や白ヶ浜）を見せながら商談を行うようになった．顧客がこれに好反応を示したことから，各地の営業担当者が白浜に商談デモを集中さ

せ，白浜が「リゾート地のサテライトオフィス」としてシンボル化され，「白浜スタイル」と呼ばれる商談のスタイルが確立された．これは「白浜がリゾート地である」というアシスタントの認識（思考）によって，白浜の眺望がもたらす作用が客体化され，そこから商談ルーティンが変化したプロセスを研究者が説明した事例である．

　他方で，研究者の介入ということを突き詰めて考えれば，研究者がルーティンを記述することに，よりプラグマティックな可能性を見出すこともできる．前述したように，研究者が構築したナラティブは現実の写像ではないが，この人工物（ナラティブ）によってルーティン性を生み出す事物や傾向を客体化させ，実務家に実在に関する知識の生産を促すことが可能となる．なぜなら実務家が日頃からルーティンや傾向に自覚的であるとは限らず，研究者の記述をつうじてこれらを自覚する場合があるからである（Goh & Pentland, 2019, p. 1921; Pentland et al., 2020, pp. 14-15）．一方で，研究者も実務家の知識によって新たな事物や傾向が客体化され，それに関する深い知識を得ることができる．つまり研究者がルーティンを記述することで，実践的適合性の高い知識の生産に関して，研究者と実務家のインタラクションを生み出すことが可能となる．ただしここでのインタラクションは知識の生産に限定されるものではなく，生産された知識を批判的に分析したり，そこから新たな実践やルーティンを生み出していくことも可能となる．このとき研究者は，外在的な観察者ではなく，社会物質的な集合体に埋め込まれつつそれに介入し，新たな知識を生み出す生産者として経営実践に関与することになる．

3-7　おわりに

　本稿の目的は，ルーティン概念が記述モデルとして精緻化された変遷を示すことと，批判的実在論の方法論的含意を手掛かりに研究者がルーティンを記述する意義を再考することであった．前者に関しては，意思決定ルールが構造化理論などの影響を受けて二重性モデルへと発展し，さらにナラティブ方法論やフラットな存在論の影響を受けてナラティブ・ネットワークへと展開されたように，ルーティン概念の変遷は様々な社会理論を参照することで

企業行動を記述するモデルとして精緻化された歴史として理解することができる. 後者に関しては, ルーティンを記述することは研究者による介入で, ルーティン性を生み出す傾向を客体化させる方法論的含意を持つことが明らかにされた. またこのプロセスを実務家と共有することで, 実践的適合性の高い知識の生産, それに対する批判的な分析, 新たな実践やルーティンの形成, といったプラグマティックな展開が可能になることを主張した.

　最後に, 本稿では十分に論じきれなかった点を今後の課題として2つほど挙げておきたい. 第1に, ルーティンを記述することが経営実践に関与する性質を持つ以上, 研究者の規範性が問われる点である. 現場の問題意識に共鳴するにせよ批判的な眼差しを向けるにせよ, 特定のルーティンを選択し記述する行為には, 少なからず研究者の規範性が反映される. 本稿で取り上げた Hayes et al.（2011）は, ナラティブ・ネットワークを使ってルーティンを記述した理由として, 業務システムの修正や増強が必要な部分を医療機関に示したかった点を挙げている（p. 167）. そこには効率性を是とする価値観のもとでの組織変革が志向されているが, この規範性を批判的に検討する余地が残されている. 第2に, ルーティンを分析単位とする組織現象との関係性である. 組織学習, 組織変革, ダイナミック・ケイパビリティといった分野はルーティンと密接なつながりを持つが, これまではルーティンの変化を記述することで学習や変革を捉えることに力点が置かれてきた. しかし本稿の議論を踏まえれば, ルーティンが変化せずともルーティンを遂行する実践が学習や変革につながる可能性や, ルーティンを記述すること自体が学習や変革の契機になる可能性を検討していく必要があるだろう.

謝辞
　本稿の執筆にあたって, 桑田耕太郎先生（東京都立大学）, 松嶋登先生（神戸大学）, 山内裕先生（京都大学）から貴重なご意見を賜りました. 筈井俊輔先生（小樽商科大学）, 桑田敬太郎先生（島根県立大学）からは, 批判的実在論に関する文献や資料をご紹介いただきました. また, 組織論レビュー実行委員会の高尾義明先生（東京都立大学）, 服部泰宏先生（神戸大学）, 宮尾学先生（神戸大学）からは, 論文の構成や表現について多くのご助言を賜りました. ここに記して御礼を申し上げます.

なお，本研究はJSPS科研費 JP19K13818，JP20H01543，JP21H00741 の助成を受けたものです．

【引用文献】

Abbott, A. D. (2001). *Time matters: On theory and method.* University of Chicago Press.

Archer, M. (1995). *Realist social theory: The morphogenetic approach.* Cambridge University Press（佐藤春吉訳『実在論的社会理論：形態生成論アプローチ』青木書店，2007）.

Aroles, J., & McLean, C. (2016). Rethinking stability and change in the study of organizational routines: Difference and repetition in a newspaper-printing factory. *Organization Science, 27* (3), 535-550.

Becker, M. C. (2004). Organizational routines: A review of the literature. *Industrial and Corporate Change, 13* (4), 643-677.

Becker, M. C. (2005a). A framework for applying organizational routines in empirical research: Linking antecedents, characteristics and performance outcomes of recurrent interaction patterns. *Industrial and Corporate Change, 14* (5), 817-846.

Becker, M. C. (2005b). The concept of routines: Some clarifications. *Cambridge Journal of Economics, 29* (2), 249-262.

Bhaskar, R. (1997). *A realist theory of science.* Verso（式部信訳『科学と実在論：超越論的実在論と経験主義批判』法政大学出版局，2009）.

Cyert, R. M., & March, J. G. (1992). *A behavioral theory of the firm* (2nd ed.). Blackwell Publishers.

Danermark, B., Ekström, M., Jakobsen, L., & Karlsson, J. C. (2002). *Explaining society: Critical realism in the social sciences.* Routledge（佐藤春吉監訳『社会を説明する：批判的実在論による社会科学論』ナカニシヤ出版，2015）.

Elder-Vass, D. (2010). *The causal power of social structures: Emergence, structure and agency.* Cambridge University Press.

Emirbayer, M. (1997). Manifesto for a relational sociology. *American Journal of Sociology, 103* (2), 281-317.

Feldman, M. S. (2000). Organizational routines as a source of continuous change. *Organization Science, 11* (6), 611-629.

Feldman, M. S. (2016). Routines as process: Past, present, and future. In J. Howard-Grenville, C. Rerup, A. Langley, & H. Tsoukas (Eds.), *Organizational routines: How they are created, maintained, and changed* (pp. 23-46). Oxford University Press.

Feldman, M. S. (2017). Making process visible: Alternatives to boxes and arrows. In A. Langley & H. Tsoukas (Eds.), *The SAGE handbook of process organization studies* (pp. 623-635). SAGE.

Feldman M. S., D'Adderio, L., Dittrich, K., & Jarzabkowski, P. (2019). Introduction: Routine dynamics in action. In M. S. Feldman, L. D'Adderio, K. Dittrich, & P. Jarzabkowski (Eds.), *Routine dynamics in action: Replication and transformation* (pp.

1-10). Emerald Publishing.

Feldman, M. S., & Pentland, B. T. (2003). Reconceptualizing organizational routines as a source of flexibility and change. *Administrative Science Quarterly, 48* (1), 94-118.

Feldman, M. S., Pentland, B. T., D'Adderio, L., & Lazaric, N. (2016). Beyond routines as things: Introduction to the special issue on routine dynamics. *Organization Science, 27* (3), 505-513.

Fleetwood, S. (2014). Bhaskar and critical realism. In P. S. Adler, P. Du Gay, G. Morgan, & M. Reed (Eds.), *The Oxford handbook of sociology, social theory, and organization studies: Contemporary currents* (pp. 182-219). Oxford University Press.

Gavetti, G., Levinthal, D., & Ocasio, W. (2007). Neo-Carnegie: The Carnegie School's past, present, and reconstructing for the future. *Organization Science, 18* (3), 523-536.

Giddens, A. (1984). *The constitution of society: Outline of the theory of structuration.* Polity Press (門田健一訳『社会の構成』勁草書房, 2015).

Goh, K. T., & Pentland, B. T. (2019). From actions to paths to patterning: Toward a dynamic theory of patterning in routines. *Academy of Management Journal, 62* (6), 1901-1929.

Hayes, G. R., Lee, C. P., & Dourish, P. (2011). Organizational routines, innovation, and flexibility: The application of narrative networks to dynamic workflow. *International Journal of Medical Informatics, 80* (8), 161-177.

筈井俊輔 (2021). 『なぜ特異な仕事は生まれるのか？：批判的実在論からのアプローチ』京都大学学術出版会.

廣松渉・子安宣邦・三島憲一・宮本久雄・佐々木力・野家啓一・末木文美士 (1998). 『岩波 哲学・思想事典』岩波書店.

Hodgson, G. M. (2003). The mystery of the routine: The Darwinian destiny of an evolutionary theory of economic change. *Revue Économique, 54,* 355-384.

Iannacci, F., & Hatzaras, K. S. (2012). Unpacking ostensive and performative aspects of organisational routines in the context of monitoring systems: A critical realist approach. *Information and Organization, 22* (1), 1-22.

Latour, B. (1986). The powers of association. In J. Law (Ed.), *Power, action, and belief: A new sociology of knowledge?* (pp. 264-280). Routledge & Kegan Paul.

March, J. G., & Olsen, J. P. (1989). *Rediscovering institutions: The organizational basis of politics.* Free Press (遠藤雄志訳『やわらかな制度：あいまい理論からの提言』日刊工業新聞社, 1994).

March, J. G., & Simon, H. A. (1958). *Organizations.* Wiley (土屋守章訳『オーガニゼーションズ』ダイヤモンド社, 1977).

松嶋登・矢寺顕行・浦野充洋・吉野直人・貴島耕平・中原翔・桑田敬太郎・高山直 (2019). 「社会物質性のメタ理論」『日本情報経営学会誌』*39* (3), 80-117.

松阪陽一 (2017). 「規則とパターン：後期ウィトゲンシュタインの洞察」『科学哲学』*50* (1), 85-106.

Nelson, R. R., & Winter, S. G. (1982). *An evolutionary theory of economic change.* Harvard University Press (後藤晃・角南篤・田中辰雄訳『経済変動の進化理論』慶應義塾大学出版会, 2007).

Pentland, B. T., & Feldman, M. S. (2007). Narrative networks: Patterns of technology and organization. *Organization Science, 18* (5), 781-795.

Pentland, B. T., Feldman, M. S., Becker, M. C., & Liu, P. (2012). Dynamics of organizational routines: A generative model. *Journal of Management Studies, 49* (8), 1484-1508.

Pentland, B. T., & Hærem, T. (2015). Organizational routines as patterns of action: Implications for organizational behavior. *Annual Review of Organizational Psychology and Organizational Behavior, 2* (1), 465-487.

Pentland, B. T., Mahringer, C. A., Dittrich, K., Feldman, M. S., & Wolf, J. R. (2020). Process multiplicity and process dynamics: Weaving the space of possible paths. *Organization Theory.* https://doi.org/10.1177/2631787720963138

Perrow, C. (1972). *Complex organizations: A critical essay.* Scott, Foreman and Company (佐藤慶幸訳『現代組織論批判』早稲田大学出版部, 1978).

Ryle, G. (1949). *The concept of mind.* Hutchinson (坂本百大・宮下治子・服部裕幸訳『心の概念』みすず書房, 1987).

佐藤春吉 (2008). 「存在論からの社会科学の刷新：批判的実在論を参照点にして」『唯物論と現代』(40), 46-65.

佐藤春吉 (2019). 「批判的実在論における実践的認識論と『認識論的相対主義』の意味」『経済系：関東学院大学経済経営学会研究論集』(276), 1-20.

Sayer, A. (2010). *Method in social science: A realist approach* (Rev. 2nd ed.). Routledge (佐藤春吉訳『社会科学の方法：実在論的アプローチ』ナカニシヤ出版, 2019).

Simon, H. A. (1997). *Administrative behavior: A study of decision-making processes in administrative organizations* (4th ed.). Free Press (二村敏子・桑田耕太郎・高尾義明・西脇暢子・高柳美香訳『新版 経営行動：経営組織における意思決定過程の研究』ダイヤモンド社, 2009).

田中求之 (2019). 「組織ルーティン論の直示的側面について：なぜ "直示的 ostensive" なのか？」『福井県立大学経済経営研究』(40), 1-17.

上野直樹 (1999). 『仕事の中での学習：状況論的アプローチ』東京大学出版会.

上野直樹・ソーヤーりえこ (2009). 「実践共同体のマテリアリティと構造化された資源：状況的学習論の観点」『組織科学』43 (1), 6-19.

Wittgenstein, L. (1953). *Philosophical investigations* (G. E. M. Anscombe, Trans.). Basil Blackwell (Original work published 1945). (藤本隆志訳『ウィトゲンシュタイン全集 8 哲学探究』大修館書店, 1976).

Wright, A. (2019). Embodied organizational routines: Explicating a practice understanding. *Journal of Management Inquiry, 28* (2), 153-165.

Yamauchi, Y., & Hiramoto, T. (2020). Performative achievement of routine recognizability: An analysis of order taking routines at sushi bars. *Journal of Management Studies, 57* (8), 1610-1642.

吉野直人 (2014). 「組織ルーティン研究のアイデンティティ：仕事実践を組織化するデザイン原理の探求」『日本情報経営学会誌』34 (2), 84-96.

ルーティン概念の実践論的展開

桑田 耕太郎

　組織ルーティンは，組織理論にとって最も根源的な概念の1つであり，その理論的なアイデンティティーに関わる概念である．Barnard（1938）が端的に指摘したように，人間の行動が「組織」の行動であるためには，個人人格から切り離された組織人格として実践される必要がある．組織ルーティンは，この組織人格を典型的に表現する根源的概念だからである．

　組織の行動理論（behavioral theory），組織学習（organizational learning），組織進化論（evolutionary theory）など，これまでも様々な領域で分析の対象となってきた組織ルーティンが，2000年代から注目を集めている．具体的には，Becker（2008），Howard-greville et al.（2016），Feldman et al.（2021）など，2000年代に入り組織ルーティンとそのダイナミクスに関するハンドブックが，集中的に編纂されていることに端的に示されている．

　こうした組織ルーティン研究の新展開は，社会科学における実践論的転換（practice turn）とともに登場し，吉野論文はこうした組織ルーティンのダイナミクスに焦点を当てたレビュー論文である．コメントに入る前に，組織理論における組織ルーティン概念の意義について論じておくことは，吉野論文の理解と評価にとっても意味があるだろう．

1．組織理論における組織ルーティンの意義

　組織ルーティンは，組織理論の分析単位として根幹の概念である．そもそも組織は個人では達成できないような複雑な仕事を，複数の人々の協働によってなら達成可能な場合に作られる人工物である．個人にも遂行できるほど単純な単位にまで仕事を分割し，それらを統合するシステムであって，その統合の経路が公式化された組織ルーティンの体系となる．

　組織ルーティンは，組織の生存条件すなわち有効性（effectiveness）と能率（efficiency）を達成する上で不可欠であり，また利害関係者から正当性を獲得するために，すなわち説明責任を果たし信頼性を高めるために必要な条件でもある．

　組織ルーティンは専門化の基礎となり，その反復的使用を通じて能率が上昇する．組織ルーティンにしたがう行為は予測可能性が高くなり，調整そのものをルーティン化することが可能になる．組織ルーティンの体系は組織能力を意味するので，組織の学習や進化は組織ルーティンの変化を通じて説明される．インプット資源を組織ルーティンにしたがって規則的に処理することを通じて，アウトプットのバラツキは低下し，信頼性を達成するとともに，利害関係者から獲得したインプット資源の利用状況とその成果を説明する責任（accountability）を果たすことに貢献する．

　ところで複雑な現象を，ある程度の規則性やパターン性に注目して分割して理解することは，科学における理解と分析（analysis）の関係にまで遡ることになる．物理学ではそれ以上分解できない単位まで物質を分解し，数学では規則性・反復性が観察される単位にまで分割し，その変化や組合せによって複雑な現象を理解しようとする．人間が理解しようとする複雑な対象を，ルーティンのようにある程度の規則性や安定性をもつ比較的単純なものから理解することは，理解しようとする対象の複雑性と人間の認知能力の相対的な関係性を反映している．私たちを取り巻く環境がそもそも準分解可能になっているからなのか，我々の認知能力の限界のために，準分解可能にしか観察できないのかであるが，おそらくその両方が分かち難く絡み合っているのであろう（Simon, 1996）．ルーティンが知識として記述されれば，それは議論の対象となり，記憶され，伝達される対象ともなる．同時に，修正される対象ともなり，他の代替的ルーティン開発の可能性を示唆することもある．常に科学が発展する余地があるのと同様に，ルーティンもまた完全な安定性を意味するものではない．

2.　吉野論文の貢献と評価

　第1節で述べたような組織ルーティンに関する理解を前提に，吉野論文の意義を評価するとすれば，第1にルーティン概念が，安定的・反復的な側面を強調する従来の理論から，その変化性すなわちルーティン・ダイナミクスを論じる理論研究へと，関心がシフトしてきていることを明らかにしたことにある．第2にそうしたルーティン・ダイナミクスを，ルーティンを目的論的にデザインするという側面だけでなく，実践の場においてルーティン自ら

が生成される遂行的側面の重要性を明らかにしたことにある．第3に実践におけるルーティン・ダイナミクスの研究から豊かなインプリケーションを得るためには，社会科学の認識論・方法論にまでさかのぼって議論する必要性があることを指摘している点にある．

　第1の点について，吉野論文は組織ルーティンのダイナミクスに着目し，それに関する研究が大きく3つの段階を経てきたことを明らかにした．そもそもルーティン・ダイナミクスという概念は，ある種の規則性や安定性を前提とするルーティンという概念と，変化性を意味するダイナミクスを組み合わせた概念である．古典的な官僚制はルーティンを硬直的で変化しない規則としてとらえていたため，その逆機能に関する理論が示唆したように，組織の柔軟な適応的行動を説明できなくなってしまう．これに対し，組織ルーティンをデザインする能力を持つ人間観を導入し，組織ルーティンの変化を通じた適応的学習システムとして組織を捉えたのがカーネギー学派である．ルーティン・ダイナミクスを論じる吉野論文がカーネギー学派からスタートするのはこうした理由であろう．

　カーネギー学派は，新しいルーティンを作るためにより上位ルーティンの存在を仮定し，ルーティンは外生的に変化させられると考えた．いわゆる組織の3層構造モデルがそれであり，最上位には手段–目的分析（means-ends analysis）のような高度に汎用的なルーティンによって，経営者が新しいルーティンをデザインするとした．

　第2の点について，吉野論文がFeldman & Pentland（2003）のルーティンの二重性モデルで強調したのは，組織ルーティンの変化について，意図的なデザインの他に，実践を通じてルーティンが自ら生成していく可能性を遂行的（performative）として論じている点にある．行為の処方箋（prescription）としてのルーティンは，それが実践される場において，他の実践，物的・社会的・生物的・心理的諸要因との関係性のなかで，当初の想定とは異なるパフォーマンスを生み出すことが明らかにされた．通常こうしたパフォーマンスの多くは一度きりのこととして淘汰されてしまうが，何らかの意味で価値があるとされたものは，事後的にルーティン性を獲得ないしルーティン化（routinizing）され，新たなルーティンとして生成されていく可能性があるということになる．

　目的論的なルーティンは，実戦から切り離された問題空間で，目的とそれに影響を与える諸制約の集合を想定し，それぞれの制約を克服する手段のコースとしてデザインされる．これに対し，例えば駅まで歩くというルーティンを遂行すると，道路を少し傷つけ，埃をたて植物を踏み，他者と接触することもあれば二酸化炭素も排出するなど，ルーティンの実践に伴う事象は無数に生起する．このうちどれが遂行的なプロセスを経てルーティン性を獲得するのか，それはどのような価値や意味があるのかは，事後的にしかわからない．

　したがって吉村論文の第3の貢献は，こうした遂行的なプロセスを解明する方法として，批判的実在論の重要性を指摘した点にあるのだろう．遺憾ながら評者には，ルーティン・ダイナミクスの解明のために，批判的実在論などの議論に言及する理由をよく理解できなかった．ただ前節で指摘したように，科学や人間の理解と環境のパターンや分解可能性の関係は，環境そのものの準分解可能性と我々の認識能力の限界の両方が関係していることを考えれば，素朴な実在論も過度の人間中心主義も排除すべきことは明白である．

　吉野によれば，批判的実在論は，実践が展開される状況に事象を生起させパターンや規則性を生成させるメカニズムが「実在」すると仮定する一方で，我々自身が「経験」できる事象や他者が経験しうる事象を含む「現実」という階層を仮定する．ここで重要なことは，実在，現実，経験の階層性を仮定することで，実在論と経験主義の対立を解消し，ルーティンの意義を見出す実務家だけでなく，ルーティンを記述する研究者自身もまたルーティン・ダイナミクスの展開に介入していることを指摘したことであろう．こうして見出され生成されたルーティンは，それが絶対的に正しいというわけではない．少なくともある範囲内において経験や現実を説明できるという意味で価値がある一方で，基本的に不完全であるため，常に学習・更新される可能性をもった対象であるので，ルーティン・ダイナミクスが生じるということができるのである．

3. 今後の可能性

　ここでは今後の課題について簡単に指摘しておく．

　第1に，組織ルーティンの二重性モデルが，第1節に示したような組織理

論におけるルーティンの意義に対して，どのようなインプルケーションを持つのか，この点を今後明確に示していく必要がある．例えば，組織ルーティンのダイナミクスがマネジメントされるということは，古典的に硬直的だとされていた官僚制組織が創造的組織になる可能性を示しているという意味で，重要なインプリケーションを持つといえよう．また組織変革論でしばしば主張される「最初に学習棄却（unlearning）をして，それから新しい学習を行うべきだ」とする主張に対して，否定的なインプリケーションを持つ可能性がある．既存の組織ルーティンを実践することを通じて，遂行的に新しいルーティンが生成され，それによって既存のルーティンが上書きされていくとすれば，事前の学習棄却を経ないで組織変革が起こる可能性を示唆する（Kuwada, 1998）．

　第2に，ルーティン・ダイナミクスを論じるために，批判的実在論に立脚する必要があるとするならば，それによって既存の研究はどのように修正されるべきなのかを明確に示す必要がある．古くはサイモンが経営を演劇にたとえ，脚本（組織ルーティン）のできばえと，それが実際に演じられる公演のできばえ（パフォーマンス）を区別していた（Simon, 1997）し，Weickは組織化のプロセスにおいて，生態学的変化（実在）とエナクトメントを通じて創出された環境（経験）を区別し，保持からの関係をプラスまたはマイナスの関係があるとして組織化の安定性と変化性をするモデルを提起した．Burger & Luckman（1966）やSchein（1985）は，特定の状況下における実践が，次第に制度や組織文化という形でルーティン化されていく過程を記述してきたし，March（1981）はほとんどの実践における変化は，安定的なルーティンから生じると主張した．こうした既存の理論は，いずれもルーティン・ダイナミクスを扱っているからである．

【参考文献】（吉野論文に書誌情報の記載があるものは省略している）

Barnard, C. I.（1938）. *The functions of the executive*. Harvard University Press（山本安次郎他訳『新訳　経営者の役割』ダイヤモンド社，1968）.

Becker , M. C.（Ed.）（2008）. *Handbook of organizational routines*. Edward Elgar Publishing.

Burger, P., & Luckman, T.（1966）. *The social construction of reality*. Anchor Books（山口節郎訳『社会の現実的構成：知識社会学論考』新曜社，2003）.

Feldman, M. S., Brian T. P., D'Adderio, L., Dittrich, K., Rerup, C., & Seidl, D. (Eds.) (2021) *Cambridge handbook of routine dynamics.* Cambridge University Press.

Howard-greville, J., Rerup, C., Langley, A., & Tsoikas, H. (Eds.) (2016). *Organizational routines: How are created, maintained, and changed.* Oxford University Press.

Kuwada, K. (1998). Strategic learning: The continuous side of discontinuous strategic change. *Organization Science, 9* (6), 719-736.

March, J. G. (1981). Footnotes to organizational change. *Administrative Science Quarterly, 26* (4), 563-577.

Schein, E. (1985). *Organizational culture and leadership.* Jossey-Bass（清水紀彦・浜田幸雄訳『組織文化とリーダーシップ』ダイヤモンド社，1989）.

Simon, H. A. (1996). *The science of the artificial.* MIT Press（稲葉元吉・吉原英樹訳『システムの科学［第3版］』パーソナルメディア，1999）.

4 ラディカルな組織変革における研究の発展過程

古田 成志

4-1　はじめに

　ラディカルな組織変革（以下，ラディカル変革）は組織論における研究の中で重要なトピックの1つとされている（Greenwood & Hinings, 2006; Pettigrew et al., 2001）．また，実務的側面においても環境変化が激しく不確実性が高い中で，企業が既存の組織のあり方を根本的に変革することが求められる場面がある．例えば，米国の新聞社 USA Today は，Yahoo などによるインターネットのニュース配信チャネルが出現したことで，オンライン版のUSAToday.com を立ち上げた．オンライン版の立ち上げに伴い，組織構造も相互依存性が高まるように調整した（Smith et al., 2010）．したがって，ラディカル変革は学術的にも実務的にも追究する価値があるテーマであろう．

　ラディカル変革は，「既存の目標，構造，プロセスを新しいものに取りかえる」（Kump, 2019, p. 6），「組織における組織化のルールを質的に変化させる」（Huy, 2002, p. 31），「あるアーキタイプが別のアーキタイプへ移行すること，あるいは単一のアーキタイプに特定されないデザインから明確なアーキタイプのデザインへ移行する」（Amis et al., 2004, p. 16）などと定義される．しかし，ラディカル変革は統一された定義が存在しない．その理由は，ラディカル変革と類似する変革概念が存在するためである．例えば，革命的変革（Greenwood & Hinings, 1996），不連続変革（Nadler & Tushman, 1995），変形的（transformative）変革（Dunphy & Stace, 1988），第二次変

革（Meyer et al., 1993）である．これらの変革概念は組織の要素を新しいものにする点，組織全体に影響を与える点で，ラディカル変革と共通している．以上の点から，ラディカル変革は変革における範囲や規模に焦点を当てており，組織全体を根本的に変革することと位置づけられる．

ラディカル変革の研究に統一された枠組みが存在しない要因として以下の2点が挙げられる．第1に，ラディカル変革におけるこれまでの研究は制度論の視点（Greenwood & Hinings, 1996; Newman, 2000），組織成員の感情の側面（Huy, 1999; 2002）など，多様な枠組みをもとに議論されているためである．第2に，ラディカル変革の導入と実施が困難である点から，研究そのものを遂行することが難しい（Heracleous & Barrett, 2001）ためである．しかし，ラディカル変革の研究には Weick & Quinn（1999）が提示した変革の頻度（pace）にもとづく2つの有力な議論，突発的変革（episodic change）と継続的変革（continuous change）が存在する（Gioia et al., 2013; Plowman et al., 2007; Street & Gallupe, 2009）．表1は突発的変革と継続的変革の概要を示したものである．突発的変革は長期の漸進的変革と短期のラディカル変革が入れ替わることを示しており，不規則，不連続，意図的に発生する特徴を備えている．組織に慣性が存在するため変革は頻繁に発生しないものの，短期間で急速に発生する．突発的変革は断続均衡モデル（punctuated equilibrium model）（Tushman & Romanelli, 1985）の枠組みを中心に

表1　突発的変革と継続的変革の比較

	突発的変革	継続的変革
変革のメタファー	組織には慣性が備わり，変革は不連続で意図的に発生する．	組織は創発性が備わり，変革は進化的で蓄積される．
変革の要因	変革は時折発生する均衡からの中断や逸脱のことである．変革は劇的なものになる傾向があり，外部から引き起こされる．	変革は業務プロセスや実践に絶え間ない修正を加えるパターンである．組織の不安定さと，日々の不測の事態に対する注意深い反応によって引き起こされる．
変革の主体	トップ・マネジメント	ボトム層
変革の意図	計画的変革．人間の意思決定や目的により発生する．	非計画的変革．プロセスの中から目的が出現する．
分析の鍵概念	慣性，深層構造，引き金，置き換え，不連続，革命	頻発する相互作用，権限の移行，創発性のパターン，即興，変換，学習

出所：Weick & Quinn（1999），Table 1.（p. 366）をもとに筆者加筆・修正

議論されている．継続的変革は小規模な変革を積み重ねることでラディカル
変革に至ることを示しており，持続的，進化的，累積的に発生する特徴を備
えている．組織には創発性を備えているという前提を置いているためであ
る．継続的変革は，突発的変革で説明できないような現象が見受けられたこ
とが契機とされている（Brown & Eisenhardt, 1997; Eisenhardt, 1989）．突
発的変革と継続的変革は，変革のパターンや変革の主体などにおいて対をな
す枠組みである（Weick & Quinn, 1999）．

　突発的変革と継続的変革を踏まえたラディカル変革はそれぞれの枠組みで
研究が蓄積されているものの，その後の研究動向を整理した研究は見られな
い．そのような状況の中で，組織変革研究において対立する概念を同時に取
り入れるパラドックス（Schad et al., 2016）や二重性（duality）（Farjoun,
2010），ambidexterity（両利き経営）（O'Reilly & Tushman, 2013）の枠組み
を用いた議論が注目され始めている．したがって，本論文では突発的変革，
継続的変革を踏まえたラディカル変革の研究をそれぞれ整理し，パラドック
スの視点を取り入れた研究に至るという発展過程を提示することを研究目的
とする．

　本論文の構成は以下の通りである．第 4-2 節は，突発的なラディカル変革
の研究を整理する．特に，突発的なラディカル変革において有力な議論とさ
れる断続均衡モデルに焦点を当てる．第 4-3 節は，継続的なラディカル変革
の研究を整理する．継続的なラディカル変革は突発的なラディカル変革にお
ける断続均衡モデルのように確立した枠組みが存在しないものの，主要研究
を通じて継続的なラディカル変革の枠組みを整理する．第 4-4 節は，突発的
なラディカル変革と継続的なラディカル変革の議論を整理した上で，パラ
ドックスを踏まえたラディカル変革の研究を提示する．ラディカル変革の研
究においてパラドックスの視点を取り入れることの必要性，パラドックスの
位置づけ，ラディカル変革の研究に示唆を与えるパラドックスの研究を提示
する．第 4-5 節は本論文における結論として，ラディカル変革における研究
の発展過程を整理し，ラディカル変革の今後の研究における視座を提示す
る．

4-2　突発的なラディカル変革における研究の整理

　本節では，突発的なラディカル変革の研究に焦点を当てる．突発的なラディカル変革は長期の漸進的変革と短期のラディカル変革が交互に入れ替わることを示した議論が中心とされる．突発的なラディカル変革の研究が登場するまでは，コストやリスクの観点からラディカル変革は避けるべきである（Hedberg et al., 1976）と主張されてきた．しかし，Miller & Friesen（1982）による組織構造の変革における実証研究を通じて，ラディカル変革の有用性が認識されるようになった．突発的なラディカル変革の研究は断続均衡モデルを中心に議論されている．本節では断続均衡モデルの枠組みを踏まえた突発的なラディカル変革の研究を概観する．

4-2-1　断続均衡モデルの枠組み

　断続均衡モデルは Gould（1989）による反ダーウィニズム的な進化の断続均衡説が土台となっている．断続均衡モデルは「長期に渡る安定期が短期に渡るラディカルな変革期によって中断されることを示したモデル」（Romanelli & Tushman, 1994, p. 1141）であり，安定期と変革期を繰り返す（Gersick, 1988）．断続均衡モデルの枠組みを提唱した研究として，Tushman & Romanelli（1985）と Gersick（1991）が挙げられる．

　Tushman & Romanelli（1985）は，長期の漸進的変革を収斂プロセス（process of convergence），短期のラディカル変革を再編期間（periods of reorientation）と捉えている．収斂プロセスは，長期の漸進的変革を通じて，企業全体の戦略方針を支える社会-政治的，技術-経済的な活動の複合体を整合させ，一貫性を持たせるプロセスを意味する．戦略方針が伴う内部活動の一貫性を達成するために機能し，組織内の慣性的，制度的な力の影響によりラディカル変革を妨げるように機能する．一方，再編期間は一貫性のパターンが新たな整合性の基盤に向けて根本的に再編成される方向転換の期間である．具体的には，製品・市場・技術戦略，パワー配分，組織構造，コントロール・システムが不連続かつ同時に変革されることである．収斂プロセスと再編期間は緊張関係の状態にある．その状態に介入する存在が経営陣の

リーダーシップ（executive leadership）である．戦略的再編を求められた
際，ラディカル変革を開始，実行できる唯一の存在である．

　Gersick（1991）は6つの研究領域（成人発達，集団開発，組織開発，科
学史，生物進化，物理科学）におけるそれぞれのシステムを比較しながら断
続均衡モデルの説明を行った．そして，断続均衡モデルの枠組みは組織研究
への幅広く適用することが可能であることを示した．Gersick は断続均衡モ
デルにおける3つの主要な構成要素として，深層構造（deep structure），
均衡期間，革命期間を提示した．均衡期間は Tushman & Romanelli（1985）
の収斂プロセス，革命期間は再編期間にそれぞれ該当するが，彼らの研究と
異なる点として深層構造の存在が挙げられる．深層構造は相互依存的な選択
の集合体で，システムが組織化される基本的な構成とシステムの存在を維持
するための活動パターンで構成されている．深層構造は非常に安定している
ため，長期の均衡期間において多数の選択肢を排除することで選択を維持す
る．システムは組織内外の揺動に対して深層構造を維持するための調整を行
い，深層構造に組み込まれた経路に沿って漸進的に移動する．一方，短期の
革命期間ではシステムの深層構造が崩壊する．革命期間が終了するまでは混
乱した状態が続くが，新たな深層構造を形成する．

　両者の議論から，断続均衡モデルにおけるラディカル変革は短期間で発生
し，組織全体の要素を根本的に変革するものであることが分かる．ラディカ
ル変革が短期間である理由は，組織における慣性や深層構造の影響により，
組織に一貫性をもたせるためである．

4-2-2　断続均衡モデルの実証研究

　断続均衡モデルの枠組みを用いた実証研究には，ラディカル変革を促す先
行要因を特定する研究，および断続均衡モデルの枠組みを包括的に検証した
研究が挙げられる．

　ラディカル変革を促す先行要因を検証した研究は以下の3点である．
Keck & Tushman（1993）は米国のセメント業界を対象に，経営陣の構造と
経営陣を取り巻く環境の関係を検証した．環境の変化が安定している期間が
長いほど，経営陣のメンバー構成の変化は少ない．一方，再編，環境の変
化，技術の不連続性，CEO の交代は，経営陣の変化と異質性の増大に関連

する．劇的な環境変化を乗り切った組織は，安定性と変化能力の双方を備え
た異質な経営陣となることが明らかになった．Tushman & Rosenkopf
（1996）は米国のセメント業界を対象に，CEO の後継者，経営陣の交代およ
び戦略的再編によるパフォーマンスへの影響を検証した．環境変化が激しい
場合，CEO の後継者，経営陣の交代，戦略的再編は正の影響を与えること
が明らかとなった．Gordon et al.（2000）は環境が安定した家具業界と環境
変化が激しいソフトウェア業界の比較分析を通じて，戦略的再編の先行要因
を検証した．その結果，業界環境の変化の激しさおよび CEO の交代は，戦
略的再編に影響を与えることが明らかになった．これらの研究から，環境変
化などの先行要因によってラディカル変革に結びつくことが明らかとなって
いる．

　上記で言及した研究は戦略的再編，すなわちラディカル変革に影響を与え
る先行要因に焦点を当てているが，包括的に断続均衡モデルの枠組みを検証
しているわけではない．断続均衡モデルの枠組みおよび結果を包括的に検証
した研究として Romanelli & Tushman（1994）が挙げられる．彼女らは米
国のミニ・コンピュータ・メーカー 25 社の財務データなどをもとに，断続
均衡モデルの妥当性を検証した．組織内の要素は「戦略」，「組織構造」，「パ
ワー」と 3 つの要素としている．そして，上記の 3 つの要素全てが変革する
ことをラディカル変革としている．彼女らの実証研究から以下の 3 つの結果
が明らかになった．第 1 に，ラディカル変革が最も頻繁に発生する時期は短
期間の変革であり，組織の要素の大部分ないし全てが関与することである．
第 2 に，組織の要素が個別で変革した場合は，ラディカル変革に至らない点
である．つまり，組織内の構成要素が同時に変革することでラディカル変革
に至ることが実証研究から明らかになった．第 3 に，外部環境の変化と
CEO の交代という先行要因は，ラディカル変革の可能性を増大させる点で
ある．したがって，断続均衡モデルは業績悪化を除く先行要因を通じてラ
ディカル変革につながることが明らかになった．

4-2-3　ラディカル変革の再発に着目した断続均衡モデルの研究

　前項で言及した研究は，断続均衡モデルにおける長期の漸進的変革と短期
のラディカル変革が繰り返されるという側面について，十分な検討がなされ

ていない．この問題に焦点を当てた研究として，Sastry（1997）と Sabher-wal et al.（2001）が該当する．

　Sastry（1997）は断続均衡モデルにおける再編期間後に変革が失敗するという問題について，シミュレーションモデルを用いた分析を行った．彼女の研究によると，再編期間後に変革が失敗する可能性として以下の6つの要因を挙げている．

①新たな戦略的再編と環境の不一致

②組織の適合性とパフォーマンスの認識の偏り

③パフォーマンスの圧力に過剰反応し，組織と環境の適合性を軽視

④組織の戦略的適合性における認識の更新の遅延

⑤組織が戦略的方針を調整することに対する不十分な反応（もしくは過剰反応）

⑥急速に変化する環境の中で試行期間のルーティンの不使用

　これらの結果から再編期間後に変革を成功させるためには，変革における適合性を考慮すること，および長期の試行期間が必要であると結論づけた．

　Sabherwal et al.（2001）は，断続均衡モデルの枠組みを用いて戦略と組織構造の相互作用を通じたアライメントの動態性を，3社を対象とした事例研究から検討した．アライメントは組織における戦略や組織構造の整合性を意味する．例えば，組織構造が分権的であると，探索型戦略を採用するほうが整合性が高いと捉えている．彼らの研究は以下の2つの示唆を与えている．第1に，アライメントの程度が高い，もしくはマネジャーがアライメントの低さを問題として認識していない場合は，アライメントのパターンが長期間にわたって継続する可能性がある点である．第2に，再編期間におけるアライメントのパターンが収斂プロセスにおけるアライメントのパターンと全く異なるものになる点である．

4-3　継続的なラディカル変革における研究の整理

　継続的なラディカル変革は，小規模な変革が継続して蓄積された結果，ラディカル変革に至ることを説明した枠組みである．継続的なラディカル変革の研究は断続均衡モデルによる突発的なラディカル変革で説明できないラ

ディカル変革を明らかにすること，つまり継続的に競争力を高める企業が増加したことが議論の契機とされている（Brown & Eisenhardt, 1997; Eisenhardt, 1989）．そして，継続的なラディカル変革は突発的変革と相反して，比較的遅い速度で進行するほうがより効果的であるという議論から注目されている（Amis et al., 2004）．継続的なラディカル変革は断続均衡モデルのように確立した枠組みは存在しないが，以下で継続的なラディカル変革における諸研究を概観する．

4-3-1 継続的なラディカル変革の有用性を提示した研究

Pettigrew（1987）は，英国企業のICI社を対象とした事例研究を実施した．ICI社の変革のパターンは，トップの意思決定者の核となる信念の調整と，それに続く構造，システム，報酬の変化が複雑に絡み合ったものである．戦略の変化は，信念，構造，システム，報酬の変化が正当化されて実施された後に，徐々に実施されたことを明らかにした．つまり，ラディカル変革は突発的に発生しないことを示唆している．

継続的なラディカル変革の有用性を明示する概念として，即興性（improvisation）と戦略の視点が挙げられる．即興性は時間に基づいた現象であり，直感により自発的に行動に導くことと位置づけられる（Crossan et al., 2005）．Eisenhardt & Tabrizi（1995）は，コンピュータ産業における製品イノベーションの定量研究を通じて，継続的に適応することの重要性を提示した．実際に，即興性，柔軟性に依拠した経験的戦略を採用しているほど，製品開発が加速することを明らかにした．Orlikowski（1996）は，ラディカル変革が急速かつ不連続に発生するのではなく，継続的かつ状況に応じた一連の対応を通じてラディカル変革に至ることを事例研究から明らかにした．事例対象としたソフトウェア開発のゼータ社（匿名）では，組織のアクターが新しい技術を業務に取り入れることで，局所的な革新を試みた．具体的には，予期せぬ故障や不測の事態への対応，構造や調整メカニズムに対して機転を利かすこと，新しい技術を利用する際の業務上の手続きや知識の性質を即興的に変えることである．一連の革新がゼータ社で見受けられたことを通じて，時間の経過とともに組織にラディカル変革をもたらすことが可能であることを主張した．

戦略の視点を交えた研究として Dutton et al.（2001）および Rindova &
Kotha（2001）が挙げられる．Dutton et al.（2001）は，戦略形成の議論の
1つであるイシューセリングに焦点を当てた研究を実施した．イシューセリ
ングは売り手であるミドルマネジャーが経営者に課題を受け入れてもらう試
みであり，課題を受け入れて変革をもたらすという点で継続的な変革の初期
段階と捉えている．イシューセリングは継続的な変革の取り組みにおいて翻
訳（アイデアと目的の適合）が重要な手段であると考えられる．売り手は関
係的，規範的，戦略的な文脈に適合し，既存の規範や慣行に違反しない方法
で経営者を巻き込むことを積極的に試みる．一連の研究を通じて，変革はよ
り創発的かつ多元的なプロセスであると主張した．Rindova & Kotha（2001）
は，ヤフー社とエキサイト社の事例を通じて，組織形態，機能，競争優位性
におけるダイナミックな進化を検証した．事例研究を通じて，継続的モー
フィング（continuous morphing）という包括的に捉えた継続的なラディカ
ル変革の枠組みを提示した．継続的モーフィングはダイナミック・ケイパビ
リティと戦略的柔軟性の枠組みを援用し，自分たちの存在や提供するものを
変えながら，新たな戦略的，競争的領域に移行することである．

4-3-2　複雑系理論を用いた継続的なラディカル変革における研究

前項で提示した研究は継続的なラディカル変革の有用性を示しているもの
の，ラディカル変革自体を十分に議論しているわけではない．しかし，複雑
系理論を用いて継続的なラディカル変革の全体像を明らかにする研究が登場
した．複雑系理論は1960年代において組織論でオープンシステムの考えが
普及して以降，組織科学において中心的な概念となっている（Anderson,
1999）．複雑系理論を用いてラディカル変革を検討した研究として Brown &
Eisenhardt（1997），Chiles et al.（2004），Plowman et al.（2007）が挙げら
れる．

Brown & Eisenhardt（1997）は6社のコンピュータ企業を対象とした事
例研究を通じて，継続的なラディカル変革の特徴を明らかにした．長期に渡
り継続的に変革を実施している企業は，以下の2つの特徴を有していること
を明らかにした．第1に，機械的組織と有機的組織の中間として位置づけら
れる「半構造」が存在することである．官僚的な手順が正確に決められてい

る非常に構造的で機械的な組織と，ルールや責任，手順がほとんどない非常に非構造的で有機的な組織の間に半構造が位置づけられており，プロジェクトを効果的に管理するために重要であるとしている．第2に，過去，現在，未来と異なる時間枠に対して同一次元として捉える「時間の連結」が存在することである．現在のプロジェクト管理に注意を払うと同時に，未来を探ることで次にどこに行くべきかを考えることが重要であると述べている．これら2つの特徴により，競争が激しい環境下において柔軟に変革することが可能である．Brown & Eisenhardt は事例研究の結果をもとに，複雑系理論への拡張を述べている．半構造はカオスの端（edge of chaos）と散逸構造（dissipative equilibrium）と関連する．機械的，有機的組織の間に位置づけられることは，秩序と無秩序の間に存在するカオスの端の概念と結びつけている．また，半構造は外部からエネルギーを投入しないと散逸する散逸構造であるため，半構造を常に維持するために経営者が常に注意を払う必要があると述べている．そして，継続的なラディカル変革を漸進的変革，断続均衡モデルでもない新たな枠組みであることを主張した．

Chiles et al.（2004）は米国ミズーリ州に位置するブランソンという街を対象に，約100年の継続的なラディカル変革の事例を研究した．彼らの研究は複雑性理論における創発の概念を中心としている．ブランソンは元々田舎町にすぎなかったが，断続的な創発を通じて街自体が劇的に変革した．創発のダイナミクスとして，揺らぎ（fluctuation），正のフィードバック，安定化，再結合を挙げている．新たな社会秩序を産出する自発的な揺らぎが発生し，新しい体制に移行する機会が生まれる．揺らぎを増幅，強化する自己触媒的な正のフィードバックにつながり，新しい秩序が定着して勢いを増す．安定化により正のフィードバックのバランスをとるプロセスを経て，既存の要素の一部を再構成し新しい要素を生成する再結合に至るダイナミクスを提示した．

Plowman et al.（2007）は複雑系理論を用いて1つの教会を対象に事例研究したものである．この教会は上流階級の人たちのための教会からホームレスを支援する教会へと，漸進的変革を蓄積して継続的なラディカル変革を遂げた．彼女らの研究では複雑系理論における4つの概念を採用した．1つ目は開始の条件（initial condition）である．小さな変化の連鎖により，雪崩の

ような変化を引き起こす可能性があることを意味する．2つ目は均衡からかけ離れた状態（far-from equilibrium）である．不安定な状態になることで組織は非常に複雑な行動をとることを意味する．3つ目は逸脱の増幅（deviation amplification）である．システム内の分子を極限に追い込むことで相互に結びつき，全く新しい形態の物質が誕生することを意味する．4つ目はフラクタルとスケーラビリティである．複雑性は組織化されており，組織の段階やレベルを超えて同じパターンで発生することを意味する．これら4つの概念をもとにした継続的なラディカル変革の全体像は以下の通りである．教会が継続的なラディカル変革に至った経緯として，教会が置かれた脈絡（切迫感，リーダーシップの不安定さ，アイデンティティの欠如，コンフリクトの発生）と教会に関わる人たちの行動（既存資源の獲得，言語の使用，シンボルの使用）の相互作用によって漸進的変革が増幅された．その結果としてラディカル変革に至ることを明らかにした．

4-4 パラドックスを踏まえたラディカル変革

4-4-1 突発的なラディカル変革と継続的なラディカル変革の議論の整理

突発的なラディカル変革は断続均衡モデルに代表されるように，長期に渡る漸進的変革と短期間のラディカル変革が入れ替わり，かつ2つの変革が繰り返されることを示している．長期に渡る漸進的変革の時期は制度的諸力や慣性によりラディカル変革に至ることはないが，外部環境の変化やCEOの交代などの要因により短期間のラディカル変革が生じる．継続的なラディカル変革は，漸進的変革が長期間に渡り進行することで，ラディカル変革に至ることを説明している．継続的なラディカル変革は断続均衡モデルを含む突発的なラディカル変革とは相反する枠組みである．複雑系理論を用いた研究より，システムの不安定さを通じて小規模な変革が増幅し，その結果ラディカル変革に至ることが示されている．

どちらの研究も Weick & Quinn（1999）らが提示した枠組みをもとに，実証研究も蓄積されていることを述べた．しかし，突発的なラディカル変革と継続的なラディカル変革のそれぞれの枠組みを用いてラディカル変革を検

討する動きは停滞している．Heracleous & Barrett（2001）が指摘したように，ラディカル変革の研究を遂行することが難しい点がまずひとつの理由として挙げられる．さらに，突発的なラディカル変革はマクロ的な視点を採用する一方，継続的なラディカル変革はミクロ的な視点を採用している．つまり，一方の分析視角に依拠している．特に，継続的なラディカル変革はボトムを捉えて検証することが難しいため，突発的なラディカル変革と比べると研究が蓄積されていない（Gioia et al., 2013）という指摘も挙げられる．したがって，ラディカル変革が突発的，継続的それぞれの視点で議論されていることにより，研究が停滞していると推察される．

　一方，近年の組織研究では，コンティンジェンシー理論（例えば Burns & Stalker, 1961）のように機械的システムか有機的システムかを選択するのではなく，相対する要素を同時に取り入れる動きが増加傾向にある．換言すれば，either/or ではなく both/and を追求することである（Lewis, 2000; Smith & Lewis, 2011）．その議論の代表例としてパラドックスが挙げられる．Lewis（2000）によると，変革はパラドックスによって表面化されると捉えており，テンションを探索しパラドックスの潜在的なエネルギー，知見，パワーを引き出すことで，ラディカル変革が可能になると指摘した．したがって，本論文ではパラドックスとラディカル変革の関係を深めることで，ラディカル変革の研究における今後の展望を提示する．

4-4-2　本論文におけるパラドックスの位置づけ

　パラドックスは，「矛盾しながらも相互に関連する要素が同時に存在し，時間を経過して持続する」と定義される（Smith & Lewis, 2011, p. 382）．パラドックスは組織論における理論構築（Poole & Van de Ven, 1989）や組織の有効性（Cameron, 1986）で古くから検討されており，組織がより複雑で多元的，かつダイナミックになるにつれて注目されている（Smith & Lewis, 2011）．本論文で着目すべき点は，パラドックスの捉え方である．Poole & Van de Ven（1989）はパラドックスの捉え方について，対立，空間的分離，時間的分離，統合と4つのパターンを提示している．これらのうち統合がパラドックスを解決する方法として捉えられ，相対する要素を同時に取り入れることに直結する．

　パラドックスと類似した概念として，二重性と ambidexterity が挙げられる（Papachroni et al., 2014; Putnam et al., 2016）．二重性は，対立しつつ補完的な概念が存在すると同時に，それらの概念が相互作用することである（Farjoun, 2010）．彼は補完的な概念が対立することに留まる二元性（dualism）から，二重性の観点で安定-変革を捉えることの重要性を議論した．二元性の観点では安定-変革を断続均衡モデルのように排他的と捉えているが，二重性では相互に依存し潜在的に両立することを主張した．Farjoun によると，二重性は安定-変革をパラドックスの関係として捉えるため，本論文ではパラドックスの中に二重性を含めるものとする．

　ambidexterity は「同じ組織内に複数の対立する構造，プロセス，文化を設けることで，漸進的，不連続のイノベーションおよび変革を同時に追求する能力」（Tushman & O'Reilly, 1996, p. 24）と定義され，March（1991）の組織学習における探索と活用の概念を取り入れて議論されている．Birkinshaw et al.（2016）は，ラディカル変革の研究において ambidexterity の概念が有用であると指摘している．また，Smith & Tushman（2005）は ambidexterity を実現するためには，パラドックスの概念が必要であることを述べている．以上の点から，本論文では二重性と同様に ambidexterity もパラドックスの中に含めるものとする．

4-4-3　ラディカル変革へ示唆を与えるパラドックスの研究

　パラドックスの概念を用いてラディカル変革を直接的に議論した研究はほとんどみられない．したがって，突発的，継続的なラディカル変革からパラドックスを踏まえたラディカル変革への研究の潮流を整理するために，本項では3つの視点に大別してパラドックスの研究を提示する．1つ目は，パラドックスを実現するための要因に焦点を当てた研究である．2つ目は，パラドックスを経時的は変化として捉えた研究である．3つ目は，パラドックスのあり方の変化を検討した研究である．

（1）　パラドックスが実現可能となる要因

　Andriopoulos & Lewis（2009）は，製品デザインで業界をリードする5社を対象とした比較事例分析を通じて，探索と活用におけるテンションの関係，およびその管理を検討するための代替的なフレームワークを提供するこ

とを目的とした．イノベーションのパラドックスとして，戦略的意図（利益
-新発見の強調），顧客志向（緊密-緩やかなつながり），個人の推進力（規律
-情熱）が挙げられ，イノベーションのパラドックスが入れ子状になってい
ることを事例分析から明らかにした．企業がイノベーションのパラドックス
を管理するために，マルチレベルのアプローチ，補完的な戦術，学習のシナ
ジーという3つの要因が相互に作用して，ambidexterity を強化・維持する
ことを明らかにした．

　Heracleous & Wirtz（2014）は，シンガポール航空を対象に4つのパラ
ドックス（費用対効果に優れたサービス，分散型と集中型のイノベーショ
ン，サービス開発におけるフォロワーとリーダー，顧客との対話における標
準化とパーソナライゼーション）の同時実現が可能となった要因を明らかに
した．組織文化，戦略的な人事管理，二重戦略を支える技術への戦略的な投
資，効率性だけでなく適応性と学習性を高める最適な組織設計など，全ての
組織が備えている基本的な構成要素によって，パラドックスを使いこなすこ
とが可能であることを提示した．

(2)　時間で変化するパラドックス

　Boumgarden et al.（2012）は，ヒューレット・パッカード社と USA
Today 社の事例から構造的な揺らぎ（vacillation）の概念を提示した．構造
的な揺らぎとは，探索と活用のいずれかを促進する組織構造を時間的に交互
に繰り返すことで，探索と活用の両方をダイナミックに実現することであ
る．構造的な揺らぎのパターンが，探索と活用を発展させ，長期的に高業績
をあげるために重要な役割を果たしていることを提示した．揺らぎによる構
造調整を繰り返すことで，探索と活用の両方で能力を発揮し，全体的な組織
の成功につながることが明らかになった．

　Klarner & Raisch（2013）は安定-変革のパラドックス（二重性）の関係
において，欧州の保険会社 67 社を対象とした定量研究を通じて，安定-変革
のリズムの違いと企業のパフォーマンスの関係を検証した．安定-変革のリ
ズムは変革の間隔が比較的同じ長さである規則的なリズムと，変革の間隔が
異なる不規則的なリズム（集中的，断続的，一時的）に大別される．定期的
なリズムは継続的なラディカル変革，不規則的なリズムは突発的なラディカ
ル変革に相当すると指摘している．規則的にリズムが変化する企業は，不規

則的にリズムが変化する企業よりも安定-変革のバランスを保つことができ、パフォーマンスが優れていることが明らかになった。

(3) パラドックスのあり方の変化

Lüscher & Lewis (2008) はレゴ社を対象したアクションリサーチを実施し、変革とミドルマネジャーのセンスメイキングについて検討した。ミドルマネジャーは重要なチェンジエージェントと位置づけられる。パラドックスを理解することでレゴ社のミドルマネジャーたちは、複雑で厄介な問題に対して単純で論理的な解決策を求めるだけではなく、内省的な質問を通じて解決策を模索することが可能になった。つまり、パラドックスの概念をジレンマのようにラベルとして捉えるのではなく、レンズに変えることの必要性を提示した。

Smith & Lewis (2011) はパラドキシカルなテンションへの循環的な対応を通じて、組織の持続可能性を実現する組織化の均衡モデルを文献研究の手法で提示した。組織化の均衡モデルのプロセスは以下の通りである。パラドキシカルなテンションには潜在的なものと顕在的なものが存在する。顕在的なテンションに至る要因として、環境の複雑性と行為者がパラドックスであると認知することである。個人的要因における認知、行動の側面で複雑性を受容することと平穏な感情、そして組織的要因におけるダイナミック・ケイパビリティによる好循環を通じて、パラドキシカルなテンションを受け入れる。パラドキシカルな対立を受容し、対立する極を包含する相乗効果を発見することによって、パラドキシカルなテンションを解決する。そして、パラドキシカルな解決から長期の持続性につながることを示したモデルである。

4-5 ラディカル変革における研究の発展過程の整理

ラディカル変革における研究の契機となった枠組みは、断続均衡モデルに代表される突発的なラディカル変革である。そして、突発的なラディカル変革の対立概念として継続的なラディカル変革の議論が誕生し、突発的なラディカル変革では検討されなかった創発性に着目している。創発性に着目することで、ボトムアップによるラディカル変革という突発的なラディカル変革では議論されてこなかった新たな視点を提示した。両者は現象の観点から

も異なるため，それぞれの枠組みで議論が進展していると判断できる．両者の研究の動きが低下しつつある中で，対立する概念の相互作用に着目したパラドックスの視点を取り入れる研究が存在することを第4-4節で説明した．特に，相反する要素をいかに管理していくかが重要であり，パラドックスを引き出すことでラディカル変革が可能であることを述べた．また，パラドックスにおける研究はAndriopoulos & Lewis（2009），Smith & Lewis（2011）のように組織の複数のレベルを対象とするマルチレベルの視点を含んでいる．

　突発的なラディカル変革はambidexterityの漸進的変革とラディカル変革を同時に追求する議論を取り入れる傾向がみられる．O'Reilly & Tushman（2013）はambidexterityを達成するための方法として3つのambidexterity（連続的，構造的分離，文脈的）を提示した．彼らによると，断続均衡モデルは連続的ambidexterityに該当する．連続的ambidexterityは探索と活用を交互に入れ替えることを意味する．断続均衡モデルは長期の漸進的変革と短期のラディカル変革を時間の視点で区別しているため，連続的ambidexterityに該当する．また，Klarner & Raisch（2013）が提示した変革のリズムも，断続均衡モデルに取って代わる視点を提示していることを述べた．以上の点から，突発的なラディカル変革はambidexterityを中心としたパラドックスの議論を取り入れるという変化がみられた．

　一方，継続的なラディカル変革は突発的なラディカル変革と比べて，パラドックス研究へ直接発展しているわけではない．複雑系理論におけるカオスの端のように，秩序とカオスと相反する要素を検討しているものもある．また，継続的なラディカル変革は漸進的変革と大規模なラディカル変革とは別のアプローチであるとの主張も挙げられる（Brown & Eisenhardt, 1997）．実際に，安定-変革（Farjoun, 2010）のように継続的なラディカル変革では変革を相対する要素と捉えていない．以上の点から，継続的なラディカル変革とパラドックスは直結しているわけではない．したがって，パラドックスの視点を取り入れることは，継続的なラディカル変革とは別の研究の視点を提示したと推察される．

　本論文では，ラディカル変革の研究において2つの有力な議論である突発的なラディカル変革，継続的なラディカル変革の研究を整理し，パラドック

スの視点を取り入れた研究の潮流を提示した．ラディカル変革は研究の蓄積
が進展していないことを第4-1節で述べた．しかし，パラドックスの視点を
取り入れることで，ラディカル変革の研究において新たな研究の視座を得る
ことができる点が，本論文における最たる主張である．

謝辞

　本論文の執筆において，コメンテーターをお引き受けくださった大月博司先生
（早稲田大学名誉教授），および組織論レビュー実行委員会の高尾義明先生（東京
都立大学教授），宮尾学先生（神戸大学准教授），服部泰宏先生（神戸大学准教授）
から多数の貴重なコメントおよび多岐に渡るご支援を賜りました．この場を借り
まして心より御礼申し上げます．なお，本論文はJSPS科研費 JP20K13603の助成
を受けた研究成果の一部です．

【参考文献】

Amis, J., Slack, T., & Hinings, C. R. (2004). The pace, sequence, and linearity of radical change. *Academy of Management Journal, 47* (1), 15-39.

Anderson, P. (1999). Complexity theory and organization science. *Organization Science, 10* (3), 216-232.

Andriopoulos, C., & Lewis, M. W. (2009). Exploitation-exploration tensions and organizational ambidexterity: Managing paradoxes of innovation. *Organization Science, 20* (4), 696-717.

Birkinshaw, J., Zimmermann, A., & Raisch, S. (2016). How do firms adapt to discontinuous change? Bridging the dynamic capabilities and ambidexterity perspectives. *California Management Review, 58* (4), 36-58.

Boumgarden, P., Nickerson, J., & Zenger, T. R. (2012). Sailing into the wind: Exploring the relationships among ambidexterity, vacillation, and organizational performance. *Strategic Management Journal, 33* (6), 587-610.

Brown, S. L., & Eisenhardt, K. M. (1997). The art of continuous change: Linking complexity theory and time-paced evolution in relentlessly shifting organizations. *Administrative Science Quarterly, 42* (1), 1-34.

Burns, T., & Stalker, G. (1961). *The management of innovation.* Quadrangle Books.

Cameron, K. S. (1986). Effectiveness as paradox: Consensus and conflict in conceptions of organizational effectiveness. *Management Science, 32* (5), 539-553.

Chiles, T. H., Meyer, A. D., & Hench, T. J. (2004). Organizational emergence: The origin and transformation of Branson, Missouri's musical theaters. *Organization Science, 15* (5), 499-519.

Crossan, M., Cunha, M. P. E., Vera, D., & Cunha, J. (2005). Time and organizational improvisation. *Academy of Management Review, 30* (1), 129-145.

Dunphy, D. C., & Stace, D. A. (1988). Transformational and coercive strategies for planned organizational change: Beyond the O. D. model. *Organization Studies, 9* (3), 317-334.

Dutton, J. E., Ashford, S. J., O'Neill, R. M., & Lawrence, K. A. (2001). Moves that matter: Issue selling and organizational change. *Academy of Management Journal, 44* (4), 716-736.

Eisenhardt, K. M. (1989). Making fast strategic decisions in high-velocity environments. *Academy of Management Journal, 32* (3), 543-576.

Eisenhardt, K. M., & Tabrizi, B. N. (1995). Accelerating adaptive processes: Product innovation in the global computer industry. *Administrative Science Quarterly, 40* (1), 84-110.

Farjoun, M. (2010). Beyond dualism: Stability and change as a duality. *Academy of Management Review, 35* (2), 202-225.

Gersick, C. J. G. (1988). Time and transition in work teams: Toward a new model of group development. *Academy of Management Journal, 31* (1), 9-41.

Gersick, C. J. G. (1991). Revolutionary change theories: A multilevel exploration of the punctuated equilibrium paradigm. *Academy of Management Review, 16* (1), 10-36.

Gioia, D. A., Patvardhan, S. D., Hamilton, A. L., & Corley, K. G. (2013). Organizational identity formation and change. *Academy of Management Annals, 7* (1), 123-193.

Gordon, S. S., Stewart, W. H., Jr., Sweo, R., & Luker, W. A. (2000). Convergence versus strategic reorientation: The antecedents of fast-paced organizational change. *Journal of Management, 26* (5), 911-945.

Gould, S. J. (1989). Punctuated equilibrium in fact and theory. *Journal of Social Biological Structure, 12* (2-3), 43-57.

Greenwood, R., & Hinings, C. R. (1996). Understanding radical organizational change: Bringing together the old and the new institutionalism. *Academy of Management Review, 21* (4), 1022-1054.

Greenwood, R., & Hinings, C. R. (2006). Radical organizational change. In S. R. Clegg, C. Hardy, T. B. Lawrence & W. R. Nord (Eds.), *The Sage handbook of organization studies*, (2nd ed., pp. 814-842). Sage Publications.

Hedberg, B. L. T., Nystrom, P. C., & Starbuck, W. H. (1976). Caming on seesaws: Prescriptions for a self-designing organization. *Administrative Science Quarterly, 21* (1), 41-65.

Heracleous, L., & Barrett, M. (2001). Organizational change as discourse: Communicative actions and deep structures in the context of information technology implementation. *Academy of Management Journal, 44* (4), 755-778.

Heracleous, L., & Wirtz, J. (2014). Singapore Airlines: Achieving sustainable advantage through mastering paradox. *Journal of Applied Behavioral Science, 50* (2), 150-170.

Huy, Q. N. (1999). Emotional capability, emotional intelligence, and radical change. *Academy of Management Review, 24* (2), 325-345.

Huy, Q. N. (2002). Emotional balancing of organizational continuity and radical change: The contribution of middle managers. *Administrative Science Quarterly, 47* (1), 31-69.

Keck, S. L., & Tushman, M. L. (1993). Environmental and organizational context and executive team structure. *Academy of Management Journal, 36* (6), 1314-1344.

Klarner, P., & Raisch, S. (2013). Move to the beat: Rhythms of change and firm performance. *Academy of Management Journal, 56* (1), 160-184.

Kump, B. (2019). Beyond power struggles: A multilevel perspective on incongruences at the interface of practice, knowledge, and identity in radical organizational change. *Journal of Applied Behavioral Science, 55* (1), 5-26.

Lewis, M. W. (2000). Exploring paradox: Toward a more comprehensive guide. *Academy of Management Review, 25* (4), 760-776.

Lüscher, L. S., & Lewis, M. W. (2008). Organizational change and managerial sensemaking: Working through paradox. *Academy of Management Journal, 51* (2), 221-240.

March, J. G. (1991). Exploration and exploitation in organizational learning. *Organization Science, 2* (1), 71-87.

Meyer, A. D., Goes, J. B., & Brooks, G. R. (1993). Organizations reacting to hyperturbulence. In G. P. Huber & W. H. Glick (Eds.), *Organizational change and redesign: Ideas and insights for improving performance* (pp. 66-111). Oxford University Press.

Miller, D., & Friesen, P. H. (1982). Structural change and performance: Quantum and piecemeal-incremental approaches. *Academy of Management Journal, 25* (4), 867-892.

Nadler, D. A., & Tushman, M. L. (1995). Types of organizational change: From incremental improvement to discontinuous transformation. In D. A. Nadler, R. Shaw & A. E. Walton (Eds.), *Discontinuous change: Leading organizational transformation* (pp. 14-53). Jossey-Bass（斎藤彰吾監訳『不連続の組織変革：ゼロベースから競争優位を創造するノウハウ』ダイヤモンド社，1997）.

Newman, K. L. (2000). Organizational transformation during institutional upheaval. Academy of Management Review, *25* (3), 602-619.

O'Reilly, C. A., & Tushman, M. L. (2013). Organizational ambidexterity: Past, present, and future. *Academy of Management Perspectives, 27* (4), 324-338.

Orlikowski, W. J. (1996). Improvising organizational transformation over time: A situated change perspective. *Information Systems Research, 7* (1), 63-92.

Papachroni, A., Heracleous, L., & Paroutis, S. (2014). Organizational ambidexterity through the lens of paradox theory: Building a novel research agenda. *Journal of Applied Behavioral Science, 51* (1), 71-93.

Pettigrew, A. M. (1987). Context and action in the transformation of the firm. *Journal of Management Studies, 24* (6), 649-670.

Pettigrew, A. M., Woodman, R. W., & Cameron, K. S. (2001). Studying organizational change and development: Challenges for future research. *Academy of Management Journal, 44* (4), 697-713.

Plowman, D. A., Baker, L. T., Kulkarni, M., Solansky, S. T., & Travis, D. V. (2007). Radical change accidentally: The emergence and amplification of small change. *Academy of Management Journal, 50* (3), 515-543.

Poole, M. S., & Van de Ven, A. H. (1989). Using paradox to build management and organization theories. *Academy of Management Review, 14* (4), 562-578.

Putnam, L. L., Fairhurst, G. T., & Banghart, S. (2016). Contradictions, dialectics, and paradoxes in organizations: A constitutive approach. *Academy of Management Annals, 10* (1), 65-171.

Rindova, V. P., & Kotha, S. (2001). Continuous "morphing": Competing through dynamic capabilities, form, and function. *Academy of Management Journal, 44* (6), 1263-1280.

Romanelli, E., & Tushman, M. L. (1994). Organizational transformation as punctuated equilibrium: An empirical test. *Academy of Management Journal, 37* (5), 1141-1166.

Sabherwal, R., Hirschheim, R., & Goles, T. (2001). The dynamics of alignment: Insights from a punctuated equilibrium model. *Organization Science, 12* (2), 179-197.

Sastry, M. A. (1997). Problems and paradoxes in a model of punctuated organizational change. *Administrative Science Quarterly, 42* (2), 237-275.

Schad, J., Lewis, M. W., Raisch, S., & Smith, W. K. (2016). Paradox research in management science: Looking back to move forward. *Academy of Management Annals, 10* (1), 5-64.

Smith, W. K., Binns, A., & Tushman, M. L. (2010). Complex business models: Managing strategic paradoxes simultaneously. *Long Range Planning, 43* (2-3), 448-461.

Smith, W. K., & Lewis, M. W. (2011). Toward a theory of paradox: A dynamic equilibrium model of organizing. *Academy of Management Review, 36* (2), 381-403.

Smith, W. K., & Tushman, M. L. (2005). Managing strategic contradictions: A top management model for managing innovation streams. *Organization Science, 16* (5), 522-536.

Street, C. T., & Gallupe, R. B. (2009). A proposal for operationalizing the pace and scope of organizational change in management studies. *Organizational Research Methods, 12* (4), 720-737.

Tushman, M. L., & O'Reilly, C. A. (1996). Ambidextrous organizations: Managing evolutionary and revolutionary change. *California Management Review, 38* (4), 8-30.

Tushman, M. L., & Romanelli, E. (1985). Organizational evolution: A metamorphosis model of convergence and reorientation. In L. L. Cummings & B. M. Staw (Eds.), *Research in organizational behavior, 7* (pp. 171-222). JAI Press.

Tushman, M. L., & Rosenkopf, L. (1996). Executive succession, strategic reorientation and performance growth: A longitudinal study in the U.S. cement industry. *Management Science, 42* (7), 939-953.

Weick, K. E., & Quinn, R. E. (1999). Organizational change and development. *Annual Review of Psychology, 50*, 361-386.

Comment	ラディカルな組織変革はマネジメントできるのか

4

大月 博司

1. ユニークな議論を展開

　組織変革論の発展を振り返ると，変革現象が数多いばかりか多様なため，その分析レベルや範囲もさまざまである．そして，組織変革の分析アプローチは，適応的アプローチ，ライフサイクル的アプローチ，制度論的アプローチ，進化論的アプローチなど立場の違いがいろいろと生まれている．そのため，組織変革の文献レビューを網羅的に行うのは容易でない．特定の変革現象に的を絞った方が効果的と想定される．

　そうした中で古田氏は，組織変革研究におけるラディカル変革（radical change）に焦点をあて，それに関連する文献を丹念にレビューしている．そして，ラディカル変革研究を詳細に分析して，その継続的な側面に着目したユニークな議論を展開している．しかし，レビューを行う際に，古田氏がどのような視座からリサーチクエスチョン（RQ）を特定し，その意義がどこにあるかを明示していないのは気になる点である．ラディカルな組織変革を対象としても著者の視座によってRQが異なるからである．また，レビュー対象とした論文の選択に当たって，選別された論文と本論における分析レベルとの整合性がどうなっているかが不透明である．それゆえ，この点がもっと明確にされると，レビュー論文の選択妥当性がより増したはずである．

　また，本論で取り上げられるラディカル変革が起こる状況や組織形態，組織レベルが明確にされていないのも気になるところである．今日の組織現象は，個別組織でもハイアラーキー型からホラクラシー型，デュアルシステム型，ティール型など多様な型が見られる．そして持株会社型やネットワーク型などグループ経営を行う組織での変革現象も多々見られる．組織形態がますます多様化する中で，組織全体を対象とする変革のロジックと部分を対象とする変革のロジックは異なるはずである．そのため，対象とするラディカル変革がどのような状況で，どのような組織で起こるかを特定して議論する

111

ことが求められよう.

　以上のように，若干の気になる点があるとはいえ，本論において，ラディカル変革は漸進的変革（incremental change）と対をなすという通説を前提として分析をしている点は議論を展開する上で筋が通っている．このため，余計な議論を行わず論旨の一貫性が保たれている．そして，ラディカル変革には突発的な（episodic）側面と継続的（continuous）な側面があることを明示したうえで，継続的ラディカル変革の側面が十分に研究されていないことにリサーチギャップ（RG）があることを明らかにしている．この点は本レビューが有意義であることを示唆するものであり，結果的に，ラディカル変革の再定式化の有効性を主張することに成功している．

　本論のユニークさは，ラディカル変革における継続的変革の位置づけについて新たな捉え方が示唆された点だけでなく，さらにその両利き性（ambi-dexterity）やパラドックス性（paradox）に着目した点にも見ることができる．ただし，ラディカル変革といっても多くの場合，その分析レベルは組織全体ではなくその部分であり，変革が生じる原因解明に重きがおかれる傾向が多い．そのため，論究すべきラディカル変革の分析レベルは何なのか，さらに変革プロセスの段階が違っても同じロジックが通用するかについては丁寧な説明が求められるのである.

2. 探求が不十分な点

　古田氏はラディカルな組織変革に焦点を当てているが，多様な組織変革現象が見られる中でラディカル変革を分析することの研究価値がどこにあるかについて，現代的な観点からばかりでなく歴史的観点からも明らかにすることが必要であろう．なぜなら，そうすることによって，ラディカル変革の研究価値が多面的に明らかにされるからである.

　また文献レビューをする際に，選択する文献の妥当性を明らかにすることは必要だが，さらに RG についても，それがどこにあるかを網羅的に明確にしているとはいえ，より相対的に特定化した議論を展開する必要があろう．そうすれば，本論の重要性を伝えるとともにより筋の通った分析結果に至ると想定されるからである．なお，結論において，理論的かつ実践的インプリケーションの可能性も明示すべきである．それを明示できることで，本論の

貢献と限界が明らかにされるからである.

　さらにいえば，文献レビューを丹念に行ったにもかかわらず，ラディカル変革における change と changing 現象がきちんと整理されてないのは残念である．昨今，組織論において organizing（組織化），戦略論において strategizing（戦略化）がコンセプトとして定着して久しいが，変革論においてはまだ changing がコンセプトとして明らかにされてすらいない．筆者としての捉え方を明示することは必須と思われる.

　本論ではラディカル変革は漸進的変革と対をなすという通説を踏まえているが，その根拠が明らかにされてない点も気にかかる．このままだと，ラディカル変革を突発的変革と継続的変革に分解するという筆者の主張との整合性に疑問が生じてしまう．なぜなら，本論の全体をとおして，漸進的変革と継続的変革との違いが明確化されていないからである．同じように，ラディカル変革を「組織全体を根本的に変革する」とする一方，Weick & Quinn（1999）の頻度による突発性と継続性の区分の議論との違いがどこにあるか不明である．各論者によってラディカル変革の捉え方（定義づけ）が異なるのは当然であり問題でないが，なぜ異なるかの説明がないと，各論文の主張の評価が正当にできないはずである.

3. いくつかの疑問点

　第1に，ラディカルな組織変革の分析レベルが論者によって異なるが，古田氏が想定する分析レベルはどこにあるのだろうか．著者はその視座を明確にして相対的に分析すべきである．たとえば，職場レベル，事業レベル，企業レベルでそれぞれラディカルな組織変革の現象があり，同じコンセプトでも分析レベルが異なると説明の仕方が異なってしまう．しかもその内容は，変革の幅や時間で異なり，変革のロジックも一様でない.

　第2に，変革の範囲がどこまで広がるとラディカル変革といえるのか明らかにされていない．著者としての根拠のある見解を示さないと，折角のラディカル変革の構成要素の主張が崩れてしまう．また当初の古田論文では，収斂とラディカルの違いを示唆していたが，その境界線が不明なのも気になった．両者について取り上げた文献では明らかにされていないからとしても，その違いを前提として議論している限り，その検討を欠いては説得力が

ないものになってしまう.

　第3に，多くの変革論はレビン・モデルを前提としているが，Weick &
Quinn (1999) は，既存の凍結された組織がどうして解凍されて変革に至る
かを説明するモデルを探求して，突発的変革（episodic change）を説明し
ている．本論ではラディカル変革を構成する突発的変革プロセスの前段階，
後段階などどこに着目しているのだろうか？　着目次第で議論の道筋は異な
るはずである.

　最後に，「パラドックス」は主観的構築物であるのに対して，「二重性
（duality）」や「両利き性（ambidexterity）」は　操作可能な概念なので，古
田氏の主張するパラドックスと同列には扱えないはずである．パラドックス
を克服できるかどうかはそれを認識する人次第である．これに対して，両利
きなどのコンセプトは現象を捉える手段であり操作可能なのである．それゆ
え，どうしてそれぞれを別次元の議論としないのか，という疑問が生じてし
まう.

　一般的に，継続的変革をすればするほど継続することの慣性力が増して，
従来とは異なるラディカル変革がしづらくなるはずである．そうだとする
と，著者の主眼である継続的なラディカル変革とはどのような条件で生起す
るといえるのだろうか.

4. 今後の期待

　組織は本当に変わるのか，なぜ変わるのか，どのように変わるのか，変わ
る意味があるのか，誰が関わるのか，変革の結果は何か，変革のマネジメン
トは可能なのか，などについて，これらは組織変革の基本的問題であり，従
来からその解明が探求されている．そして，論者によって組織，環境，行為
者といったコンセプトの捉え方に差異があり，どのような組織観，環境観，
行為者観をもって組織変革を分析するかで，その説明は異なるのである．し
かし，変革のマネジメントに関していえば，異なる組織観，環境観，行為者
観を融合する変革モデルになるほど，その実践適用性は高まる認識されてい
る．いわゆる，あれもこれもの発想である.

　このように，組織変革論はマネジメント実践において有用であるとして発
展してきた側面がある．そのため，変革研究は実践性が求められ，合理的観

点，認知的観点，学習的観点などいろいろな理論的枠組みから変革が探求されてきたわけである．その結果，定式化された合理的なモデルは実践適用できることが明らかにされている．いわゆる合理的な組織変革を実践できるモデルの存在である．この点から，ラディカル変革についてもその実践モデルも意識して検討する余地があろう．

また近年，計画的変革と創発的変革，連続的変革と不連続変革，ラディカル変革と漸進的変革など対極的な変革が列挙できるほど組織変革現象は広がりを見せている．そうした中で，どのような組織変革に研究価値があるかを判定する基準は不透明である．しかし，本論で取り上げたラディカル変革が社会的に意義のある研究領域だと明らかにできれば，ラディカル変革研究の有効性は高まろう．そうした意味で，有効な組織変革研究のあり方をラディカル変革ベースに検討してみる価値はあると思われる．

さらに，組織は経営者の手段としてみるより，競合するビジョン，価値観，利害を有する人々から構成されていることに着目し，組織変革は集合的かつ創発的なプロセスであることを想定した議論が登場しつつある．こうした動向を踏まえて，ラディカル変革の有り様を分析することも今後の期待される課題といえよう．

5 組織に対する社会からの 評価とその影響

谷口 諒

5-1 はじめに

　「炎上」という言葉を近年はよく耳にするようになった．ツイッター上で企業の公式アカウントが不適切な発言をしたり，アルバイト従業員が勤務先での不適切な動画を SNS 上にアップロードしたりするなど，その例には枚挙にいとまがない．こうした現象が増えた背景には，ツイッターやフェイスブック，ユーチューブ，インスタグラムなどといったソーシャル・メディアの普及がある（山口，2015）．

　ソーシャル・メディアが台頭する以前は，報道機関やジャーナリストが「報道に値する」と判断した情報や出来事だけが，テレビや新聞を通じて人々に伝えられてきた（e.g., Westphal & Deephouse, 2011）．それに対して今では，ソーシャル・メディアを通じて誰でも簡単に，自身の意見や経験，関心を発信できるだけでなく，他人のそれらをシェアできるようにもなっている．そのため，些細な情報や出来事であっても，その真偽にかかわらず，瞬く間に社会に広まっていく可能性を秘めている（Kwon et al., 2013）．そのことは，組織に対する社会からの評価の決まり方が変わりつつあることを意味している（Etter et al., 2019）．

　組織に対する社会からの評価は，当該組織が結びうる交換関係に影響するため，その業績，ひいては生存を大きく左右しうる（Bitektine, 2011）．それゆえ，「社会からの評価（social evaluations）」は，マネジメント研究の重要なテーマのひとつとして，古くは新制度派組織論が登場した 1970 年代後

半から議論がなされてきた（Deephouse & Suchman, 2008; Geroge et al.,
2016）．しかしだからと言って，社会からの評価が手垢のつきすぎた色褪せ
たテーマかというとそうではない．むしろ，上述の時代背景に鑑みれば，そ
の重要性がこれから高まっていくとも考えられる．それゆえ，2000 年代に
入ってから 20 年以上が過ぎた現在において，社会からの評価に関する研究
を少しでも理解・把握しておくことは，意義が大きいように思われる．

　そこで本稿は，社会からの評価に関する研究や概念への初歩的な理解を促
すことを目的に，関連する既存研究のレビューを行う．本稿が想定する主た
る読者は，当該研究領域の「初学者」，すなわち社会からの評価に関連する
概念を聞いたことがない方や聞いたことはあるが論文を読んだことがない方
である．それゆえ，レビューの主眼が，当該領域の到達点や既存研究の限界
を示したり，新たな理論命題を構築したりすることにないことは，留意いた
だきたい．

　社会からの評価に関する研究は，さまざまな概念をもとに展開されてき
た[1]（Deephouse & Suchman, 2008; Geroge et al., 2016; Rindova et al.,
2006）．それゆえ，既存研究は出自の異なる概念ごとに分断されており，そ
の知見は概念間で重複したり，混同されていたりする部分もある（Deep-
house & Suchman, 2008）．したがって，初学者を想定し，各概念を理解す
るための足掛かりとしてのレビューを目指すならば，それら概念間の異同を
議論する必要があるであろう．そこで本稿では，しばしば混同されるレジ
ティマシー（legitimacy），レピュテーション（reputation），ステータス
（status）の 3 概念に焦点を絞り，既存研究をレビューしていく[2]．

　それら 3 概念の異同は，他のレビュー論文においても議論がなされている
（e.g., Bitektine, 2011; Bitektine et al., 2020; Deephouse, & Suchman, 2008;
Sorenson, 2014）．しかし，それらの論文は，概念間の差異を体系的に整理
する点に照準を合わせているため，必ずしも各々の概念に関する説明が厚く

1　本稿が注目する 3 つの概念以外にも，セレブリティ（celebrity）や組織イメージ（organiza-
　tional image）など，組織の社会からの評価に係る概念は存在する（Highhouse et al., 2009; Rin-
　dova et al., 2006）．
2　正当性（あるいは正統性），評判，地位というように，漢字表記も可能であるが，あえてカタカ
　ナ表記を用いる．後述するように，研究によって概念定義に少しばかり差があるためである．
　例えば，reputation を日本語で言う知名度として扱っている研究（e.g., Rindova et al., 2005）も
　あるため，必ずしも評判という訳語が最適でない場合もある．

なかったり，各研究の具体的な内容にまで踏み込んだ記述をしていなかったりする．それを踏まえて，初学者を想定する本稿は，紙幅が許す限り各研究の内容にも触れながら，各々の概念に関する研究をレビューし，その上で概念間の異同を議論する．それら3概念は，企業組織だけでなく，さまざまな組織現象の説明に用いられてきた．その幅の広さも，各概念の魅力のひとつだと思われる．そこで，研究対象も含めて各概念に関する理解を深めてもらえればと考えている．なお，本稿がレビューする既存研究は，マネジメント領域のトップ・ジャーナルに掲載された論文が中心ではあるものの，上述の目的ならびに意図に基づいてある程度恣意的に選択されている．

　次節では，概念ごとに既存研究をレビューしていく．そこでは，概念間の異同を把握しやすくするために，概念の出自と定義，先行要因，帰結（ポジティブあるいはネガティブな効果）にわけて既存研究を整理していく．それを踏まえて第5-3節では，概念間の本質的な共通点を指摘した上で，各2概念をペアとして，混同されがちな点とその混同を避けるために意識すべき概念間の差異を議論する．第5-4節では，ソーシャル・メディアの影響に関して若干の考察を行い，本稿を締めくくる．

5-2 各概念に関する研究

5-2-1 レジティマシー

　レジティマシー概念が組織論領域で盛んに議論されるようになったのは，新制度派組織論が登場してからである（Deephouse & Suchman, 2008）．その嚆矢的論文である Meyer & Rowan（1977）は，なぜ機能していない組織構造が捨て去られないのかという問題を議論する中でレジティマシー概念を用いた．すなわち，組織はときに活動の効率を高めるためではなく，自らが「正当（正統）な組織」であることを示すために，社会の中で望ましいと考えられている組織構造を採用する（採用し続ける），というのである．組織を取り巻くステークホルダーたちは，正当（統）な組織に対して有形無形の資源を提供する（Meyer & Rowan, 1977）．逆を言えば，レジティマシーを示せない組織は，活動に必要な資源を獲得できず，その生存が危ぶまれてし

まう（Baum & Oliver, 1991; Delmar & Shane, 2004; Ruef & Scott, 1998; Singh et al., 1986）．だからこそ，「正当（正統）な組織」であることを示す必要が組織にはあるのである[3]．

　レジティマシーとは，「規範や価値観，信念，定義からなる，社会的に構築されたシステムの中で，ある主体の行為が望ましいもしくは適切だとされるような一般的な認知や想定」（Suchman, 1995, p.574）と定義される．それら規範や価値観，信念は，規制や法律として明確に示されていることもあれば，「暗黙のルール」や「理想の組織像」のように明示されていないこともある（Boiral, 2007; Edelman, 1992; Meyer & Rowan, 1977; Zimmerman & Zeitz, 2002）．また，「定義」は，モノゴトの定義（例えば「自動車とは何か」）を意味しており，より一層ひとびとに意識されにくいものである（Suchman, 1995）．

　レジティマシーは，何を基準とするかによって分類される．既存研究はさまざまな類型を提示してきた（Bitektine, 2011）．例えば，Aldrich & Fiol（1994）は，社会政治的レジティマシー（sociopolitical legitimacy）と認知的レジティマシー（cognitive legitimacy）とに分類している．前者は，規範や法律などに照らして評価されるため，価値判断を伴うタイプのレジティマシーである．それに対して後者のタイプは，人々の間で共有されている「定義」が基準となるため，価値判断を伴わない．カテゴリ論が指摘するように，認知資源に限りのあるわれわれ人間は，社会的に共有されたカテゴリ[4]，言い換えればモノゴトの定義に基づき，周りのモノゴトを単純化して理解・解釈している（Rosch, 1978）．それゆえ，「定義」に合致していない（合致する「定義」がない），すなわち認知的レジティマシーが認められないと，そのモノゴトが「何なのか」ということが人々には理解が難しくなる．そのため，価値判断を伴わないけれども，認知的レジティマシーの獲得は主体に

3　レジティマシーを示すことが重要になるのは，組織のアウトプットに不確実性が伴う環境においてである．Meyer & Rowan（1977）は，そうした環境を「制度的環境（institutional environment）」と呼んでいる．この点については，他2概念とまとめて，本章5-3-1項にて論じる．
4　カテゴリの概念定義は，「類似のものと見なされるモノゴトの集合へと社会的空間を分割する，社会的に構築される区分もしくは分類」（Suarez et al., 2015, p.438）である．人々は，各カテゴリについて，そこに分類される客体の特性とセットで認識している（Vergne & Wry, 2014）．例えば，「鳥」と聞くと，誰しもが羽の生えた動物を頭に浮かべるであろう．「鳥」というカテゴリに「羽が生えている」という特性が付与され，記憶されているということである．

とって重要になる（Suchman, 1995）.

　レジティマシーの源泉は，ルールのように明示的な場合もあれば，信念や定義のように暗黙的な場合もある．しかし，いずれの場合であっても，それらの基準にフィットする（フィットしていることを示す）ことが，主体にレジティマシーをもたらす[5]（Suchman, 1995）．例えば，基準とのフィットは，業界内の規範に沿った組織施策の採用（Edelman, 1992; Westphal & Zajac, 1994）や国際規格の認証取得（Boiral, 2007）といった行為を通じて達成される．また，企業家研究が指摘するように，服装（Clarke, 2011）やオフィスの内装（Zott & Huy, 2007）が潜在的な資源提供者の抱く信念（例えば，「成功する企業家像」）と合致することで，企業家にレジティマシー，ひいては資源をもたらす．

　基準とのフィットは，モノゴトが持つ意味を通して創り出されることもある．そうした方策は，組織内でのイシューの売り込み（Howard-Grenville, 2007）やイノベーション・プロジェクトの推進（武石ほか，2012），組織変革の実現（Sillince et al., 2012; Sonenshein, 2010），社会運動の拡大（Meyer et al., 2016; van Bommel & Spicer, 2011），企業家による資源獲得（Lounsbury & Glynn, 2001; Martens et al., 2007）といった幅広い文脈で議論されてきた[6]．そのエッセンスは，なぜその取組（例えば，新規事業）を推進するのかといった理由や意義を，潜在的な資源提供主体の価値観などに合うように変化させたり，新たに創り出したりする点にある．

　基準とのフィットを達成することで，主体は，レジティマシーを獲得し，その結果としてさまざまな資源を得ることができる[7]．それらの資源は，組

5　信念等の基準を新たに創り出したり，評価者が想起する基準を代替したりというように，基準自体に働きかけることもまた，レジティマシーを獲得する経路として挙げられる．例えば，新規技術を普及させるために，言説を創り出すことで技術に対する評価軸を変化させるといった現象が該当する（e.g., Garud & Rappa, 1994; Munir & Phillips, 2005）.

6　これらの研究の中には，レジティマシー概念には言及せず，資源の獲得という表現を用いているものもある（e.g., Howard-Grenville, 2007）．ただし，主体が資源を獲得する上でレジティマシーの獲得が基本にある（Bitektine, 2011）ことを考えれば，それらの研究が注目している現象は，レジティマシーの獲得として見ることができる．

7　「レジティマシーを獲得する」の意味するところは，どのようにレジティマシー概念を捉えるかによって異なる．既存研究には，レジティマシーを2分法で捉える研究（e.g., Anteby, 2010）もあれば，連続変量的に捉える研究（e.g., Sine et al., 2007）や閾値を想定する研究（e.g., Navis & Glynn, 2010）も存在する．2分法に関して言えば，レジティマシーがある状態とない状態とで分けるか，それともレジティマシーがある状態とスティグマが貼られた状態とで分けるかに

織の生存見込みを高めたり（e.g., Singh et al., 1986），新たな事業の立ち上げにつながったり（Tornikoski & Newbert, 2007; Zott & Huy, 2007），新たな市場を成立させたり（Anteby, 2010; Navis & Glynn, 2010），イノベーション・プロジェクトを前進させたり（武石ほか，2012）する．

　また一方で，既存研究は，レジティマシー，特に認知的レジティマシーを欠くことで，主体が被るペナルティも明らかにしてきた．上述のように，既存のカテゴリに分類できないモノゴトは，認知的レジティマシーを得られないために，「それが何であるか」「それから何を期待できるか」ということを人々から理解されにくい．その結果として，そうしたモノゴトが得る傾注（attention）や評価は低くなってしまうのである（Hsu, 2006; Hsu et al., 2009; Zhao et al., 2013; Zuckerman, 1999）．その典型が，複数のカテゴリを横断する製品や企業である[8]．例えば，映画作品をサンプルとして分析を行った Hsu（2006）は，作品が複数のジャンルをまたぐほど（例えば，アクションとロマンスとホラーを掛け合わせた映画），映画評論家から受ける評価が低くなることを発見した．こうした現象は，「非正当（正統）性に伴う割引（illegitimacy discount）」（Zuckerman, 1999, p. 1415）と呼ばれており，「カテゴリの横断（category spanning/straddling）」との関係から議論されることが多い（Hannan, 2010）．

　以上のように，レジティマシーを獲得すれば便益を得られるし，それを欠けばコストを被ることになる．しかし，レジティマシーの獲得が，焦点主体に制約をもたらすこともある．レジティマシーの源泉となる規範やルールなどは，関係する主体間の相互作用の結果として形成されるため，各主体固有の問題や事情を必ずしも反映していない（Meyer & Rowan, 1977）．それゆ

よってさらに分類できる（Suddaby et al., 2017）．どちらの視点を採用するかによって，レジティマシーを欠いた主体が被るコストは異なるであろう．また，閾値を想定した場合，それを越えた主体と越えなかった主体との間には，資源や機会という点で大きな差が生じると考えられる（Zimmerman & Zeitz, 2002）．しかし，いずれの見方を採用するにしろ，レジティマシーを獲得する（閾値を越えて獲得する）ことで主体には種々の資源がもたらされるという帰結は変わらない．そのため本稿では，議論の煩雑化を避ける意図から，レジティマシーをどう捉えるかという議論には本文中であえて触れず，レビューを進める．

8　他には，新奇性の高い製品や技術が挙げられる．いくら優れた製品や技術であっても，既存のカテゴリで捉えることができなければ，顧客は理解することができない．そのため，既存の製品や技術との連続性を示すことが，新たな製品や技術（あるいはイノベーション）を普及させていく上で重要になる（Hargadon & Douglas, 2001）．

え，それらに応えるという行動，すなわちレジティマシーを獲得するための行動は，主体独自の目標に向けた活動とは必ずしも一致しない（Boiral, 2007; Edelman, 1992; Westphal & Zajac, 1994; Zbaracki, 1998）．例えば，ISO14001 の審査認定を受けることで組織はレジティマシーを獲得できるが，そこで定められている取組事項をすべて守ろうとすると，すでに確立されている作業規則や手順を変更する必要が生じるために作業が滞ってしまいかねない（Boiral, 2007）．そうした問題に加え，主体を取り巻くステークホルダーが多様であれば，ときに相反するような複数の規範等への対応を求められるため，目標達成に向けた活動の効率性はさらに低下してしまう（Meyer & Rowan, 1977）．そのため，主体はときに，公式にアナウンスする施策や構造と実際の活動を切り離すことで，レジティマシーと効率性の同時追求を目指す（Meyer & Rowan, 1977）．こうした行動は，「脱連結（decoupling）」と呼ばれており，多くの既存研究が脱連結の事例を報告している（Bromley & Powell, 2012）．

5-2-2 レピュテーション

なぜ新規参入企業に対して既存企業は相当なコストをかけて報復するのか．一見すると非合理的に思われるそうした行動を説明する概念として，レピュテーションはゲーム理論の研究者たちによって導入された（Sorenson, 2014）．すなわち，コストをかけて報復することで，「あの企業は参入に対して強力な報復行動を取るタフな企業だ」というレピュテーションが構築され，潜在的な参入企業が報復を恐れて参入を控える，言い換えれば焦点企業は将来の参入を抑制できる（ゆえに短期のコストを被る報復行動は長期的に見れば合理的だ），というのである（Weigelt & Camerer, 1988）．

上述のように経済学を出自とするレピュテーション概念は，マネジメント領域にも取り込まれ，盛んに議論されている．その定義は必ずしも一貫しておらず，知名度や認知度に近い意味でレピュテーション概念を扱う研究もあれば，好感度として扱う研究もある（Lange et al., 2011）．ただし，多くの既存研究は，主体の性質あるいは能力に対する相対的な評価としてレピュテーション概念を扱っている（e.g., Carter & Deephouse, 1999; Chandler et al., 2020; Ertug et al., 2016）．Mishina et al. (2012) は，前者をキャラク

ター・レピュテーション（character reputation），後者をケイパビリティ・レピュテーション（capability reputation）と呼び，区別している．

ただし，いずれの定義を採用するにしろ，レピュテーションは焦点主体の過去の行為ないしは成果物に基づき形成される，という点で既存研究の見解は一致している（Lange et al., 2011）．すなわち，それらの情報を直接もしくは間接的に入手し，評価者（例えば，消費者）たちは，焦点主体はどういう行動傾向を示してきたか，その主体は何を達成してきたか（どれくらいの質の製品を生み出してきたか）という評価，すなわちレピュテーションを築いていくのである（Mishina et al. 2012）．例えば，企業の過去の財務パフォーマンスや宣伝活動（Fombrun & Shanley, 1990），コンテストでの勝利数（Rao, 1994），MBA 新入生の GMAT スコア（Rindova et al., 2005）が主体のレピュテーションを形作っていく．

レピュテーションの効果に関して既存研究の多くは，よいレピュテーション（能力もしくは成果の質が相対的に高いという評価）が当該主体にもたらす恩恵を示してきた．Benjamin & Podolny（1999）は，品質に対して高い評価を受けている，すなわちよいレピュテーションを得ているワインメーカーは製品価格をより高く設定できていることを明らかにしている．Rindova et al.（2005）は，MBA プログラムのレピュテーションを知名度ならびに修了生の質（例えば，対人スキルが高いか）という 2 次元で測定した上で，よいレピュテーションを得ている MBA プログラムほど，その修了生たちの初任給が高くなる傾向があることを見出している[9]．Roberts & Dowling（2002）は，模倣困難な資産であるがゆえに，よいレピュテーションは持続的な収益性を企業にもたらすことを実証的に示している．また，それら経済的な恩恵以外の効果も確認されている．例えば，よいレピュテーションを保有していることで，多くの応募者を集めることができる結果として優秀な人材を採用できたり（Turban & Cable, 2003），アナリスト予想を大幅に下回る決算発表をしても株価の変動幅が小さく済んだりする（Pfarrer et al., 2010）．

9　Rindova et al.（2005）の分析では，知名度は直接的に，また修了生の質は知名度を介して間接的に価格プレミアム（修了生の初任給）にポジティブな影響を与えているという結果が得られている．

　上述のような，「よいレピュテーションが主体に恩恵をもたらす」という因果やそれを支持する実証結果は直感通りであろう．それに対して，悪いレピュテーションが焦点主体にとって功を奏す場合があることも観察されている．Chandler et al.（2020）は，1985-2016年までに米国で起きた113の石油流出事故をサンプルとして，過去に幾度も石油流出事故を起こしている企業，すなわち能力が低いというレピュテーションを抱かれている企業ほど，同様の事故を起こしても，その規模にかかわらず新聞で報道されにくいことを発見している．能力の低い企業が能力の低さを露呈しても，それは当該企業に関する冗長な情報になるために，新聞社はそれを報道価値がないものと判断するからである（Chandler et al., 2020）．

　また，Rhee & Haunschild（2006）は，「よいレピュテーションが主体に恩恵をもたらすとは限らない」ことを示している．彼らは，1975-99年の間に米国で自動車を販売したメーカーをサンプルとして，代替可能な他社製品がある中で製品リコールを生じさせた場合，よいレピュテーションを有したメーカーの方が市場シェアをより大きく低下させることを明らかにした．そのメカニズムとして彼らは，期待裏切りの効果（expectancy violation effect）とメディアの注目度を挙げている．よいレピュテーションを有した企業の顧客ほど，その製品に対する期待も高い分，欠陥が明らかになった際の失望の程度が大きくなる．加えて，よいレピュテーションを持つ製品の方が知名度は高く，かつ欠陥は予期されていないため，リコールに際してメディアで取り上げられやすい．それらが複合することで，よいレピュテーションを保持しているメーカーの顧客ほど，リコール後に他社製品へ移りやすいというのである[10]．Rhee & Haunschild（2006）は，こうしたネガティ

---

10 ネガティブなイベントがレピュテーションに与える影響に関しては，対立する見解が示されている．一方は，よいレピュテーションは，それに反するネガティブなイベントが発生しても，簡単には揺るがないとする見解である（Pfarrer et al., 2010）．他方は，ネガティブなイベントは，簡単にレピュテーションを毀損するという見解である（Rhee & Haunschild, 2006）．それらは，矛盾しているというよりも，境界条件が存在することを意味している．例えば，Flanagan & O'Shaughnessy（2005）は，レイオフが企業のレピュテーションに与えるネガティブな影響は歴史のある企業ほど小さいことを実証し，企業の年齢が境界条件になることを示している．彼らの説明は，レピュテーションはそれまでの行為や成果の蓄積で構築されるため，歴史のある企業ほど強固になるから，というものである．また，Mishina et al.（2012）によれば，ネガティブなイベントがレピュテーションを毀損するか否かは，レピュテーションのタイプによる．キャラクター・レピュテーションは，社会規範に沿う行動（good behavior）を取ることで構築されていく．言い換えれば，規範に沿うことがベースラインとなっているため，ポ

ブな効果を「よいレピュテーションの脆弱性（liability of good reputation）」
と呼んでいる.

5-2-3　ステータス

　ステータス概念がマネジメント研究に取り込まれる契機となったのは，当
時興隆しつつあった経済社会学のアイデアを援用し，非経済的な要因として
ステータスに着目した Podolny（1993）[11] の分析である（Sorenson, 2014）.
Podolny（1993）は，証券発行に関する墓石広告 [12]（tombstone advertise-
ments）上での並び順をもとに投資銀行のステータスを測定し，ステータス
の高い投資銀行ほど，引受けのスプレッドが高い，すなわち高い利益率を獲
得していることを示した．ステータスという属性情報が組織の競争優位に影
響することが実証されたことで，その後のマネジメント研究が，ステータス
の効果に注目するようになったのである.

　ステータスとは，「社会的に構築され，間主観的に合意が得られ受け入れ
られている序列や順位」である（Washington & Zajac, 2005）．既存研究は，
主体自身あるいは主体が属す集団・組織の相対的なポジションを測定するこ
とで，主体のステータスを評価してきた．例えば，コミュニティ内で栄誉と
される賞や勲章の受賞（章）経験（Azoulay et al., 2014; Graffin et al, 2013;
Jensen & Kim, 2015; Kovács & Sharkey, 2014, Malmendier & Tate, 2009）
や要職経験の有無（Graffin et al., 2013; Simcoe & Waguespack, 2011），名家
の出身か否か（Podolny & Morton, 1999），出身大学のランク（Stern et al.,
2014），ネットワーク内での中心性（Waguespack & Sorenson, 2011）がス
テータスの尺度として用いられている．中心性に関しては，どれくらい焦点

ジティブな情報はレピュテーションに影響しづらいが，ネガティブな情報（bad behavior に関
する情報）は強く影響するのである.

11　Podolny（1993）は，「競合する生産者の製品の質との比較で知覚される，焦点生産者の製品の
質」として生産者のステータスを定義している．その定義自体は，レピュテーションのそれと
類似している．ただし，Podolny（1993）は，知覚される質は生産者が有する紐帯（ネットワー
ク）から影響を受けるという議論を展開し，焦点主体の相対的なポジションを以てステータス
を測定している．それゆえ，ステータスの定義はレピュテーション概念のそれと混同されてい
るが，Podolny（1993）はステータス研究として位置づけられる.

12　墓石広告とは，M&A の告知や株式の新規公開などに際して，その発行者と内容に加え，引受
の主幹事会社を筆頭として引受シンジケート会社の名前が記載された広告のことである．事実
だけを文章のみで記載する決まりがあり，欧米の墓石に見た目が似ていることから，墓石広告
と呼ばれている.

主体が紐帯を有しているかという次数中心性（degree centrality）だけでなく，焦点主体がつながっている主体の中心性も考慮した固有ベクトル中心性（eigenvector centrality）も用いられる（Sauder et al., 2012）．その背後には，焦点主体のステータスは当該主体が関係を有する相手のステータスから影響を受ける，という想定がある（Sauder et al., 2012）．

ステータスの効果に関する研究は，ハイステータスであることが主体にとって有利にも不利にも働くことを示してきた[13]．有利に働く理由は，ステータスが高いというだけで，焦点主体やその行為に対して好意的な期待や眼差しが向けられたり，成果の質が高く見積もられたりする，すなわちハロー効果（halo effect）が得られるからである（Waguespack & Sorenson, 2011）．そのためにハイステータスな主体は，新規参入をする際に既存企業から報復を受けづらかったり（Podolny & Morton, 1999），過激な描写を含む映画作品を制作しても課される年齢制限が緩かったり（Waguespack & Sorenson, 2011），レースやトーナメントに集中できる環境に恵まれる結果としてパフォーマンスが向上したり（Bothner et al., 2012），執筆した本の人気が出やすかったり（Kovács & Sharkey, 2014），NCAA（全米大学体育協会）のポストシーズン・トーナメントに招待されやすかったり（Washington & Zajac, 2005）する．

また，ハイステータスであることの利点は，評価者側の認知資源が希少であったり，探索コストが高かったりする状況下で特に重要になる．そうした状況において評価者は，すべての候補を精査することができないため，しばしば評価対象のステータスを頼りに候補を絞るからである（Jensen & Roy, 2008）．換言すれば，ハイステータスな主体は，ハロー効果のおかげで，そうでない主体よりも傾注を得やすいということである．それゆえ，実際の質にかかわらず，ハイステータスな主体の成果というだけで，提案の採択率（Simcoe & Waguespack, 2011）や論文の引用数（Azoulay et al., 2014）が増加する．

しかし，そのような恩恵を享受できる一方で，ステータスが高い主体は，羨望の的になる裏返しとして目の敵にされやすい．そのために，不正行為の

---

[13] ミドルステータスに位置する主体に注目し，当該主体が被るコストを議論した研究もある（e.g., Phillips & Zuckerman, 2001）．

疑いやスキャンダルが出た場合には，ハイステータスな主体の方がメディア等からターゲットにされやすく，執拗に調査されたり説明責任を求められたりする結果，被る損失が大きくなりやすい[14]（Dewan & Jensen, 2020; Graffin et al., 2013）．例を挙げると，英国議会議員による経費の不正支出スキャンダルが報じられた際には，勲章を受けている（すなわちハイステータスな）議員は，そうでない議員よりも経費を乱用していたわけではなかったけれど，辞職に追い込まれやすかったことが実証されている（Graffin et al., 2013）．

　また，そうした圧力以外にも，ハイステータスな主体がその地位を失うメカニズムは存在する．その典型として既存研究が指摘するのは，ステータスの著しい向上に伴って生じる，向上心の低下（complacency）や注意散漫（distraction）である[15]（Bothner et al., 2012; Malmendier & Tate, 2009）．その証左として例えば，経済雑誌が主催する CEO アワードの影響を分析した Malmendier & Tate（2009）は，米国企業をサンプルとして，アワードを獲得した CEO が率いる企業はその後にパフォーマンスを低下させる傾向があることに加え，特にガバナンスの弱い企業の受賞 CEO は本を執筆したり他社の社外取締役に就いたりするなど，受賞後に本業以外の活動に精力的になっていることを発見している[16].

---

14 Kakkar et al.（2020）によれば，ステータスを獲得した経路によって，ハイステータスな主体が被る罰の重さは変わる．すなわち，独善的行動により得たステータス（dominance-based status）の場合には罰則が重くなり，尊敬を集める行動により得たステータス（prestige-based status）の場合には軽くて済む.

15 この他のメカニズムとして Jensen & Kim（2015）は，ステータスの向上（特に急激な上昇）に伴う混乱（status disruption）と相対的喪失感（status deprivation）を挙げている．前者は，各ステータス・ポジションには異なる行動規範や役割期待が求められるという考えに根差している．つまり，ステータスが向上しても，それが急なものであると，そのステータスに対する周りからの期待に応えられない，という問題が起きてしまうということである．一方で後者は，自身のステータスが向上しても，同じくらいの能力を持った他主体のステータスがより向上した際に感じられる．そのような場合，ハイステータスな主体が享受できる恩恵をあと少しのところで逃した，という認知を抱くことがある．そのことが，モチベーションの低下などの問題を招くのである.

16 Malmendier & Tate（2009）は，受賞 CEO 各々に対して，特性が最も近似している CEO（受賞の事前確率が同程度だがアワードを獲得できなかった CEO）を観察可能なデータから推定し，受賞 CEO と非受賞 CEO のペアで比較をしている．また，本業から気をそらす活動としてゴルフにも注目している．つまり，受賞後にパフォーマンスが低下する理由は，よりゴルフに行くようになるからだ，という説明である．彼女らは，ゴルフをする時間が長くなるほどハンディキャップが小さくなるという想定から，ゴルフ雑誌や自己申告をもとに，各 CEO のハンディキャップのデータを収集している．データの制約から受賞 CEO たちのハンディキャップの変

以上のように，ハイステータスであることには利点も欠点も存在する．ハイステータスな主体は，そうでなければ手に入らない希少資源に恵まれるために，パフォーマンスを改善・向上させることができる．「マタイ効果（Matthew effect）」（Merton, 1968）という言葉で表現されるように，ステータス構造には自己強化的な性質があるのである．しかしながら，上述のような欠点を考慮すると，ステータス構造は変化しがたい固定的な構造ではないことも同時に理解できる．ハイステータスな主体を取り巻く外部環境からの圧力や主体自身の行動変化が，ときにハイステータスな主体の凋落を招く．ステータス構造は，自己強化だけでなく，内生的な崩壊メカニズムを併せ持っているのである．

5-3 概念間の異同

ここまで見てきたように，レジティマシーとレピュテーション，ステータスの3概念は，それぞれ異なる現象を説明する概念として導入された経緯を持つ．しかし，その後の研究では，類似の現象を説明する概念として用いられ，しばしば混同されてきた（Bitektine et al., 2020）．ここでは，3概念の共通点を整理した上で，各2概念をペアとして，混同されがちな要因やその異同，関係性を議論し，各概念に対する理解を深めていきたい．

5-3-1 3概念の共通点

既存研究がさまざまな文脈で実証してきたように，レジティマシーを獲得したり，よいレピュテーションを構築したり，高いステータスを得たりすることは，主体にさまざまな資源をもたらし，成果のクオリティや業績，ひいては生存見込みの向上に寄与する．そのように主体にとって「見えざる資産（intangible assets）」になりうるという点が，レジティマシーとレピュテーション，ステータスに共通する最大の特徴である（Bitektine et al., 2020）．では，なぜ資産になりうるのか．その点においても，3つの概念は共通して

化をシステマティックに捉えることはできなかったものの，ペアとの比較からは，受賞CEOのハンディキャップの方が平均的に小さい（すなわち，ゴルフが上手である）こと，ガバナンスの弱い企業サンプル内でハンディキャップの差が最大になっていることが示されている．

いる.

　レジティマシーとレピュテーション, ステータスは, いずれも不確実性下で重要になる (Azoulay et al., 2014; Meyer & Rowan, 1977; Weigelt & Camerer, 1988). その不確実性は, 誰と交換関係を結ぶかを決める (exchange partner selection) 際に評価者が直面する不確実性である (Bitektine, 2011). ここでいう交換関係には, 金銭を介した経済的な交換だけでなく, アテンションという認知資源と引き換えに情報を得るといった非経済的な交換も含まれる.

　いずれの場合においても評価者は, その相手は機会主義的な行動を取らないか, あるいは質の高い成果を提供できるのかを検討して, 交換相手を選択する (Mishina et al., 2012). しかし, それら 2 点に関して正確な評価を下すことができない場面も多い. それは, 各主体の本来の性質や能力を直接観察することは難しいからである [17] (Weigelt & Camerer, 1988). それゆえ, 交換相手を選択する際に評価者は, 期待する行動や成果をその相手から得られるか不確実な状況に直面する.

　そこで評価者は, 観察が可能なモノゴトを頼りに, 焦点主体の性質や能力を推し量る. すなわち, 焦点主体は第三者機関から認証を得ているか (e.g., Boiral, 2007), 過去にどう行動したか (e.g., Carter & Deephouse, 1999), これまでどの程度の質の成果を提供してきたか (e.g., Orlikowski & Scott, 2014), 誰と紐帯を有しているか (e.g., Kilduff et al., 2016) などの情報を手掛かりとして, 焦点主体は機会主義的行動を取らないか, 品行方正か, どれくらい高質な成果を生み出せるのかを推論するのである. そうすることで, 交換相手の選択に際して, 評価者が知覚する不確実性は軽減される [18] (Azoulay et al., 2014; Meyer & Rowan 1977; Weigelt & Camerer, 1988). だ

---

17 逆に例えば, 事前にクオリティを評価できる探索財に関しては, レピュテーションが購入の意思決定には影響しにくい. それに対して, 経験財の場合, 購入後にしかクオリティを確認できない, したがって購入前には不確実性が生じるために, レピュテーションが購入の意思決定に影響しやすい (Sorenson, 2014).
18 不確実性が特に高い状況において, ハイステータスであることの効果が強まることが報告されている (e.g., Azoulay et al., 2014). 例えば, NFL のコーチのキャリアを分析した Kilduff et al. (2016) は, 当人の能力に関する情報が労働市場にあまり出回っていない (コーチ経験が浅い, コーチで携わったチーム数が少ないなど) 場合, 優れた実績のあるヘッドコーチが率いるチームでコーチを経験している人物の方が, 最初の移籍において昇進を経験しやすいことを明らかにしている.

からこそ，レジティマシーとレピュテーション，ステータスは，不確実性下において資産となるのである．

　以上のように，レジティマシーとレピュテーション，ステータスは，いずれも焦点主体の性質や能力のシグナルになる（として利用される）ため，焦点主体が結びうる交換関係に影響を与える．そうした等結果性（equifinality）ゆえに，ある帰結（主体が享受している恩恵や被っている損失）がいずれの経路を通じて生じているのかを議論する際には混乱・混同が生じやすい（Bitektine et al., 2020）．加えて，それぞれ概念定義では異なるものの，各々を評価する際に評価者が同じ情報（例えば，紐帯）を用いることがある（Bitektine, 2011）．それゆえ，それら3概念間の混同は，尺度ないしは先行要因においても観察される．

　いずれの概念もシグナルとしての機能があるためしばしば同じ動きをするけれども，常に連動するわけではない（Washington & Zajac, 2005）．その点を踏まえて以下では，各2概念を取り上げ，その差異を議論していく．

5-3-2　レジティマシーとレピュテーション

　レジティマシーとレピュテーションに関して混同が見受けられるのは，先行要因としての，規範や法規制を遵守する行動（conforming behavior）であろう．レジティマシー概念にはさまざまな類型が存在するけれども，いずれにおいても，遵守行動はレジティマシーの先行要因として挙げられている（Aldrich & Fiol, 1994; Suchman, 1995; Zimmerman & Zeitz, 2002）．一方で，レピュテーションの類型を議論したMishina et al. (2012) もまた，そうした遵守行動は主体のキャラクター・レピュテーションに影響するとしている．例えばChandler et al. (2020) は，環境規制の違反金額を以て企業のキャラクター・レピュテーションを測定し，他組織と比べて焦点組織がどれくらい問題行動を起こすと予期されているかを推定している．

　ただし，遵守行動が影響する状況は双方で異なる．規範や法規制は，それら（あるいはそれらのベースとなる考え方や行動）を多くの関連主体が望ましいと考えている場合に，レジティマシーの基準となる（Meyer & Rowan, 1977）．それゆえ，焦点主体にレジティマシーをもたらす遵守行動は，周りの主体と同質化していく行動になる（Deephouse & Carter, 2005）．それに

対して，レピュテーションは，相対的な評価であるために，差異化行動から影響を受ける（Deephouse & Carter, 2005）．つまり，遵守行動が他主体との差を示すうちは焦点主体のレピュテーションに影響するが，その差がなくなれば（つまり，行動が同質になれば）そうした影響は弱まる（消失する）ということである．例えば，在宅医療サービス組織を分析した Desai（2018）は，第三者認証を取得することで，自らの情報収集あるいは友人等の紹介を通じた新規利用者をより多く獲得できるようになる（すなわち，レピュテーションが良好になる）ものの，類似の認証を取得する組織が増えていくとその効果が低下していくことを発見している．同様に，人員削減（downsizing）は，従業員への裏切り行為として捉えられるために企業のレピュテーションを傷つけるけれども，人員削減を行う企業が増加すればそのネガティブな影響は弱まっていくことが示されている（Love & Kraatz, 2009）．共通の先行要因が挙げられてきたけれども，レジティマシーとレピュテーションは完全に連動するわけではないのである．

　そうした差異に加え，それら2概念は，レジティマシー（認知的レジティマシー）を基盤としてレピュテーションが構築される，という関係性を有している（Bitektine, 2011）．レピュテーションが能力のシグナルになるとしても，そもそもどのような能力が重要であるかが評価者の間で定まっていなければ，レピュテーションが構築されることはないからである．例えば，自動車産業の黎明期においては，「自動車とは何か」という定義が共有されておらず，「自動車」は何を提供してくれるのか，どのような性能軸が重要なのかが人々に理解されていなかった．そのような中で，新聞社や出版社が当時開催したスピードや耐久性，燃費などを競うコンテストが，自動車の定義を創り出していった．そして，その定義に合致するモノが自動車として認識され（認知的レジティマシーを獲得し），各種コンテストでの勝利が企業（各自動車）のレピュテーションを向上させていったのである（Rao, 1994）．

5-3-3　レジティマシーとステータス

　レピュテーションは，過去の実績に基づいて構築される（Mishina et al., 2012）．それゆえ，実績のない主体（例えば，若い企業家）に関しては，レピュテーションを頼りに性質や能力を推論することができない（Zott &

Huy, 2007). そこで利用されるのが，焦点主体が有する紐帯（組織との紐帯としての所属）である（Kilduff et al., 2016; Stuart et al., 1999).

　紐帯あるいは所属は，レジティマシーとステータスいずれの尺度としても取り上げられてきた．例えば，レジティマシーに関しては地方政府との契約関係（Baum & Oliver, 1991）や著名な人物あるいは企業との紐帯（Zott & Huy, 2007）が，またステータスに関しては出身大学のランク（Stern et al., 2014）やビジネススクール間の紐帯（Jensen & Wang, 2018）がそれぞれ用いられている．

　ここで注意が必要なのは，ある紐帯がレジティマシーに影響するか否かは，どのような信念を評価者が抱いているかに左右されるということである．例えば，企業家の資源獲得を分析した Zott & Huy（2007）は，投資家たちが出身大学のランクを企業家のレジティマシーの判断材料として用いていたことを示している．一方で出身校のランクは，ステータスの尺度としても用いられている（e.g., Stern et al., 2014）．しかし，もし仮に「成功する企業家はトップビジネススクールの出身である」という信念を投資家が持っていない場合，出身校のランクは，主体のステータスには影響するが，レジティマシーには影響しないであろう．

　上述のように，レジティマシーとステータスは，いずれも紐帯という要因から影響を受けるために同じ動きをしやすい．しかし，常に同じ要因が，レジティマシーの獲得あるいはステータスの向上に寄与するわけではない．例えば，Delmestri & Greenwood（2016）が分析した蒸留酒の事例がわかりやすい．彼らは，かつてはローステータスな蒸留酒とされていたグラッパ（Grappa）がいかにしてそのステータスを向上させていったのかを分析する中で，認知的レジティマシーの獲得に寄与した要因とステータスの向上に寄与した要因を切り分けて議論している．彼らによれば，初期の製造者たちは，「正統（当）なお酒」，言い換えれば「飲めるお酒」という認識をまず消費者に持ってもらう（お酒としての認知的レジティマシーを獲得する）ために，味の統一と不純物の除去を目指して，アメリカ流の大量製造プロセスを取り入れた．それにより，グラッパの市場が立ち上がったものの，お酒という製品カテゴリの中では依然としてステータスの低い位置にいた．そこで製造者たちは，ワインなどのハイステータスなお酒の製造方法や容器などを真

似ていくことで,「グラッパを飲む」という行為をハイステータスな文化的プラクティスに埋め込んでいった．それが,グラッパのステータス向上に寄与したのである．

5-3-4　レピュテーションとステータス

(1)　シグナルとしての差異

　レピュテーションは,過去の実績,特に直近の実績に基づいて構築される(Mishina et al., 2012; Pollock et al., 2015)．したがって,よいレピュテーションがある主体は,実際に優れた性質あるいは能力をその時点で備えている可能性が高い．それに対してステータスは,相対的なポジションを表しており,必ずしも過去の実績(特に直近の実績)を反映していない(Sorenson, 2014)．たしかに,ある時点でのポジション(ステータス)は,それまでの実績を反映している可能性がある．しかし,ステータスは,直近の実績に関係なく維持あるいは自己強化されていく場合(Washington & Zajac, 2005)もあれば,自らの実績に関係なく紐帯から影響を受ける場合(Jensen & Wang, 2018)もある．それゆえ,いずれも焦点主体の性質や能力のシグナルとして機能するけれども,レピュテーションの方が,実際の性質や能力と強く連動する傾向がある(Washinton & Zajac, 2005)．例えば,Ertug & Castellucci (2013) は,NBAのチームをサンプルとしてそのことを明らかにしている．彼らは,選手のレピュテーションをPER[19] (player efficiency rating),ステータスを過去3年間での選抜経験(MVPあるいはオールスター,オールNBAに選出されたか)で測定した上で,ロスターの平均値を以てチームのレピュテーション / ステータスとして,チームの対戦成績への影響を検証した．その結果,レピュテーションの方が,チームの対戦成績に対してより強くポジティブに影響することが示された．レピュテーションは,ステータスよりも,実際のチームの能力(強さ)と連動しているのである．

　しかし,レピュテーションの方がシグナルとして正確性が高いからといって,交換相手を決定する際に,評価者がステータスよりもレピュテーション

---

19 選手の公式記録(スコアだけでなく,リバウンドやアシストなども含む)をもとに算出される指標である．

を用いるかというと，必ずしもそうではない．そのひとつの理由は，ステータスの方が観察しやすい点にある（Ertug & Castellucci, 2013）．ステータス研究が明らかにしてきたように，同等の実績を持っていたとしても，ステータスのより高い主体（より高いステータスを獲得した主体）の方が多くの傾注を獲得できる機会に恵まれる[20]（e.g., Azoulay et al., 2014）．そのため，レピュテーション（実績）よりもステータス（ポジション）の方が目につきやすく，その結果として人々の意思決定はステータスから影響を受けやすい（評価者は性質や能力のシグナルとしてステータスを利用しやすい）．

　一方で，性質や能力を捉える正確性では劣るものの，ステータスを用いた意思決定は，認知的経済性[21]（cognitive economy）という観点からすると合理的だとも言える．多くの場合，焦点主体の過去の実績（例えば，これまで発表した論文）をひとつずつ吟味するよりも，焦点主体の相対的なポジション（例えば，出身大学）を評価する方がコストは低く済む（Stern et al., 2014）．それゆえ，交換相手の候補が多く存在する状況において評価者は，しばしばステータスをもとに候補を絞った後に，各主体のレピュテーションを精査して，最終的な決定を下す（Jensen & Roy, 2008; Stern et al., 2014）．こうしたステータスによる「足切り」は，意思決定に費やす認知資源を節約できるために，認知的経済性の原理に適っている（Bitektine, 2011）．

　加えて，説明責任（accountability）という点でも，ステータス情報は重要な役割を果たす．もし仮にレピュテーションを精査した上で候補を決めたとしても，当該主体のステータスが低い場合には，その意思決定を正当化する（ステークホルダーを納得させる）のは容易ではない（Jensen & Roy, 2008）．それは，当該主体の成果を評価するのが特に難しい場合に当てはまる．その例としては，芸術作品を挙げることができる．芸術作品の評価は一般的には困難であるため，多様なステークホルダーを抱える美術館は，どの

---

20 オリンピックの例で言えば，3 位決定戦でほとんど互角の争いをしても，勝ってメダルを採ればメディアへの露出は増えるが，メダルを取れなければそうした機会は減ってしまうだろう．また，レピュテーションとステータス各々の効果を検証した Stern et al.（2014）は，出身大学（ステータスに関する情報）は CV に必ず記載されているため，評価者の目につきやすいという理由を挙げている．

21 認知資源の限られた人間は，可能な限り少ない認知コストで多くの情報処理を行おうとする，という原理である（Rosch, 1978）．

新人アーティストの作品を展示するかを決める際に，アーティストのステータス（ステータスの高い美術館での通算展示回数）を重視する傾向がある（Ertug et al., 2016）．アーティストの過去の実績（才能を重視する芸術賞の受賞経験）よりも，ステータスに係る情報の方が，専門家ではないステークホルダーからすれば「理解」しやすいためである．このように，説明責任という観点からしても，ステータスを意思決定に活用する積極的な理由があることがわかる．

(2) 恩恵の差異とその弁別

　レピュテーションとステータスの差異に注目する研究は，前者から得られる効果を「勝ち取った報酬（earned rewards）」，後者から得られる効果を「労せず得た報酬（unearned rewards）」として，その差を強調することがある（e.g., Bitektine et al., 2020; Washington & Zajac, 2005）．「勝ち取った報酬」という表現には，実績に裏打ちされた恩恵という意味が込められている．それに対して，「労せず得た報酬」は，実績に関係なく「ステータスが高い」というだけで得られる恩恵のことを指している．評価者は，「ステータスが高いのだから，さぞ能力も高いのだろう（あるいは品行方正なのだろう）」というように，ある意味で飛躍した推論を働かせ，焦点主体に恩恵を与えているのである（Kilduff et al., 2016）．ステータスの恩恵がハロー効果によって生じていると言われる所以は，そこにある（Waguespack & Sorenson, 2011）．

　理論的にも，また感覚的にも，上述のような差異は理解できるであろう．しかし，その存在を実証的に示すことは難しい（Simcoe & Waguespack, 2011）．それは，レピュテーションとステータスは互いに影響し合い，共進化していく性質を持っている（Pollock et al., 2015）からである．ステータスが高いゆえに，資源や機会に恵まれ，それにより実際の能力，ひいては成果の質が向上し，結果としてよいレピュテーションが構築される．逆の経路も同様に成り立つ．それゆえ，ある時点においてハイステータスな主体が享受している恩恵がステータスから生じているのか，それともレピュテーションから生じているのかを弁別することは，困難なのである．

　その問題に対して既存研究は，レピュテーションに影響する要因をコントロールができるセッティングを選んだり（Simcoe & Waguespack, 2011;

Stern et al., 2014; Waguespack & Sorenson, 2011; Washington & Zajac, 2005), それまでの実績は同等だがステータスで差がある（差が生じた）主体同士をマッチングしたり（Azoulay et al., 2014; Kovács & Sharkey, 2014; Malmendier & Tate, 2009）することで対処してきた. 例えば, Washington & Zajac（2005）は, チームの過去の対戦成績をコントロールした上で, ステータス（ポストシーズンに招待された経験で評価）の高いチームほどNCAAのポストシーズンに招待されやすいことを明らかにしている. また, ハイステータスに伴うネガティブな効果に注目したKovács & Sharkey（2014）は, 権威あるブック・アワードの受賞作品とノミネートされたが受賞を逃した作品（受賞アナウンス前の時点でGoodreads.com上のレイティングが近い作品同士）をマッチングし,「アワードの受賞（ステータスの向上）」によってレイティングが著しく低下することを見出している.

5-4　おわりに

　レジティマシーとレピュテーション, ステータスは, 主体に対する社会からの評価であり, 獲得できる資源のタイプや量に影響するために, 主体のパフォーマンス, ひいては生存見込みを左右する. それら社会からの評価, 特にレジティマシーとレピュテーションは, これまで新聞やテレビでの報道の影響を強く受け, 形作られてきた（Bitektine & Haack, 2015; Etter et al., 2019）. われわれ個人の評価者たちが依拠する情報は, 主にそれらのメディアを通じて得られていたからである. しかし, ソーシャル・メディアの普及が進んだ現代社会において, その状況は変わりつつある. いまでは, ツイッターやフェイスブック, インスタグラムなどを通じて, 誰でも簡単に自分の意見や経験, 関心を発信できたり, 他人のそれらをシェアできたりするようになっているからである（Etter et al., 2019）.

　そのような新たなメディアの登場は, 人々や組織に新たな成功のルートを提供するという点で機会として見ることができる. ソーシャル・メディア上では簡単に情報のシェアができるために, ある情報が最初は少数からの傾注しか得られなくとも, それが更なる傾注を惹きつけていく結果, 最終的には広く大衆からの傾注を獲得する可能性は十分にある. そうであれば, ステー

タスが主体の成功を左右するというマタイ効果は以前よりも弱まっている（弱まっていく）かもしれない．近年，大手のレーベルや事務所に所属していなくとも，ソーシャル・メディア上で話題になり，成功を収める歌手が少なからずいることが，その可能性を示唆している．

ただし，ソーシャル・メディアは，主体に恩恵をもたらすだけではないだろう．心理学研究によれば，人間の印象にはネガティブなモノゴトの方がより強く残りやすく，加えて人間はネガティブな情報や出来事の方をより細かく知ろうとする傾向がある（Baumeister et al., 2001; Fiske, 1980）．それに基づくと，些細な情報であっても，ソーシャル・メディアを通じて社会に広まっていきやすいのは，ポジティブな情報ではなく，ネガティブな情報だということになる．そうであれば，現代の社会は，主体のレジティマシーやレピュテーション，あるいはステータスが容易に低下する（傷つく）社会へと変化しつつあるのかもしれない．

上述の議論を踏まえると，どのように社会からの評価を維持するのかであったり，それらを低下させた場合にどのように修復するのかであったり，という問題が，今後より重要性を増していくと考えられる．レピュテーションとステータスに関して言えば，そうした維持や修復に関する研究は必ずしも多くはない（George et al., 2016）．したがって，それらの問題に取り組むことは，実践的にも理論的にも大きな意義があると言えるだろう．そのような研究を進めていく際には，本稿で取り上げたように，概念間の差異を意識しながら，混同を回避していくことが望まれる．

【参考文献】

Aldrich, H. E., & Fiol, C. M. (1994). Fools rush in? The institutional context of industry creation. *Academy of Management Review, 19* (4), 645-670.

Anteby, M. (2010). Markets, morals, and practices of trade: Jurisdictional disputes in the US commerce in cadavers. *Administrative Science Quarterly, 55* (4), 606-638.

Azoulay, P., Stuart, T., & Wang, Y. (2014). Matthew: Effect or fable? *Management Science, 60* (1), 92-109.

Baum, J. A., & Oliver, C. (1991). Institutional linkages and organizational mortality. *Administrative Science Quarterly, 36* (2), 187-218.

Baumeister, R. F., Bratslavsky, E., Finkenauer, C., & Vohs, K. D. (2001). Bad is stronger than good. *Review of General Psychology, 5* (4), 323-370.

Benjamin, B. A., & Podolny, J. M. (1999). Status, quality, and social order in the California wine industry. *Administrative Science Quarterly, 44* (3), 563-589.

Bitektine, A. (2011). Toward a theory of social judgements of organizations: The case of legitimacy, reputation, and status. *Academy of Management Review, 36* (1), 151-179.

Bitektine, A., & Haack, P. (2015). The "macro" and the "micro" of legitimacy: Toward a multilevel theory of the legitimacy process. *Academy of Management Review, 40* (1), 49-75.

Bitektine, A., Hill, K., Song, F., & Vandenberghe, C. (2020). Organizational legitimacy, reputation, and status: Insights from micro-level measurement. *Academy of Management Discoveries, 6* (1), 107-136.

Boiral, O. (2007). Corporate greening through ISO 14001: A rational myth? *Organization Science, 18* (1), 127-146.

Bothner, M. S., Kim, Y., & Smith, E. B. (2012). How does status affect performance? Status as an asset vs. status as a liability in the PGA and NASCAR. *Organization Science, 23* (2), 416-433.

Bromley, P., & Powell, W. W. (2012). From smoke to and mirrors to walking the talk: Decoupling in the contemporary world. *Academy of Management Annals, 6* (1), 1-48.

Carter, S. M., & Deephouse, D. L. (1999). 'Tough talk' and 'soothing speech': Managing reputations for being tough and for being good. *Corporate Reputation Review. 2* (4), 308-332.

Chandler, D., Polidoro, F., & Yang, W. (2020). When is it good to be bad? Contrasting effects of multiple reputations for bad behavior on media coverage of serious organizational errors. *Academy of Management Journal, 63* (4), 1236-1265.

Clarke, J. (2011). Revitalizing entrepreneurship: How visual symbols are used in entrepreneurial performances. *Journal of Management Studies, 48* (6), 1365-1391.

Deephouse, D. L., & Carter, S. M. (2005). An examination of differences between organizational legitimacy and organizational reputation. *Journal of Management Studies, 42* (2), 329-360.

Deephouse, D. L., & Suchman, M. (2008). Legitimacy in organizational institutionalism. In E. Greenwood, C. Oliver, K. Sahlin, & R. Suddaby (Eds.), *The Sage handbook of organizational institutionalism* (pp. 49-77). SAGE Publications.

Delmar, F., & Shane, S. (2004). Legitimating first: Organizing activities and the survival of new ventures. *Journal of Business Venturing, 19* (3), 385-410.

Delmestri G., & Greenwood, R. (2016). How Cinderella became a queen: Theorizing radical status change. *Administrative Science Quarterly, 61* (4), 507-550.

Desai, V. M. (2018). Third-party certifications as an organizational performance liability. *Journal of Management, 44* (8), 3096-3123.

Dewan, Y., & Jensen, M. (2020). Catching the big fish: The role of scandals in making status a liability. *Academy of Management Journal, 63* (5), 1652-1678.

Edelman, L. B. (1992). Legal ambiguity and symbolic structures: Organizational mediation of civil rights law. *American Journal of Sociology, 97* (6), 1531-1576.

Ertug, G., & Castellucci, F. (2013). Getting what you need: How reputation and status affect team performance, hiring, and salaries in the NBA. *Academy of Management Journal, 56* (2), 407-431.

Ertug, G., Yogev, T., Lee, Y. G., & Hedström, P. (2016). The art of representation: How audience-specific reputations affect success in the contemporary art field. *Academy of Management Journal, 59* (1), 113-134.

Etter, M., Ravasi, D., & Colleoni, E. (2019). Social media and the formation of organizational reputation. *Academy of Management Review, 44* (1), 28-52.

Fiske, S. T. (1980). Attention and weight in person perception: The impact of negative and extreme behavior. *Journal of Personality and Social Psychology, 38* (6), 889-906.

Flanagan, D. J., & O'Shaughnessy, K. C. (2005). The effect of layoffs on firm reputation. *Journal of Management, 31* (3), 445-463.

Fombrun, C., & Shanley, M. (1990). What's in a name? Reputation building and corporate strategy. *Academy of Management Journal, 33* (2), 233-258.

Garud, R. & Rappa, M. A. (1994). A socio-cognitive model of technology evolution: The case of cochlear implants. *Organization Science, 5* (3), 344-362.

George, G., Dahlander, L., Graffin, S., & Sim, S. (2016). Reputation and status: Expanding the role of social evaluations in management research. *Academy of Management Journal, 59* (1), 1-13.

Graffin, S. D., Bundy, J., Porac, J. F., Wade, J. B., & Quinn, D. P. (2013). Falls from grace and hazards of high status: The 2009 British MP expense scandal and its impact on parliamentary elites. *Administrative Science Quarterly, 58* (3), 313-345.

Hannan, M. T. (2010). Partiality of memberships in categories and audiences. *Annual Review of Sociology, 36*, 159-181.

Hargadon, A. B., & Douglas, Y. (2001). When innovations meet institutions: Edison and the design of the electric light. *Administrative Science Quarterly, 46* (3), 476-501.

Highhouse, S., Broadfoot, A., Yugo, J. E., & Devendorf, S. A. (2009). Examining corporate reputation judgments with generalizability theory. *Journal of Applied Psychology, 94* (3), 782-789.

Howard-Grenville, J. A. (2007). Developing issue-selling effectiveness over time: Issue selling as resourcing. *Organization Science, 18* (4), 560-577.

Hsu, G. (2006). Jacks of all trades and masters of none: Audiences' reactions to spanning genres in feature film production. *Administrative Science Quarterly, 51* (3), 420-450.

Hsu, G., Hannan, M. T., & Koçak, Ö. (2009). Multiple category memberships in markets: An integrative theory and two empirical tests. *American Sociological Review, 74* (1), 150-169.

Jensen, M., & Kim, H. (2015). The real Oscar curse: The negative consequences of positive status shifts. *Organization Science, 26* (1), 1-21.

Jensen, M., & Roy, A. (2008). Staging exchange partner choices: When do status and reputation matter? *Academy of Management Journal, 51* (3), 495-516.

Jensen, M., & Wang, P. (2018). Not in the same boat: How status inconsistency affects research performance in business schools. *Academy of Management Journal, 61* (3), 1021-1049.

Kakkar, H., Sivanathan, N., & Gobel, M. S. (2020). Fall from grace: The role of dominance and prestige in the punishment of high-status actors. *Academy of Management Journal, 63* (2), 530-553.

Kilduff, M., Crossland, C., Tsai, W., & Bowers, M. T. (2016). Magnification and correction of the acolyte effect: Initial benefits and ex post settling up in NFL coaching careers. *Academy of Management Journal, 59* (1), 352-375.

Kovács, B., & Sharkey, A. J. (2014). The paradox of publicity: How awards can negatively affect the evaluation of quality. *Administrative Science Quarterly, 59* (1), 1-33.

Kwon, S., Cha, M., Jung, K., Chen, W., & Wang, Y. (2013). Prominent features of rumor propagation in online social media. *2013 IEEE 13th International Conference on Data Mining*, 1103-1108.

Lange, D., Lee, P. M., & Dai, Y. (2011). Organizational reputation: A review. *Journal of Management, 37* (1), 153-184.

Lounsbury, M., & Glynn, M. A. (2001). Cultural entrepreneurship: Stories, legitimacy, and the acquisition of resources. *Strategic Management Journal, 22* (6-7), 545-564.

Love, E. G., & Kraatz, M. (2009). Character, conformity, or the bottom line? How and why downsizing affected corporate reputation. *Academy of Management Journal, 52* (2), 314-335.

Malmendier, U., & Tate, G. (2009). Superstar CEOs. *The Quarterly Journal of Economics, 124* (4), 1593-1638.

Martens, M. L., Jennings, J. E., & Jennings, P. D. (2007). Do the stories they tell get them the money they need? The role of entrepreneurial narratives in resource acquisition. *Academy of Management Journal, 50* (5), 1107-1132.

Merton, R. K. (1968). The Matthew effect in science: The reward and communication systems of science are considered. *Science, 159* (3810), 56-63.

Meyer, J. W., & Rowan, B. (1977). Institutionalized organizations: Formal structure as myth and ceremony. *American Journal of Sociology, 83*, 340-363.

Meyer, M. A., Cross, J. E., & Byrne, Z. S. (2016). Frame decoupling for organizational change: Building support across divergent stakeholders. *Organization & Environment*, 1-21.

Mishina, Y., Block, E. S., & Mannor, M. J. (2012). The path dependence of organizational reputation: How social judgment influences assessments of capability and character. *Strategic Management Journal, 33* (5), 459-477.

Munir, K. A., & Phillips, N. (2005). The birth of the 'Kodak Moment': Institutional entrepreneurship and the adoption of new technologies. *Organization Studies, 26* (11), 1665-1687.

Navis, C., & Glynn, M. A. (2010). How new market categories emerge: Temporal dynamics of legitimacy, identity, and entrepreneurship in satellite radio, 1990-2005. *Administrative Science Quarterly, 55* (3), 439-471.

Orlikowski, W. J., & Scott, S. V. (2014). What happens when evaluation goes online? Exploring apparatuses of valuation in the travel sector. *Organization Science, 25* (3), 868-891.

Pfarrer, M. D., Pollock, T. G., & Rindova, V. P. (2010). A tale of two assets: The effects of firm reputation and celebrity on earnings surprises and investors' reactions. *Academy of Management Journal, 53* (5), 1131-1152.

Phillips, D. J., & Zuckerman, E. W. (2001). Middle-status conformity: Theoretical restatement and empirical demonstration in two markets. *American Journal of Sociol-*

ogy, 107 (2), 379-429.

Podolny, J. M. (1993). A status-based model of market competition. *American Journal of Sociology, 98* (4), 829-872.

Podolny, J. M., & Morton, F. M. S. (1999). Social status, entry and predation: The case of British shipping cartels 1879-1929. *The Journal of Industrial Economics, 47* (1), 41-67.

Pollock, T. G., Lee, P. M., Jin, K., & Lashley, K. (2015). (Un) Tangled: Exploring the asymmetric coevolution of new venture capital firms' reputation and status. *Administrative Science Quarterly, 60* (3), 482-517.

Rao, H. (1994). The social construction of reputation: Certification contests, legitimation, and the survival of organizations in the American automobile industry: 1895-1912. *Strategic Management Journal, 15* (S1), 29-44.

Rhee, M., & Haunschild, P. R. (2006). The liability of good reputation: A study of product recalls in the U.S. automobile industry. *Organization Science, 17* (1), 101-117.

Rindova, V. P., Pollock, T. G., & Hayward, M. L. A. (2006). Celebrity firms: The social construction of market popularity. *Academy of Management Review, 31* (1), 50-71.

Rindova, V. P., Williamson, I. O., Petkova, A. P., & Sever, J. M. (2005). Being good or being known: An empirical examination of the dimensions, antecedents, and consequences of organizational reputation. *Academy of Management Journal, 48* (6), 1033-1049.

Roberts, P. W., & Dowling, G. R. (2002). Corporate reputation and sustained superior financial performance. *Strategic Management Journal, 23* (12), 1077-1093.

Rosch, E. (1978). Principles of categorization. In E. Rosch & B. Lloyd (Eds.), *Cognition and categorization* (pp.27-48). Lawrence Erlbaum Associates.

Ruef, M., & Scott, W. R. (1998). A multidimensional model of organizational legitimacy: Hospital survival in changing institutional environments. *Administrative Science Quarterly, 43* (4), 877-904.

Sauder, M., Lynn, F., & Podolny, J. M. (2012). Status: Insights from organizational sociology. *Annual Review of Sociology, 38*, 267-283.

Sillince, J., Jarzabkowski, P., & Shaw, D. (2012). Shaping strategic action through the rhetorical construction and exploitation of ambiguity. *Organization Science, 23* (3), 630-650.

Simcoe, T. S., & Waguespack, D. M. (2011). Status, quality, and attention: What's in a (missing) name? *Management Science, 57* (2), 274-290.

Sine, W. D., David, R. J., & Mitsuhashi, H. (2007). From plan to plant: Effects of certification on operational start-up in the emergent independent power sector. *Organization Science, 18* (4),578-594.

Singh, J. V., Tucker, D. J., & House, R. J. (1986). Organizational legitimacy and the liability of newness. *Administrative Science Quarterly, 31* (2), 171-193.

Sonenshein, S. (2010). We're changing - or are we? Untangling the role of progressive, regressive, and stability narratives during strategic change implementation. *Academy of Management Journal, 53* (3), 477-512.

Sorenson, O. (2014). Status and reputation: Synonyms or separate concepts? *Strategic Organization, 12* (1), 62-69.

Stern, I., Dukerich, J. M., & Zajac, E. (2014). Unmixed signals: How reputation and status affect alliance formation. *Strategic Management Journal, 35* (4), 512-531.

Stuart, T. E., Hoang, H., & Hybels, R. C. (1999). Interorganizational endorsements and the performance of entrepreneurial ventures. *Administrative Science Quarterly, 44* (2), 315-349.

Suarez, F. F., Grodal, S., & Gotsopoulos, A. (2015). Perfect timing? Dominant category, dominant design, and the window of opportunity for firm entry. *Strategic Management Journal, 36* (3), 437-448.

Suchman, M. C. (1995). Managing legitimacy: Strategic and institutional approaches. *Academy of Management Review, 20* (3), 571-610.

Suddaby, R., Bitektine, A., & Haack, P. (2017). Legitimacy. *Academy of Management Annals, 11* (1), 451-478.

武石彰・青島矢一・軽部大 (2012). 『イノベーションの理由：資源動員の創造的正当化』有斐閣.

Tan, D., & Rider, C. I. (2017). Let them go? How losing employees to competitors can enhance firm status. *Strategic Management Journal, 38* (9), 1848-1874.

Tornikoski, E. T., & Newbert, S. L. (2007). Exploring the determinants of organizational emergence: A legitimacy perspective. *Journal of Business Venturing, 22* (2), 311-335.

Turban, D. B., & Cable, D. M. (2003). Firm reputation and applicant pool characteristics. *Journal of Organizational Behavior, 24* (6), 733-751.

van Bommel, K., & Spicer, A. (2011). Hail the snail: Hegemonic struggles in the slow food movement. *Organization Studies, 32* (12), 1717-1744.

Vergne, J. P., & Wry, T. (2014). Categorizing categorization research: Review, integration, and future directions. *Journal of Management Studies, 51* (1), 56-94.

Waguespack, D. M., & Sorenson, O. (2011). The ratings game: Asymmetry in classification. *Organization Science, 22* (3), 541-553.

Washington, M., & Zajac, E. J. (2005). Status evolution and competition: Theory and evidence. *Academy of Management Journal, 48* (2), 282-296.

Weigelt, K., & Camerer, C. (1988). Reputation and corporate strategy: A review of recent theory and applications. *Strategic Management Journal, 9* (5), 443-454.

Westphal, J. D., & Deephouse, D. L. (2011). Avoiding bad press: Interpersonal influence in relations between CEOs and journalists and the consequences for press reporting about firms and their leadership. *Organization Science, 22* (4), 1061-1086.

Westphal, J. D., & Zajac, E. J. (1994). Substance and symbolism in CEO's long-term incentive plans. *Administrative Science Quarterly, 39* (3), 367-390.

山口真一 (2015). 「実証分析による炎上の実態と炎上加担者属性の検証」『情報通信学会誌』*33* (2), 53-65.

Zbaracki, M. J. (1998). The rhetoric and reality of total quality management. *Administrative Science Quarterly, 43* (3), 602-636.

Zhao, E. Y., Ishihara, M., & Lounsbury, M. (2013). Overcoming the illegitimacy discount: Cultural entrepreneurship in the US feature film industry. *Organization Studies, 34* (12), 1747-1776.

Zimmerman, M. A., & Zeitz, G. J. (2002). Beyond survival: Achieving new venture growth by building legitimacy. *Academy of Management Review, 27* (3), 414-431.

Zott, C., & Huy, Q. N. (2007). How entrepreneurs use symbolic management to acquire resources. *Administrative Science Quarterly, 52* (1), 70-105.

Zuckerman, E. W. (1999). The categorical imperative: Securities analysts and the illegitimacy discount. *American Journal of Sociology, 104* (5), 1398-1438.

ソーシャルメディア時代における組織に対する社会からの評価研究の意義

山口 真一

　谷口諒氏の論稿（以下，本論稿）は，組織に対する社会からの評価について，レジティマシー（legitimacy：正当性），レピュテーション（reputation：評判・知名度），ステータス（status：地位）の3概念に焦点を絞り，既存研究をレビューしたものである．本テーマについては，これまでも様々な研究がなされてきた．しかし，本論稿でも「時代背景に鑑みれば，その重要性がこれから高まっていくとも考えられる」と指摘されているように，近年ソーシャルメディア[1]が普及したことにより，より一層組織が社会から評価を受ける機会が増え，また，その評価の影響が大きくなっている．そのような中で，3概念の共通点・相違点および，ポジティブな効果とネガティブな効果を丁寧に整理しているのが本論稿の特徴だろう．正に，「社会からの評価に関する研究や概念への初歩的な理解を促すことを目的」としていると述べられているように，これから本分野で研究する人にとって貴重なレビューとなっている．

　本稿では，谷口氏のレビューを踏まえたうえで，特に組織に対する社会からの評価とソーシャルメディア上の人々の発信という関連で，追加的な考察を行いたい．

　1999年に米国で Blogger が始まり，日本では2ちゃんねるが登場して以降，ソーシャルメディアを使って人々が自由に発信するのが一般的になった．ソーシャルメディア上の人々の発信（クチコミ）は情報の非対称性を解消するため，人々の消費行動にも大きな影響を与えることとなり，大きな経済効果も生み出している（Yamaguchi et al., 2018）．

　しかしそれに伴い，ネット炎上と呼ばれる現象が起こるようになった．ネット炎上とは，「ある人や企業の行為・発言・書き込みに対して，イン

1　ソーシャルメディアとは，QAサイト，レビューサイト，ブログ，SNS，マイクロブログなどの総称である（奥村，2013）．ソーシャルメディア上では，インターネットを通じた双方向のコミュニケーションが行われ，情報を生み出す送り手の大多数が消費者である（福田・大曽根，2019）．

145

ターネット上で多数の批判や誹謗中傷が行われること」と定義される（山口，2018）．2020年には炎上が1,415件発生していると指摘されており，1日平均して約4件起こっている（シエンプレ デジタル・クライシス総合研究所，2021）．

　炎上は正に，組織に対する社会からのネガティブな評価が噴出したものといえよう．以前から組織が人々の悪評に晒されることはあったが，ソーシャルメディアの普及によって，人々のネガティブな反応は「可視性[2]」「持続性[3]」「拡散性[4]」を持つに至った．そのため，炎上は組織に大きな影響を与える．Tanaka（2017）は炎上の株価への影響を実証分析しており，中規模以上の炎上[5]では，平均的な株価への影響がマイナス0.7%あることを明らかにしている．これはおおよそ航空機事故や化学工場の爆発事故による株価の下落幅と同程度である．さらに大規模な炎上に限ると，5%程度の下落が見られたという．

　組織に対する社会からの評価がより大きな力を持つ時代だからこそ，3概念の区別をつけ，適切に対策を講じることが企業現場でも求められている．そこでここから，3概念と炎上の関連を簡単に整理する．

　まず，レジティマシーと炎上については，近年特にレジティマシーの獲得が重要になってきている．SDGsがその代表といえるだろう．本論稿で「レジティマシー（略）を欠くことで，主体が被るペナルティも明らかにしてきた」と記載されているように，SDGsに取り組んでいるかどうかが消費者行動に大きな影響を与えるようになってきている．プラスチック問題に向き合っていない，人権を無視した生産活動を行っている，自社のワーカーを大事にしていない――こういったことが購買の判断材料となる傾向が強まっている．これはとりわけ海外でその傾向が強いが，日本でも同様の傾向にあり，例えばGoogleトレンド[6]で日本国内における「SDGs」の検索回数を確認すると，この5年間で検索回数指数が約100倍になっていることが分かる．

2　人々の言葉が誰にでも見える性質．
3　人々の言葉がいつまでも残り続ける性質．
4　人々の言葉を気軽に不特定多数にシェアできる性質．
5　研究当時存在していたNAVERまとめにおいて，1万以上のPVがあった炎上を指す．
6　ある単語がGoogleでどれだけ検索されているというトレンドを見ることが出来るツール．

　しかしながら，本論稿に書かれていないものとして，近年「誤ったレジティマシーの主張が社会的評価の低下につながる」というケースがしばしば見られることを触れておきたい．例えば，ある大手旅行会社が，エコなエネルギーであるとしてパーム油発電に参入し，宮城県で大規模な発電所を建設した．しかしこれが大炎上し，環境保護団体が15万弱の撤退を求める署名を提出するに至ったのである．批判の背景としては次の2点がある．第1に，パーム農園開発のために原産国であるインドネシアやマレーシアで熱帯林の伐採が続いている点．第2に，アブラヤシの栽培から加工・輸送・燃焼に至るライフサイクルベースで計算すると，実は発生する二酸化炭素などの温室効果ガスの量がLNG（液化天然ガス）や石油の火力発電並みだという点である．

　このように，SDGsに取り組んでいると主張しながら実態が伴っていないことを，SDGsウォッシュといい，世界中で問題となっている．これを回避するには，企業は包摂性（それに取り組むことで何か別のところで負の影響をもたらしていないか？），ライフサイクル（製造・運搬等，全体の工程の中で，温室効果ガスの発生量やエネルギー消費量はどうなっているか？），中身を伴うこと（既存の取り組みを無理やりSDGsに紐づけていないか？），という3つの視点でSDGsを考える必要がある．

　次に，レピュテーションについては，「悪いレピュテーションが焦点主体にとって功を奏す」「良いレピュテーションの脆弱性」といったことが本論稿で指摘されている．前者については，レピュテーションの低い企業が石油流出事故を起こしても報道されにくいことが分かっており（Chandler et al., 2020），後者については，リコールがあった場合に良いレピュテーションを有した企業の方がシェアを落とす（Rhee & Haunschild, 2006）ということが明らかになっている．

　これは炎上においても同様のことがいえる．例えば，米トランプ前大統領は，Twitterで過激な発言を繰り返し，時には誤情報を使って他者やメディアを批判することもあった．しかしそのようなキャラクターだったからこそスキャンダルにも強く，脱税疑惑等の数多くのスキャンダルがあっても，2020年米大統領選挙で民主党相手に健闘するほどの支持率をキープした．また，日本のある芸能人が不倫報道で大炎上した際，妻帯者で人気ロックバ

ンドのボーカルだった男性は炎上後も活動を続ける一方で，清純で売っていた人気女性タレントは多くの仕事を失うこととなった．レピュテーションの獲得は平常時にはポジティブな影響をもたらすものの，いざ炎上などで批判される際には，ネガティブな影響を拡大させる効果があるといえる．

　最後に，ステータスについては，「ステータスが高い主体は，羨望の的になる裏返しとして目の敵にされやすい」（Dewan & Jensen, 2020）ということが本論稿で指摘されており，勲章を受けている議員の方が，スキャンダル時に辞職に追い込まれやすい（Graffin et al., 2013）ことが明らかになっている．

　これも炎上において同様のことがいえる．例えば，2019 年当時東京大学特任准教授だった男性が，自身のベンチャー企業で特定の国の人を採用しないことを Twitter で発表したところ，人種差別だとして炎上したことがある．これは大問題となり，当該特任准教授は東京大学の職を追われることとなった．この件は無論明らかなヘイトであるが，日本最高学府というステータスがさらにこの問題を大きくした可能性は高い．仮に東京大学に関係なく，一介のベンチャー企業社長がヘイト的な発言をしただけであったら，この事件程多くのメディアが取り上げて問題視されることはなかったことが予想される．

　以上見てきたように，組織に対する人々の社会的評価は，ソーシャルメディアが普及した今だからこそその重要性を増している．また，近年ではマスメディアやネットメディアが，積極的に炎上案件を取り上げて拡散力を高めているという現実もある．2020 年に発生した炎上の内，実に 75% が放映・記事化していた（シエンプレ デジタル・クライシス総合研究所，2021）．また，炎上認知経路として最も多かったのはテレビのバラエティ番組（58.8%）で，Twitter は 23.2% に止まっているとする研究結果もある（吉野，2016）．炎上を取り上げることは視聴率や PV 数の増加が見込めるため，今後メディアが取り上げる傾向はさらに強まり，炎上の影響もより高まっていくことが予想される．

　このように，人々の社会的評価が可視化され，それが瞬く間に広まる時代だからこそ，社会的評価に関するさらなる研究の深化が求められる．本論稿はその研究の第一歩として大変参考になるだろう．また，本分野はこれまで

多くの研究が行われてきているものの，ソーシャルメディアの普及した今だからこそ時代に沿った新たな研究も求められている領域だ．例えば，レジティマシーと炎上で挙げた「誤ったレジティマシーの主張が社会的評価の低下につながる」という内容の研究はこれまではほとんど行われていない．また，現在は複雑で広範囲になった消費者行動がソーシャルメディア上で可視化されるようになった．これはある消費者の組織に対する社会的評価が他の消費者に伝わりやすくなったというだけでなく，研究者が社会的評価を直接テキストデータとして取得可能になったことを意味している．本分野は，これまでは組織行動視点から研究されることが多かったが，今後は組織行動・消費者行動双方から分析をしていくことが新たな発見につながるかもしれない．それらの新しい視点で，組織が求める実践的な研究が本分野で益々発展していき，社会に還元されるのを期待するばかりである．

【参考文献】（谷口論文の文献リストに記載のあるものは省略している．）

福田浩至・大曽根匡（2019）．「クチコミが企業レピュテーションに及ぼす影響を定量化する手法の検討」『第81回全国大会講演論文集』2019（1），381-382.

奥村学（2013）．「ソーシャルメディアを対象としたテキストマイニング」『電子情報通信学会 基礎・境界ソサイエティ Fundamentals Review』6（4），285-293.

シエンプレ デジタル・クライシス総合研究所（2021）．『デジタル・クライシス白書2021』https://www.siemple.co.jp/document/hakusyo2021/.

Tanaka, T. (2017). Effect of flaming on stock price: Case of Japan. *Keio-IES Discussion Paper Series*, 2017-003, 1-28.

山口真一（2018）．『炎上とクチコミの経済学』朝日新聞出版.

Yamaguchi, S., Sakaguchi, H., & Iyanaga, K. (2018). The boosting effect of E-WOM on macro-level consumption: A cross-industry empirical analysis in Japan. *The Review of Socionetwork Strategies, 12*（2），167-181.

吉野ヒロ子（2016）．「国内における『炎上』現象の展開と現状：意識調査結果を中心に」『広報研究＝*Corporate communication studies*』（20），66-83.

6 ステータス研究の経営学的意義とその課題

組織論・戦略論研究の新たなる可能性

金 柄式

6-1 はじめに

6-1-1 問題意識

　本稿の目的はステータス研究を包括的にレビューすることである．ステータス（status：地位）という概念[1]は，ある製品やサービスのクオリティを代替する，アクター間の社会階層における相対的なポジションと定義される（Rindova et al., 2006; Podolny, 1993; Piazza & Castellucci, 2013; Sauder et al., 2012）．元来ステータスの研究は，主として社会学者達によって進められてきた．しかし近年は，経営学，特に組織論や戦略論の分野に研究が広がっている．

　Podolny（1993）以降ステータス研究は，様々な実証研究を通して，経済学的視点や他の経営学的視点で説明できない組織現象を説明する独自の論理を提供してきた．ステータス研究は研究領域および対象が多岐にわたることから，今後組織論や戦略論を始めとした経営学領域において様々な応用と発展が期待されている．一方，その学際的な性格ゆえに，研究者間でステータスという概念の定義に差異があり，類似した概念との混同もみられる（例：Rao, 1994）．

1　ステータス研究では，社会ステータス（social status）や組織ステータス（organizational status）といったようにステータスの名称に差異があるが，本稿ではより包括的な意味合いとしてステータスに統一する．

151

実証研究の進展とともに，ステータス研究に関するレビュー論文も登場した（Chen et al., 2012; Piazza & Castellucci, 2013; Sauder et al., 2012）．それらの既存のレビュー論文は，既存研究を体系的に整理しているものの，それぞれ整理の方法が異なるため，より包括的かつ統合的な観点から整理しなおす必要性がある．

こうした問題意識を踏まえて，本稿では既存のステータス研究を主にステータスの機能に基づいて体系的に整理，分類し，かつそれらの課題点を提示する．これにより，既存のステータス研究の意義と課題点，そして今後のステータス研究の方向性を明確にする．

6-1-2 レビューの方法と構造

まず第6-2節では，ステータス研究の歴史的な背景と潮流を概観した上で，類似概念（レジティマシーおよびレピュテーション）との差異を明らかにする．第6-3節ではステータスの機能に注目して，既存研究を理解する枠組みを提示する．ステータスのもつ代表的な機能を明らかにすることで，ステータスの社会的な影響を具体的に理解することができる．第6-4節ではステータスのダイナミックな変化に注目した研究をレビューする．それらの研究は，ステータスの変化に影響する要因やメカニズムを理解する手掛かりを提供してくれる．最後の第6-5節では，ステータス研究が経営学の発展に果たした意義を整理した上で，既存研究では明らかになっていない課題を指摘し，現状のリサーチギャップを明示して今後の研究の方向性を示す．

6-1-3 レビューの範囲と選定方法

本稿では，レビューの範囲と選定方法を次の通りに定めた．まず，レビューの対象雑誌誌として，ステータスに関する論文が掲載されている社会学および経営学関連の主要雑誌9誌を選定した．それらは，*American Journal of Sociology*, *American Sociological Review*, *Academy of Management Journal*, *Academy of Management Review*, *Organization Science*, *Management Science*, *Strategic Management Journal*, *Journal of Management*, *Organization Studies* である．次に，Web of Science および Google Scholar を使用してキーワードによる検索を行った．第一段階として "status &

organization" と "status & management" を中心として検索をし，さらに
"market"，"signal"，"dynamics" を付け加える形で絞り込みを行った．こう
して抽出された論文の中で，上記の 9 雑誌に 1993 年から 2020 年までに掲載
された論文を対象とした．加えて，ステータス研究に関連する書籍を加え，
全 52 編をレビューの対象とした．

6-2　ステータス研究の基礎：歴史的背景および概念的整理

6-2-1　ステータスをめぐる古典的研究

　ステータス研究は，大きな流れとして社会学から経営学へと研究領域が広
がってきたものの，そのルーツは多岐にわたる．
　Karl Marx は，ステータスと密接に関係する階級という概念を提示し，そ
の重要性を指摘した代表的な人物である．Marx によると，階級とその階級
間の闘争は歴史の発展における最も重要な原動力である．原始的な社会では
こうした階級が存在しなかったが，分業の拡大により生産物の創出とそれに
よる私有財産の格差が発生し，それが階級関係の形成に繋がったとしている
(Dellheim & Wolf, 2018 ; Giddens, 1973)．Marx は，階級という用語を「階
層（stratum）」や「身分（stand, estate）」などの用語と区別せずに使用し
ている点に問題があるが [2]（Giddens, 1973)，階級という概念を社会におけ
る最も本質的な要素として捉え，また階級間の闘争を歴史発展の原動力とす
る見方は，後の社会学研究やステータス研究に大きな影響を与えた．
　続いて，Max Weber (1978) は，Marx の階級論を批判的に論じ，そこ
での議論を体系的に再整理した．彼は，階級に関連する概念を「階級，ス
テータス，党派（party）」の 3 つに整理し，階級とステータスとを明確に区
別した．階級が，何らかの能力を保有していることやそれが経済活動に及ぼ
す影響を指しているのに対し，ステータスは社会的な関係を通してその階層
的な属性や位置によって決定されるとした（丹辺，2006)．
　また Simmel (2009 ［初版］) は，Marx や Weber と同様に，ステータス

2　Marx は「階層」「身分」と階級とを厳密に区別せずにはいるが，社会階層内での相対的な位置
　という意味では，これらはステータスと密接な関係にあると言える．

が持つ社会学上の役割を論じた．彼は，個人・組織間における関係性を「形式」として表現し，ステータスが社会構造における上下関係を表すものであるとした．こうした個人・組織間の相互作用のダイナミズムから社会現象を解明しようとした立場は「形式社会学（formal sociology）」として一般社会学とは区別されることとなった．Simmel（2009）の研究により，ステータスは社会関係における上下関係，あるいは相対的なポジションであるという認識が広められた．

　加えて，Merton（1968）の研究は，個人のステータスとその差に起因する不平等性（inequity）に言及したものであり，ステータスという用語は用いなかったものの，ステータス研究の萌芽的な業績として評価される．Merton は，自然科学分野において知名度の高い研究者と若手研究者とが共同研究を行った場合，前者の方が後者よりも注目される傾向にあることを示した．つまり，(1) 共同研究の場面において，仮に複数の研究者が名前を連ねたとしても，その成果がもたらす名声は最も高い評判をすでに享受している者によって総取りされてしまうこと，(2) 仮に 2 人の人物が相互に独立して同じ発見をしたとしても，人々はその発見を，名前を知っている方の研究者の発見だと理解し，称賛を送るとした．

　このような恩恵は，上記の知名度の高い研究者に代表される，高い名声を持つ者に対して累積的に増加するが，逆に持たざるものは一向にその恩恵を受けることができない．Merton は，この現象を聖書のマタイ福音書 25 章 29 節にある「だれでも持っている者は，与えられて豊かになり，持たない者は，持っているものまでも取り上げられるのです」から「マタイ効果（Matthew Effect）」と名付けた[3]．Merton（1968）の論文はステータスの持つ最も特徴的な機能である「シグナル」に言及した始祖的な論文であると言える．

6-2-2　Podolny（1993）による実証研究の始まり

　ステータスの概念を定義した上で実証研究を行った最初の研究が Podolny（1993）である．Podolny（1993）はステータスの定義を「（市場内での）あ

3　この「マタイ効果」という用語は，ステータスがもたらす不平等性を表すものとして，後述する Podolny（1993）等の研究で頻繁に言及される．

る生産者の，その競争者のプロダクトの認知されているクオリティに対する，プロダクトのクオリティ[4]」とした．その上で，市場を社会構成の一部分として捉え（White, 1981），市場内でアクターが占める相対的ポジションであるステータスがアクターに機会や恩恵をもたらすことを明らかにした．具体的には，債券市場での債券引受企業を対象に，各企業のステータスを Bonanich（1987）によるパワー中心性[5]より求め，ステータスが高い債券引受企業ほど低いコストで社債を発行できることを明らかにした．

その後，ステータスに関する様々な実証研究が行われたが，それらの研究ではステータスとそれに類似する概念との区別が必ずしも明確に行われてこなかった．後述するように，規範的価値であるレジティマシー（legitimacy：正当性）や，過去の経済的な成果指標に基づくレピュテーション（reputation：評判）は，どちらもステータスと類似しているもののお互いに異なる概念である（Bitektine, 2011; Sorenson, 2014）．

そこで以下では，ステータスとは区別されるべき概念としてレジティマシーとレピュテーションを取り上げ，それらとステータスとの概念的差異を明らかにする．

6-2-3 ステータスと区別されるべき概念

ステータスとしばしば混合される概念にレジティマシーとレピュテーションがある（Bitektine, 2011; Deephouse & Carter, 2005; Griskevicius et al., 2010; Sorenson, 2014）．

（1）レジティマシー

レジティマシーとは，社会的に認知された望ましい規範的な価値観である．例えば Zimmerman & Zeitz（2002）は「受け入れやすさ，適切さ，望ましさの社会的な判断基準[6]」（Zimmerman & Zeitz, 2002, p. 416）と定義している．レジティマシー研究が明らかにしたことは，それを獲得した公式組織は資源獲得能力を最大化できる（Meyer & Rowan, 1977），不確実性の

---

4 "the perceived quality of that producer's products in relation to the perceived quality of that producer's competitors' product"
5 パワー中心性とは，直接的な影響力の活用と間接的な影響力の利用を連立方程式として表したものである（藤山, 2013）．
6 "a social judgment of acceptance, appropriateness, and/or desirability"

高い状況下では他の組織を模倣することによってレジティマシーを獲得する（DiMaggio & Powell, 1983），などが挙げられる．

　レジティマシーの特徴の1つとして，それを組織内に取り込むことによって外部からの資源獲得や生存の可能性を高める無形資産として機能するという点がある[7]．例えば，Baum & Oliver（1991）は，カナダのチャイルドケアサービス産業を対象とした研究を行った．政府およびコミュニティとの繋がりがあるチャイルドケアサービス産業内の組織は，公的機関との繋がりを通してレジティマシーを獲得するため，生存率が有意に上昇することを明らかにした．また，レジティマシーはイノベーション活動やアントレプレナーシップ活動といった，常に不確実性が伴う企業活動においては資源動員を行うための重要な資源となりうる（Takeishi et al., 2010; 武石ほか，2012）．

　後述するが，ステータスも外部からの資源獲得や生存の可能性を高める無形資産として機能する（Castellucci & Ertug, 2010; Stuart et al., 1999）．よって，組織外部の資源を獲得する上で重要な役割を果たす無形資産になりうるという点ではレジティマシーとステータスは一致している（Zimmerman & Zeitz, 2002; Suchman, 1995）．

　しかし，ステータスは階層におけるアクターの位置によって定まるのに対し，レジティマシーは既成の社会的規範との整合性によって定まる[8]という違いがある．こうした違いゆえ，ステータスの指標としてはランキングが用いられることが多いが（Espeland & Sauder, 2007），レジティマシーの研究でランキングが用いられることは稀である．

（2）レピュテーション

　次に，レピュテーションとステータスの関係性を整理する．近年のステータス研究には，レピュテーションとステータスの関連性や相違性に着目したものが数多く登場する（Bitektine, 2011; Deephouse & Carter, 2005; Griskevicius et al., 2010 ; Sorenson, 2014）．Socenson（2014）によれば，実証研究におけるレピュテーションのルーツは経済学にあり，特にゲーム理論における非合理的な行動を説明するものとして関心を持たれているとした．

7　この観点を応用した他の社会学理論として，組織生態学（organizational ecology）がある（Hannan & Freeman, 1977）.
8　Bitektine（2011）を参照.

レピュテーションの定義もまた様々であるが，最も簡潔な定義として「過去の成果（クオリティ）[9]によって判断される現在の価値」（Benjamin & Podolny, 1999; Washington & Zajac, 2005）がある．

　過去の成果により形成されるという点では，ステータスとレピュテーションは類似している（Sorenson, 2014）．しかしステータスは，過去の成果だけでなく他者との関係性によって影響を受けるという点がレピュテーションと異なる点である．Podolny（1993, 2005）はこのことを「ステータスは関係性を通して流れ出る（status flows through exchange relationship, status leaks through relations）」と表現した．こうした例として，Podolny（2005）は一般に高級宝石店がトルコ石（turquoise：ターコイズ）を取り扱わないのは，半宝石（semiprecious）とみなされていたトルコ石のイメージが投影され自身のステータスへの悪影響を及ぼすことを心配しているためだと説明している．

6-3　ステータスの機能とその分類

　本節では，ステータスの機能を「シグナルとしての機能」「社会心理効果としての機能」「社会からの期待形成としての機能」の３つに分類して，既存研究をレビューする．「シグナルとしての機能」とは，例えば，組織の健全性や製品のクオリティなど，対象に関する情報が欠如している場合に，ステータスがそれを補完する情報となるということである．２つめの「社会心理効果としての機能」とは，ステータスが個人に自信や高揚感を与えるといった正の効果，もしくは逆に負担感を生むといった負の効果を指している．３つめの「社会からの期待形成としての機能」とは，ステータスが社会からの期待を醸成する効果である．以下ではこれら，ステータスの３つの機能に沿って，既存研究を概観する．

6-3-1　シグナルとしての機能

　ステータスが持つ最も典型的な機能がシグナルとしての機能である．例え

9　"past quality performance"

ば，ステータスに関する始祖的な実証研究を行った Podolny（1993）は，市場内でのアクター間のステータスの違いが経済的恩恵とコストに与える影響を分析している．彼の研究によれば，債券のようにリスクを伴い，かつ物理的な実態のないような商品では，債券引受会社のステータスが重要なシグナルとして機能する．高いステータスを持つ企業はステータスが低い企業よりも，相対的に多くの恩恵を受けることができる．

　高いステータスが企業に経済的な利益をもたらす例として，プレミアム価格の設定による利潤の増加が示されてきた．例えば，Hope et al.（2011）は，国境を越えた企業の買収・合併（cross-border M&A）の事例を分析して，途上国の企業が先進国の企業を買収する場合，先進国というステータスへの憧憬心から買収金額が超過支出（オーバーペイメント）となることを明らかにした．実態が不透明な外国企業を買収する際には，その企業の所在国がシグナルとして機能するという点を示している．また，高いステータスがコストの低下をもたらす効果も示されてきた．Podolny（1993）は，ステータスの高い債券引受会社ほど低いコストで債権の入札（bid）を行えるようになるとした．高いステータスがシグナルとして機能する場合，それ自体が一種の無形資産として，担保・保険としての役割を果たすからである．

　さらに，ステータスの高い組織と関係を結ぶことによる保証効果（endorsement effect）が資源動員を可能にすることに注目した研究もある．例えば，Stuart et al.（1999）は，高いステータスをもつベンチャーキャピタル（VC）から資金調達を行っている，あるいは戦略的な提携を行っているスタートアップ企業ほど，新規株式公開（IPO）時に高い成果が得られることを明らかにしている．ステータスのシグナルとしての機能はアクター自身だけでなく，その関係性を通して他のアクターにも影響を及ぼすという Podolny（1993, 2005）の議論を実証したものとなる．

　ステータスが資源動員に与える好影響を，企業組織以外で検証した研究として Castellucci & Ertug（2010）がある．この研究は，ヨーロッパのフォーミュラ 1（F1）レーシングチームを対象とした分析を行っている．その結果，レーシングチームのステータスが，パートナーの努力（エンジンの改造）の大きさと成果（コンストラクターズチャンピオン獲得数）に正の影響を与えることを示した．これは，高いステータスが他者からの資源動員を獲

得する手段として機能することを示している．また，Bothner et al.（2010）は，ストリートギャングの個人間関係に注目し，ギャング個人間のネットワーク内におけるステータスの高低によって，個人のビジネスの機会や資金の融資の獲得可能性が左右されることを明らかにした．

6-3-2 社会心理効果としての機能

シグナルとしての機能だけでなく，ステータスは，その持ち主に対して社会心理的な効果を持つことが先行研究では示されてきた．初期の研究は高いステータスが個人の自己肯定感（self-esteem）を生むことによって，成果に正の影響を与えることを明らかにしている（Faunce, 1984; Gregg et al., 2018）．

それに対して，近年では高いステータスがむしろ組織の成果を低下させる負債となることを示す研究もある．この点に関して，Bothner et al.（2012）はステータスを「資産としてのステータス」と「負債としてのステータス」という2つに分類している．その上で，米国のプロスポーツ競技大会である全米ゴルフ協会ツアー（the Professional Golf Association Tour: PGA Tour）及び全米自動車競争協会レーシング（the National Association for Stock Car Auto Racing: NASCAR）のパネルデータを用いてそれぞれの競技大会における選手の成果を分析した．その結果，ステータスが上昇するにつれて成果（ゴルフのスコアとレーシングスピード）も上昇するが，ステータスが極めて高い位置にまで到達すると，そのステータスを維持するための心理的負担感が逆に成果の下落を招くとした．

ステータスが持つ負債としての社会心理効果に注目する研究は2010年以降増加している．たとえばBendersky & Shah（2012）は，米国MBAプログラムに参加している中間管理職を対象として，プログラム内でのステータス（複数の指標による評価ランキング）の変化がその個人のタスクグループにおける成果（成績）に与える影響を検証した．その結果，プログラム内で最終的に高いステータスを保持した学生は，そのステータスを維持するために心理的な圧迫感から，むしろ最終的な成果（成績）が下落することを示した．

関連した研究として，グループにおける個人のステータスがもたらすグ

ループの成果への負の影響（Groysberg et al., 2011），受賞によるステータスの変化がもたらすそのアクターおよび周辺への負の影響（Jensen & Kim, 2015; Reschke et al., 2018）等を挙げることができる．

　一方，ステータスが成果を低下させるメカニズムをどう説明するのかについては，議論の余地が残る．これまでは，高いステータスが心理的な負担感を増幅させ，結果的に成果の低下に繋がるという，社会心理学的な観点からの説明がなされてきたが（Bothner et al., 2012），この説明自体の妥当性はこれまで実証されていない．また，あるアクターのステータスの上昇が他のアクターの成果へどのような影響をおよぼすのかについては，より詳細な検討が必要になる．

6-3-3　社会からの期待形成としての機能

　またステータスには，社会からの期待を形成し，それがアクターの行動に制約や制限を与えうるという機能がある．例えば，Philips & Zuckerman（2001）は，企業に対する外部評価者の期待値がステータスに依存して変化し，結果として企業の行動に制約を与えることがあることを示した．この研究によれば，ステータスの低いアクターに対しては外部評価者の期待値が相対的に低いため，社会的な制約が少なく自由に行動できる．また，非常に高いステータスを持つアクターも，外部評価者からの信頼が得られるため，社会的な規範や制約を気にせずに相対的に自由に行動できる．反面，中間程度のステータスを持つアクターは，社会規範から外れてしまうような行動をとると，レジティマシーを失う危険性が高いため行動に制約が生じる．このように，ステータスの高低によって，社会的な規範と制約への順応（conformity）の程度は異なるのである．

　ステータスに起因する社会からの期待を扱った実証研究としてはBothner et al.（2007）がある．この研究は，競争関係がステータスに与える影響の違いによってアクターの行動が変化することが示された．具体的には，全米自動車競争協会レーシング（NASCAR）のレーサーを対象とした分析を行い，自身のステータスを脅かす競争者が増加するほど，リスク（カークラッシュ）を伴う行動を起こすことを示した．この研究から，人々はステータスの上昇をもたらす挑戦よりも，ステータスの低下を回避するような行動を起

こしがちであることがわかる.

　他のアクターとの関係性による，自身のステータスに対する社会的な期待の変化とそれに対する行動に注目した研究として，Jensen（2006）がある．これによれば，米国の大手会計監査法人であるアーサー・アンダーセン社（Arthur Anderson）による不正行為に巻き込まれた企業とパートナー関係を結んだ企業は，自社まで外部評価者からの評価が下落することを不安視する結果，パートナー関係を解消したことを明らかにしている．

6-3-4　ステータスの機能のまとめ

　以上ではステータスが持つシグナル，社会心理効果，社会からの期待形成という３つの機能について注目し既存研究の検討を行った．まず，ステータスは不確実性の高い状況においてシグナルとして機能する．そして十分な情報を持ち得ていない外部の評価者に指針を与え，かつ資源動員の手段となる．また，社会心理効果は，高いステータスを持つアクターが恩恵を受けるだけではなく，逆に高いステータスを持つアクターが本来保有する能力や成果を押し下げてしまう機能としても作用する．一方，ステータスに対する社会からの期待は，アクターの行動に制約をもたらす原因となりうる．表１においてステータスの３つの機能を分類し，その内容と具体的な役割を整理した．

表1　ステータスの機能のまとめ

機能	シグナル	社会心理効果	社会からの期待形成
役割	資源動員	業績に正／負の効果	行動の制約
機能の具体的な内容	不確実性の高い環境においては，ステータスがシグナルとして機能する 一種の無形資産として機能し，資源動員を可能にする 関係を持つアクターに保証効果をもたらす	ステータスの向上が心理的高揚感を増大させ，業績を増大させる ステータスの向上が心理的負担を増大させ，逆に業績の低下を招く	ステータスが社会や聴衆（audience）からどう映るかによって，アクターの行動を制約する
代表的な研究	Podolny（1993, 2005） Benjamin & Podolny（1999） Stuart et al.（1999）	Bothner et al.（2012） Bendersky& Shah（2012） Jensen & Kim（2015）	Philips & Zuckerman（2001） Bothner et al.（2007） Jensen（2006）

6-4 ステータスのダイナミズム

本節では，ステータスの動態的な形成と変化，つまりダイナミズムに注目した既存研究をレビューする．それらの研究は，ステータスを従属変数として，その動態的な形成や変化に影響を与える要因，あるいはステータスの上昇を目的とした戦略的な行動に注目している．

6-4-1 ステータスのダイナミズムに関する既存研究

ステータスは社会的に再生産されるため固定化しやすいという従来の考えに対して，Podolny & Phillips（1996）は，ステータスの動態的な変化に注目し，それが生じる要因やメカニズムを明らかにしている．この研究によれば，たとえ高いステータスを獲得しても，成果が社会の期待に及ばない場合やステータスの高い他の組織と十分な関係を結べない場合には，ステータスの低下が生じることがある．ただし，高いステータスを持つアクターは，高いステータスゆえ成果を生み出しやすく，また，高いステータスを保持する他のアクターと関係を結ぶことが容易なため，結果的に高いステータスは再生産される傾向にあることも明らかにしている．Podolny & Phillips（1996）の研究以降，ステータスの変化に影響する要因に着目した研究が行われるようになった（Gould 2002; Lynn et al., 2009; Shipilov & Li, 2008; Zaheer & Soda, 2009）．

以下では，それらの研究が明らかにしてきた，ステータスの動態的な形成と変化，つまりダイナミズムに影響を及ぼす要素を整理する．既存研究の多くは，過去の成果やクオリティ，そして社会的関係性を取り上げているので（Gould, 2002; Lynn et al., 2009; Podolny & Phillips, 1996），以下でもこれら2つの側面から既存研究の整理を行う．

6-4-2 ステータスの変化をもたらす要因

(1) 過去の成果の影響

Podolny & Phillips（1996）は，米国の債券市場における投資不適格債（non-investment grade bond）を取り扱う投資銀行を対象とした分析から，

過去の債券取引の数と取引金額が投資銀行のステータスの向上に有意な影響
を及ぼすことを明らかにした．過去の実績が現在のステータスの形成に影響
することを示した研究であり，ステータスのダイナミズムに関する礎となる
研究である．

　ステータスは，過去の実績や成果によって高くなったり低くなったりす
る．なぜなら成果の高低がアクターのクオリティを示すからである．ただ
し，様々な要因が，過去の成果によるステータスへの影響を調整しているこ
とも既存研究は明らかにしてきた．例えば，Gould（2002）は，アクターの
成果やクオリティを客観的に測定することが難しい場合には，ステータス
は，成果やクオリティの変化とは独立して維持される傾向にあると指摘して
いる．また，技術の複雑化により不確実性が高い環境にある場合（Podolny
& Stuart, 1995）などには，僅かな成果やクオリティの違いであっても，
人々の認知内では大きな違いとして現れるのである．

　一方，Lynn et al.（2009）はクオリティとステータス間の関係性はGould
（2002）が指摘するよりも弱いものだと指摘している．クオリティの測定が
難しい中では，クオリティとステータス間でデカップリング（decupling：
分離）が起き，ステータスが社会的に再生産されるとともに固定化する．そ
のため，クオリティに変化が起きたとしても，それがステータスの変化に影
響を及ぼさなくなるためである．

(2) 社会的関係性による影響

　以下では，社会的関係性がステータスの形成と変化に及ぼす影響に着目し
た研究を整理する．ステータスのダイナミズムに関する研究が進むに従い，
社会的関係性の変化がステータスの形成と変化に与える影響を検証した研究
が行われるようになった．初期の研究では，ステータスの高いアクターと関
係を結ぶアクターのステータスは高まり，逆にステータスの低いアクターと
の関係を結ぶアクターのステータスは低下することが示された（Podolny &
Phillips, 1996; Podolny, 2005）．

　加えて，Shipilov & Li（2008）は，企業においては市場での成果とステー
タスの上昇という，二種類の目的が存在するとした．その上で，ネットワー
ク上でアクター同士が繋がっていないポジションである「構造的空隙」
（Burt, 1992）を占めることが，企業の市場での成果とステータスの上昇に

もたらす影響を検証した．その結果，構造的な空隙を埋める仲介者は，ス
テータスの高いアクターとのつながりを選択的に獲得することにとって自身
のステータスを高めることができるとした．

　上記の研究を踏まえると，ステータスを上昇させるための戦略的な行動と
して，社会関係上での構造的空隙を埋めるという選択肢が挙げられる．しか
し，構造的空隙を埋めることは低いステータスをもつアクターとの関係を持
つことに繋がる可能性があり，自身のステータスに負の影響を与えうると主
張した研究もある（Podolny, 2005）．

6-5　ステータス研究の意義，課題点とリサーチ・ギャップ

　最後に本節では，上記の各節にて言及した既存のステータス研究を踏まえ
て，ステータス研究の意義，課題点とリサーチ・ギャップを提示する．過去
様々なステータスに関する実証研究が行われた中で，それらを振り返り，今
後の研究の方向性を示す．

6-5-1　ステータス研究の意義

　まず，既存のステータス研究による意義を提示する．第1に，市場におけ
る組織や企業の成果や行動を社会構造や階層内の位置という観点から分析し
たという点を挙げられる．新古典派経済学は，企業が目的合理性を持ち利潤
を最大化することを前提とした市場メカニズムを提示した．それに対してス
テータス研究は，企業の成果や行動は社会構造や階層内でのステータスに影
響を受けることに注目し，新古典派経済学が提示した市場メカニズムを一部
代替する，社会構造や階層内での市場メカニズムという新たな見方を提示し
た（中野，2017）．

　第2に，実証研究において様々な産業領域，分析レベル，分析対象の異な
る様々なコンテクストのもとで実証研究が行われ，そうした現象を理解する
にあたっての手がかりを提供した点が挙げられる．例えば，経営学において
歴史的に主要なテーマとなっていた企業の技術開発活動（Podolny & Stuart,
1995; Podolny et al., 1996）や起業活動（Ko & McKelvie, 2018; Stuart et al.,
1999）を取り扱った研究も蓄積されている．さらに近年では，音楽産業をは

じめとした文化産業（Piazza et al., 2020）を題材とした研究も盛んにおこなわれている．こうしたコンテクストを検証することで，既存の経営学では説明できなかった現象を，部分的に説明できる理論的な枠組みを提供した．

第3に，日本における組織論・戦略論の研究上の題材を提供した点が挙げられる．日本ではステータスを主題とした実証研究はまだ蓄積がされていないため，今後日本におけるステータス研究は今後開拓の余地があるといえる．また，日本のように社会的信用が重視されるハイコンテキストの制度環境下では，ステータスによる企業行動や個人行動の説明能力が高い可能性がある．それゆえ，日本という研究コンテクストを用いたステータスの実証研究は，海外学術誌でも意義が認められる可能性がある．

6-5-2　ステータス研究の課題点とリサーチ・ギャップ

ここまで，「シグナルとしての機能」「社会心理効果としての機能」「社会からの期待形成としての機能」というステータスの3つの機能，そして「ステータスのダイナミズム」という視点から既存研究を整理してきた．このレビューからは，まだ十分に検討されていない課題点，つまりリサーチ・ギャップが存在することもみえてくる．

第1に，ステータスの効果が環境変化やイベントによってどのように変化するのかという点である．既存のステータス研究の多くは，状況を一定としてステータスの効果を検証している（Benjamin & Podolny, 1999; Bothner et al., 2012; Podolny, 1993）．例えば，もしステータスがシグナルとしての機能を果たしたとしても，状況が変化したりイベントが発生したりした場合には，ステータスの効果は変化するかもしれない．また，高いステータスが社会からの期待を形成したとしても，その期待に答えられない場合，時間の経過とともに期待は失望に変わることもある．社会構造を背景とするステータスは従来固定的なものと捉えられがちであり，その発生や変化に注目した研究は乏しかったといえる．ここに今後の研究に向けた課題がある．

第2に，産業領域，分析レベル，分析対象の異なる様々なコンテクストの違いによってステータスの機能や効果にどのような違いが生じるかを研究することが必要である．既存研究は，米国企業や欧米企業を対象としたものが多く，比較的類似した制度環境のもとで研究されてきたといえる．その一方

で，文化（Hofstede et al., 1990）や制度（Abdi & Aulakh, 2012; DiMaggio & Powell, 1983）が異なる環境下で，既存研究が明らかにしてきたようなステータスの効果が同じように表れるとは限らない．例えば，社会からの期待形成としての機能に関して，中間程度のステータスを持つアクターが社会的規範への順応性が高いとの結果が既存研究では示された（Phillips & Zuckerman, 2001）．しかし，日本のように社会的信用が重視されるハイコンテキストの制度環境下では，高いステータスを持つアクターが社会的規範への順応性が高い可能性がある．こうした制度環境下の違いによる，ステータスの効果の変化を検証した研究は Alvarez-Garrido & Guler（2018）の研究に限られる．それゆえ今後は，日本を含むアジアなど，異なる制度環境のもとで実証研究を進めることがもとめられるだろう．

　第3に，ステータスのレベル間およびレベル内の各相互作用やダイナミクスを検証する必要がある．ステータスの分析レベル（組織，グループ，個人等）間およびレベル内の各相互作用やダイナミクスにおいてはまだ十分に検討されていない領域があり，既存のレビュー論文でも今後の課題としている（Piazza & Castellucci, 2013）．1つの例として，あるチームにおいて，相違したステータスを持つアクター達の存在がそのチームの成果に及ぼす影響については，既存研究では詳細な検証がなされていない．具体的にみると，スタートアップ企業が大手企業から投資を受ける場合に保証効果が発生することが既存研究では提示されていた（Stuart et al., 1999）が，一般的にスタートアップ企業は複数の投資家から資金を調達する．もし複数の，ステータスの高い投資家がチームとして投資を行う場合，それら投資家間で相乗効果が起きるのか，あるいは葛藤が起きるのかはまだ検証されていない．よって，今後はこうしたステータスの分析レベル間およびレベル内における課題点を検証することが，ステータス研究における新たな発見に繋がるものと考える．

　最後に，ステータスの測定方法をより詳細にレビューする必要がある．既存の実証研究では，ステータスの測定方法として Bonacich（1987）のパワー中心性（Podolny, 1993），ランキング（Espeland & Sauder, 2007; Kaniel & Parham, 2017），過去の成果（Podlny & Phillips, 1996）が主に用いられている．しかしながら，測定方法に関する統一的な見解は確立されているとは言

えず，従って望ましい測定方法の選択が研究上の課題となっている．そのため，ステータスの測定方法については，今後別途にシステマティックにレビューする価値があるものと考える．

6-5-3　おわりに

　現在のステータス研究は経営学，その中でも戦略論・組織論において比較的新しいながらも急速に発展している．また，その研究対象も伝統的な企業組織にとどまらず，公的機関，グループやチーム，研究者やプロスポーツ選手を始めとした個人のプロフェッショナル等に及んでおり（Askin & Bothner, 2016; Kim & King, 2014など），まさに多様かつ学際的な研究領域としての様相を呈している．

　しかしながら，ステータス研究による具体的な研究成果やその最新動向は日本の経営学研究には十分に伝わっておらず，個別の論文による断片的な紹介や理論の提示にとどまってきた．

　よって本稿では，既存のステータス研究における議論を体系的に整理した上で，既存の議論の課題点を提示した．これにより，既存のステータス研究の貢献点および課題点，そして今後のステータス研究の方向性をより明確にすることができたと考える．

＊巻末注（Endnote）：1993年以降のステータス研究の動向（1993〜2020）

主要テーマ（タイトル，仮説に含まれる等）			
カテゴリ	全体	〜2010年	2011年〜
Social Network	8	6	2
Entrepreneurship/Ventures	5	3	2
Innovation	3	3	0
Reputation	4	2	2
Legitimacy（Category/Identity研究含む）	6	5	1
Strategic Alliance	2	1	1

論文タイプ			
カテゴリ	全体	〜2010年	2011年〜
実証研究（理論提示型含む）	43	27	16
レビュー（書籍含む）	9	4	5

論文内で検証されている機能			
カテゴリ	全体	〜2010年	2011年〜
シグナル	19	14	5
社会心理効果	12	3	9
社会からの期待形成	5	4	1
ステータスのダイナミズム	6	5	1

著者（共著，著書含む）			
カテゴリ	全体	〜2010年	2011年〜
Joel M. Podolny	10	5	5
Matthew S. Bothner	9	4	5
Olav Sorenson	4	3	1
Toby E. Stuart	13	9	4
Cecilia L. Ridgeway	4	1	3
Michael Jensen	2	1	1

掲載ジャーナル（書籍除く）			
カテゴリ	全体	〜2010年	2011年〜
American Journal of Sociology	11	9	2
Administrative Science Quarterly	10	8	2
Organization Science	7	0	7
Academy of Management Review	2	1	1
Management Science	3	0	3
Academy of Management Journal	2	2	0
Strategic Management Review	1	1	0
American Sociological Review	2	1	1
Journal of Management	1	0	1
その他	10	6	4

出所：服部論文（服部，2013）中の実証研究の動向（pp. 156-157）を参考にして筆者が作成.

注：本章第6-1節にて取り上げた主要雑誌9誌を中心として，ステータスを主要なテーマ（タイト
ルに含まれている，仮説で検証されている等）としていると筆者が判断した論文および書籍全
52編を取り上げた．また，同一の論文において複数の著者やテーマが含まれている場合，当
てはまるものを全てカウントした.

【参考文献】

Abdi, M., & Aulakh, P. S. (2012). Do country-level institutional frameworks and inter-firm governance arrangements substitute or complement in international business relationships? *Journal of International Business Studies, 43* (5), 477–497.

Alvarez-Garrido, E., & Guler, I. (2018). Status in a strange land? Context-dependent value of status in cross-border venture capital. *Strategic Management Journal, 39* (7), 1887–1911.

Askin, N., & Bothner, M. S. (2016). Status-aspirational pricing: The "Chivas Regal" strategy in US higher education, 2006–2012. *Administrative Science Quarterly, 61* (2), 217–253.

Baum, J. A., & Oliver, C. (1991). Institutional linkages and organizational mortality. *Administrative Science Quarterly*, 187–218.

Bendersky, C., & Shah, N. P. (2012). The cost of status enhancement: Performance effects of individuals' status mobility in task groups. *Organization Science, 23* (2), 308–322.

Benjamin, B. A., & Podolny, J. M. (1999). Status, quality, and social order in the California wine industry. *Administrative Science Quarterly, 44* (3), 563–589.

Bitektine, A. (2011). Toward a theory of social judgments of organizations: The case of legitimacy, reputation, and status. *Academy of Management Review, 36* (1), 151–179.

Bonacich, P. (1987). Power and centrality: A family of measures. *American Journal of Sociology, 92* (5), 1170–1182.

Bothner, M. S., Kang, J. H., & Stuart, T. E. (2007). Competitive crowding and risk taking in a tournament: Evidence from NASCAR racing. *Administrative Science Quarterly, 52* (2), 208–247.

Bothner, M. S., Kim, Y. K., & Smith, E. B. (2012). How does status affect performance? Status as an asset vs. status as a liability in the PGA and NASCAR. *Organization Science, 23* (2), 416–433.

Bothner, M. S., Smith, E. B., & White, H. C. (2010). A model of robust positions in social networks. *American Journal of Sociology, 116* (3), 943–92.

Burt, R. S. (1992). *Structural holes*. Harvard university press.

Castellucci, F., & Ertug, G. (2010). What's in it for them? Advantages of higher-status partners in exchange relationships. *Academy of Management Journal, 53* (1), 149–166.

Chen, Y. R., Peterson, R. S., Phillips, D. J., Podolny, J. M., & Ridgeway, C. L. (2012). Introduction to the special issue: Bringing status to the table-attaining, maintaining, and experiencing status in organizations and markets. *Organization Science*, 299–307.

Deephouse, D. L., & Carter, S. M. (2005). An examination of differences between organizational legitimacy and organizational reputation. *Journal of Management Studies, 42* (2), 329–360.

Deephouse, D. L., & Suchman, M. (2008). Legitimacy in organizational institutionalism. *The Sage Handbook of Organizational Institutionalism, 49*, 77.

Dellheim, J., & Wolf, F. O. (2018). The challenge of the incompleteness of the third volume of capital for theoretical and political work today. In *The unfinished system of Karl Marx* (pp. 1-30). Palgrave Macmillan, Cham.

DiMaggio, P. J., & Powell, W. W. (1983). The iron cage revisited: Institutional isomorphism and collective rationality in organizational fields. *American Sociological Review*, 147-160.

Espeland, W. N., & Sauder, M. (2007). Rankings and reactivity: How public measures recreate social worlds. *American Journal of Sociology, 113* (1), 1-40.

Faunce, W. A. (1984). School achievement, social status, and self-esteem. *Social Psychology Quarterly*, 3-14.

藤山秀樹 (2013).「ボナチッチの2つの中心性概念について」『情報学研究』(2), 84-91.

Giddens, A., A. (1973). *The class structure of the advanced societies*. Hutchinson.

Gould, R. V. (2002). The origins of status hierarchies: A formal theory and empirical test. *American Journal of Sociology, 107* (5), 1143-1178.

Gregg, A., Sedikides, C., & Pegler, A. (2018). Self-esteem and social status: Dominance theory and hierometer theory. In T. K. Shackelford & V. Weekes-Shackelford (Eds.), *Encyclopedia of evolutionary psychological science*. Springer International Publishing AG. doi, 10, 978-3.

Griskevicius, V., Tybur, J. M., & Van den Bergh, B. (2010). Going green to be seen: Status, reputation, and conspicuous conservation. *Journal of Personality and Social Psychology, 98* (3), 392.

Groysberg, B., Polzer, J. T., & Elfenbein, H. A. (2011). Too many cooks spoil the broth: How high-status individuals decrease group effectiveness. *Organization Science, 22* (3), 722-737.

Hannan, M. T., & Freeman, J. (1977). The population ecology of organizations. *American Journal of Sociology, 82* (5), 929-964.

服部泰宏 (2013).「心理的契約研究の過去・現在・未来：50年間にわたる研究の到達点と課題」組織学会（編）『組織論レビューⅠ：組織とスタッフのダイナミズム』(pp. 156-157), 白桃書房.

Hofstede, G., Neuijen, B., Ohayv, D. D., & Sanders, G. (1990). Measuring organizational cultures: A qualitative and quantitative study across twenty cases. *Administrative science quarterly*, 286-316.

Hope, O. K., Thomas, W., & Vyas, D. (2011). The cost of pride: Why do firms from developing countries bid higher? *Journal of International Business Studies, 42* (1), 128-151.

Jensen, M. (2006). Should we stay or should we go? Accountability, status anxiety, and client defections. *Administrative Science Quarterly, 51* (1), 97-128.

Jensen, M., & Kim, H. (2015). The real Oscar curse: The negative consequences of positive status shifts. *Organization Science, 26* (1), 1-21.

Kaniel, R., & Parham, R. (2017). WSJ Category Kings–The impact of media attention on consumer and mutual fund investment decisions. *Journal of Financial Economics, 123* (2), 337-356.

Kim, J. W., & King, B. G. (2014). Seeing stars: Matthew effects and status bias in major league baseball umpiring. *Management Science, 60* (11), 2619-2644.

Ko, E. J., & McKelvie, A. (2018). Signaling for more money: The roles of founders' human capital and investor prominence in resource acquisition across different stages of firm development. *Journal of Business Venturing, 33* (4), 438-454.

Lynn, F. B., Podolny, J. M., & Tao, L. (2009). A sociological (de) construction of the relationship between status and quality. *American Journal of Sociology, 115* (3), 755-804.

Merton, R. K. (1968). The Matthew effect in science: The reward and communication systems of science are considered. *Science, 159* (3810), 56-63.

Meyer, J. W., & Rowan, B. (1977). Institutionalized organizations: Formal structure as myth and ceremony. *American Journal of Sociology, 83* (2), 340-363.

中野勉 (2017). 『ソーシャル・ネットワークとイノベーション戦略：組織からコミュニティのデザインへ』有斐閣.

Phillips, D. J., & Zuckerman, E. W. (2001). Middle-status conformity: Theoretical restatement and empirical demonstration in two markets. *American Journal of Sociology, 107* (2), 379-429.

Piazza, A., & Castellucci, F. (2013). Status in organization and management theory. *Journal of Management, 40* (1), 287-315.

Piazza, A., Phillips, D. J., & Castellucci, F. (2020). High-status affiliations and the success of entrants: New bands and the market for live music performances, 2000–2012. *Organization Science, 31* (5), 1272-1291.

Podolny, J. M. (1993). A status-based model of market competition. *American Journal of Sociology, 98* (4), 829-872.

Podolny, J. M. (2005). *Status signals: A sociological study of market competition*. Princeton University Press.

Podolny, J. M., & Phillips, D. J. (1996). The dynamics of organizational status. *Industrial and Corporate Change, 5* (2), 453-471.

Podolny, J. M., & Stuart, T. E. (1995). A role-based ecology of technological change. *American Journal of Sociology, 100* (5), 1224-1260.

Podolny, J. M., Stuart, T. E., & Hannan, M. T. (1996). Networks, knowledge, and niches: Competition in the worldwide semiconductor industry, 1984–1991. *American Journal of Sociology, 102* (3), 659-689.

Rao, H. (1994). The social construction of reputation: Certification contests, legitimation, and the survival of organizations in the American automobile industry: 1895–1912. *Strategic Management Journal, 15* (S1), 29-44.

Reschke, B. P., Azoulay, P., & Stuart, T. E. (2018). Status spillovers: The effect of status-conferring prizes on the allocation of attention. *Administrative Science Quarterly, 63* (4), 819-847.

Rindova, V. P., Pollock, T. G., & Hayward, M. L. (2006). Celebrity firms: The social construction of market popularity. *Academy of Management Review, 31* (1), 50-71.

Sauder, M., Lynn, F., & Podolny, J. M. (2012). Status: Insights from organizational sociology. *Annual Review of Sociology, 38*, 267-283.

Shipilov, A. V., & Li, S. X. (2008). Can you have your cake and eat it too? Structural holes' influence on status accumulation and market performance in collaborative networks. *Administrative Science Quarterly, 53* (1), 73-108.

Simmel, G. (2009). *Sociology: Inquiries into the construction of social forms*. Brill.

Sorenson, O. (2014). Status and reputation: Synonyms or separate concepts?. *Strategic*

Organization, 12 (1), 62-69.

Stuart, T. E., Hoang, H., & Hybels, R. C. (1999). Interorganizational endorsements and the performance of entrepreneurial ventures. *Administrative Science Quarterly, 44* (2), 315-349.

Suchman, M. C. (1995). Managing legitimacy: Strategic and institutional approaches. *Academy of Management Review, 20* (3), 571-610.

Takeishi, A., Aoshima, Y., & Karube, M. (2010). Reasons for innovation: Legitimizing resource mobilization for innovation in the cases of the Okochi Memorial Prize Winners. In H. Itami, K. Kusunoki, T. Numagami & A. Takeishi (Eds.), *Dynamics of knowledge, corporate systems and innovation* (pp. 165-189). Springer, Berlin, Heidelberg.

武石彰・青島矢一・軽部大 (2012). 『イノベーションの理由：資源動員の創造的正当化』有斐閣.

丹辺宣彦 (2006). 『社会階層と集団形成の変容：集合行為と「物象化」のメカニズム』東信堂.

Washington, M., & Zajac, E. J. (2005). Status evolution and competition: Theory and evidence. *Academy of Management Journal, 48* (2), 282-296.

Weber, M. (1978). *Economy and society: An outline of interpretive sociology* (Vol. 1). Univ of California Press.

White, H. C. (1981). Where do markets come from? *American Journal of Sociology, 87* (3), 517-547.

Zaheer, A., & Soda, G. (2009). Network evolution: The origins of structural holes. *Administrative Science Quarterly, 54* (1), 1-31.

Zimmerman, M. A., & Zeitz, G. J. (2002). Beyond survival: Achieving new venture growth by building legitimacy. *Academy of Management Review, 27* (3), 414-431.

Zuckerman, E. W. (1999). The categorical imperative: Securities analysts and the illegitimacy discount. *American Journal of Sociology, 104* (5), 1398-1438.

ステータス理論はよい科学理論か？

三橋 平

1. はじめに

　金論文によればステータスに関する研究は，古くはウェーバーにまで遡り，マルクスやウェーバーによる議論を経て，近年の実証研究へと至るという．金論文では，これらの研究の重要性，根本的な関心の存在から検討が行われ，ステータスがもたらす機能をシグナル，社会心理効果，社会からの期待形成という３つの観点から先行研究をまとめあげている．その上で，今後の研究の方向性，特に日本というコンテクストの強みを活かしたステータス研究の可能性について提案が行われている．金論文は体系的文献渉猟に基づいており，ステータス理論内の諸テーマを網羅的に紹介している．

　本稿の目的は，金論文に関して私なりのコメントをまとめることにある．ここでは，まず私なりにステータス理論に関する振り返りを行う．もちろん，金論文のような緻密さに遠く及ばないものとなるが，まずは金論文とは独立に私なりの持論を検討する．そこでは，「ステータス理論はよい科学理論か？」という問いに答える形で進めていく．この検討を踏まえ，では敢えて金論文に提案できることがあればそれは何か，を議論し，金論文に対するコメントとしていく．

2. よい科学理論とは

　科学哲学分野で展開される議論の１つは，よい科学理論とは何か，と言えよう．この議論には，科学や理論とは何か，というこれだけでも膨大な紙面を要する議論が必要となる．本稿では，観察者とは独立に存在する観察可能な世界を前提とし，「世界をありのままに切り取ったもの」を科学とし，特定の概念により構成された視座から因果関係の形で説明を与えるものを理論としておく．

　伊勢田（2003）によれば，よい科学理論の議論には，ポパーの反証主義，ネーゲルの還元主義，クーンのパラダイム論，ラカトシュのリサーチ・プロ

グラム論，ラウダンのリサーチ・トラディション論などがある．ここでは，多くの方にも馴染みがあるクーンの議論を用いることとする（Kuhn, 1970）．クーンが説く科学理論の発展は，大まかに言えば以下の5つの段階から成る：（1）1人もしくは少数の科学者がパラダイムを生み（例えば，資源ベース論），主要概念の定義・整理（模倣困難性とは），因果関係の提示，何を問題とし（企業間の競争優位性の説明），何をしないのか（経営者のネットワーク構造）の対象の整理を行う，（2）多数の科学者による通常科学の営みが繰り広げられ，パラダイムと合致した知見が蓄積される（人材の模倣困難性の高さは，競争優位と正の関係にある），（3）パラダイムに即していない発見や，パラダイムでは説明ができないアノマリな現象が指摘される，（4）アノマリの蓄積が進むことでパラダイムに対する信頼が揺らぎ，異常科学と呼ばれる段階に進む，（5）新しいパラダイムの創造が行われる（例えば，ダイナミック・ケイパビリティ論）．

さらにクーンは，よい科学理論の基準として，実験や観察との一致，豊潤性といった5つを取り上げているが（伊勢田，2003），ここでは，発展段階モデルに即し，「パラダイムの明確性，ステータス理論は議論に値する問題を明確に設定し，同時に何を問題としないのかの境界線を明確にしているか」「アノマリの生産可能性，新しいパラダイムを生み出すのが現在のステータス理論に対するアノマリの蓄積であるならば，現在の理論はアノマリは高い生産性で産出しているのか」という2点に絞って見ていく．

3. パラダイムの明確性

ステータス理論のパラダイム明確性は低いと考える．以下がその理由である．第1に，ステータス・ミミックス（模造品）が多いことである．ステータスは，評判，パフォーマンス，品質，賞，認証，ランキングと関係付けられていることが多く，混同して使用されることが少なくない．Sauder et al.（2012）によれば，ステータスは品質や評判と正の関係があることが多い．しかし，完全なる正の関係であれば，わざわざステータスという別概念を使用する価値はない．ステータス理論は品質との相関が不完全な時こそ意味を持つという．例えば，Sorenson（2014）は，車メーカーのジャガーは，（少なくとも昭和世代にとって）ステータスは高く評判は低い存在として，

ステータスと品質の分離（decoupling）例に挙げている．また，Washington & Zajac（2005）は，ステータスをパフォーマンスに基づかない報酬，一方，評判をパフォーマンスに基づく報酬として明確に区分している．分離の成功例として Kim & King（2014）があるが，必ずしも全ての実証研究がこの分離を意識していない．ステータス研究と名乗ってはいるものの，実際には品質に関する研究を行っている事例が多く見られる．

　第 2 に，そもそも構成概念として存在すべきかどうか，という形而上学的議論を経ずして実証が進むテーマがある．金論文でも紹介されている，ステータスのダイナミズムがその一例である．Bothner ら（2012）の論文をはじめ，トーナメントやコンテストのランキング・データを使用し，ランキング上の下降をステータス喪失とする実証研究が多数ある．しかし，ランキングの下降とは品質の下落であり，上述の分離問題を解決していないことになる．たとえ品質が下落しても，尊敬とその恩恵を得られるのがステータスと考えると，ランキングが下落した程度で喪失するものはステータスではないだろう．

　第 3 に，測定方法の問題である．ステータス測定指標の代表例としては，受賞データとボナチッチ・ネットワーク中心性である．前者には，映画のアカデミー賞や，証券アナリストのベスト・証券アナリスト賞がある．これらの研究では，いかなる賞でも受賞した者はステータスを獲得する，とするが，賞の間にもステータスが存在するし（文学の芥川賞と無名出版社が出す賞），受賞後の尊敬とその恩恵の持続性も異なるだろう（1980 年のアカデミー賞受賞者とは紹介されるが，1980 年のベスト・証券アナリスト賞受賞者とは紹介されない）．賞はステータス・システムであると一律に考えるアプローチには違和感を覚える．後者のボナチッチ中心性は，有効グラフ・データを用いた際に，アクター間の階層関係をネットワーク構造として表現できるために意味を持つ．しかし，いくつかの論文では無向グラフ・データをステータス測定に使用している．ステータスを正しく測定できていないにもかかわらず，ステータス研究を名乗っている可能性がある．

4.　アノマリの生産性
　ステータス理論のアノマリ生産性は高い．ステータス理論の大枠は，（1）

ステータスの恩恵，マタイ効果，自己強化性，（2）ステータス・マッチングと同類志向性，（3）ステータス転移と裏付け，（4）ミドル・ステータス順応性の4つと言えよう．このそれぞれを支持する実証研究の蓄積が行われており，通常科学の営みが展開されてきた．この展開後に，アノマリが出現している．ここでは2つの例を紹介する．

第1は，Delmestri & Greenwood（2016）論文である．この論文は，ステータス・システムは自己強化性を持つ，そのため，低ステータス者が高ステータスへと昇格することは困難である，という定説に対するアノマリとして位置付けられる．同論文では，イタリアの蒸留酒である，グラッパを扱っている．元々は低ステータス酒（いわゆる安酒）であったが，低ステータスの他者との距離を取り，高ステータス者をネットワーク内に取り込むことによって，グラッパという製品カテゴリー自体のステータスを上昇させた．その結果，現在はコニャックやウイスキーと同等のステータスを持つと考えられている．この研究は，ステータス・ヒエラルキーは必ずしも硬直的ではなく，ステータス転移の原理を用いることでその自己強化性を切り崩せることを示唆している．

第2は，Khessina & Reis（2016）論文である．この論文は，高ステータスとのつながりを持つことは恩恵をもたらす，という定説に対するアノマリとして位置付けられる．同論文では，テレビ番組のネーミング（名前付け）を分析している．ある番組が過去の番組と類似した名前を使用すると，放映継続性が上昇する．もしステータス転移が働く場合，高ステータスな番組との類似性はその影響はさらに強めるはずである．しかし，同論文では，高ステータスな番組と類似した名前を使用すると継続性が下降する，という逆の発見をしている．これは，高ステータスと同格であると主張することで，視聴者は社会的比較対象群を上方にシフトし，他の高ステータス番組との比較を始めるためだとしている．この研究は，高ステータスの他者とのつながりがもたらすデメリットを示唆している．

紙面の関係上，詳細は割愛するが，通常科学とアノマリという視点からステータス理論を整理すると，表1の通りにまとめられる．また，ミドル・ステータス順応性については，アノマリの出現が待たれる状況ではないかと考えられる．

表1　ステータス理論における通常科学とアノマリ

主要議論	通常科学例	アノマリ例
(1) ステータスの恩恵，マタイ効果，自己強化性	Larivière & Gingras（2010） Kim & King（2014）	Delmestri & Greenwood（2016） Bowers & Prato（2018） Lena & Pachucki（2013） Khessina & Reis（2016）
(2) ステータス・マッチングと同類志向性	Podolny（1994） McPherson & Smith-Lovin（1987） Lin et al.（2009）	Castellucci & Ertug（2010） Shipilov et al.（2011） Pontikes et al.（2010） Bhardwaj et al.（2021）
(3) ステータス転移と裏付け	Stuart et al.（1999）	Khessina & Reis（2016） Jensen（2006） Pontikes et al.（2010）
(4) ミドル・ステータス順応性	Phillips & Zuckerman（2001）	新たな研究テーマの可能性？

5. まとめと提案

　以上より，ステータス理論はパラダイムの明確性は低いがアノマリ生産可能性は高いと考えられる．この考察に基づき改めて金論文を検討すると，以下の提案を行うことができる．第1に，科学理論の発展という見地からステータス理論を検討することで，定説とアノマリという対立軸をレビューに持ち込めたかもしれない．金論文がエンサイクロペディア的にまとめているのは，本企画の趣旨に合致させる努力の結晶かもしれないが，科学者の営みとしての理論の進歩という観点があっても間違いとはならないだろう．

　第2に，研究者が「これはステータス理論である」と名乗っているものをステータス理論として捉えている．パラダイムの明確性が高い領域に関するレビューであればこのアプローチは有効だが，ステータス理論では注意が求められるのではないか．

　第3に，研究者が提示した概念に対して，そもそもその存在自体を疑うような批判的精神があってもよかったのではないか．これまで発表された論文を全て支持し，網羅的にまとめあげるのではなく，「そもそも」論に立ち返れば深い検討が可能となり，分野に対する貢献も大きくなるのではないかと考える．

　最後に，学会当日の発表では，アノマリという言葉は使われなかったが，ミドル・ステータス順応性が日本のコンテクストでは成立しないのではない

か，という文献に精通されたからこそ為せる指摘が行われ，私自身の分析と
同じ結論だったことに，今後の研究機会を発見したように感じた．この機会
を下さった金先生に改めて御礼を申し上げる．

【参考文献】

Bhardwaj, A., Mishra, S. K., Qureshi, I., Kumar, K. K., Konrad, A. M., Seidel, M-D. L., & Bhatt, B. (2021). Bridging caste divides: Middle-status ambivalence, elite closure, and lower-status social withdrawal. *Journal of Management Studies*, n/a (n/a). https://doi: 10.1111/joms.12763.

Bothner, M. S., Kim, Y-K., & Smith, E. B. (2012). How does status affect performance? Status as an asset vs. status as a liability in the PGA and NASCAR. *Organization Science, 23* (2), 416-33. https://doi: 10.1287/orsc.1110.0679.

Bowers, A., & Prato, M. (2018). The structural origins of unearned status: How arbitrary changes in categories affect status position and market impact. *Administrative Science Quarterly, 63* (3), 668-99. https://doi: 10.1177/0001839217727706.

Castellucci, F., & Ertug, G. (2010). What's in it for them? Advantages of higher- status partners in exchange relationships. *Academy of Management Journal, 53* (1), 149-66.

Delmestri, G., & Greenwood, R. (2016). How Cinderella became a queen: Theorizing radical status change. *Administrative Science Quarterly, 61* (4), 507-50. https://doi: 10.1177/0001839216644253.

伊勢田哲治 (2003). 『疑似科学と科学の哲学』名古屋大学出版会.

Jensen, M. (2006). Should we stay or should we go? Accountability, status anxiety, and client defections. *Administrative Science Quarterly, 51* (1), 97-128. https://doi: 10.2189/asqu.51.1.97.

Khessina, O. M., & Reis, S. (2016). The limits of reflected glory: The beneficial and harmful effects of product name similarity in the U.S. network TV program industry, 1944-2003. *Organization Science, 27* (2), 411-27. https://doi: 10.1287/orsc.2015.1036.

Kim, J. W., & King, B. G. (2014). Seeing stars: Matthew effects and status bias in Major League Baseball umpiring. *Management Science, 60* (11), 2619-44. https://doi: 10.1287/mnsc.2014.1967.

Kuhn, T. (1970). *The structure of scientific revolutions* (2nd ed.). University of Chicago Press.

Larivière, V., & Gingras, Y. (2010). The impact factor's Matthew Effect: A natural experiment in bibliometrics. *Journal of the American Society for Information Science and Technology, 61* (2), 424-27. https://doi: 10.1002/asi.21232.

Lena, J. C., & Pachucki, M. C. (2013). The sincerest form of flattery: Innovation, repetition, and status in an art movement. *Poetics, 41* (3), 236-64. https://doi:10.1016/j.poetic.2013.02.002.

Lin, Z. (John), Yang, H., & Arya, B. (2009). Alliance partners and firm performance: Resource complementarity and status association. *Strategic Management Journal, 30*

(9), 921-40. https://doi: 10.1002/smj.773.

McPherson, J. M., & Smith-Lovin, L. (1987). Homophily in voluntary organizations: Status distance and the composition of face-to-face groups. *American Sociological Review, 52* (3), 370. https://doi: 10.2307/2095356.

Phillips, D. J., & Zuckerman, E. W. (2001). Middle-status conformity: Theoretical restatement and empirical demonstration in two markets. *American Journal of Sociology, 107* (2), 379-429. https://doi: 10.1086/324072.

Podolny, J. M. (1994). Market uncertainty and the social character of economic exchange. *Administrative Science Quarterly, 39* (3), 458-83. https://doi:10.2307/2393299.

Pontikes, E., Negro, G., & Rao, H. (2010). Stained red: A study of stigma by association to blacklisted artists during the 'Red Scare' in Hollywood, 1945 to 1960. *American Sociological Review, 75* (3), 456-78. https://doi:10.1177/0003122410368929.

Sauder, M., Lynn, F., & Podolny, J. M. (2012). Status: Insights from organizational sociology. *Annual Review of Sociology, 38* (1), 267-83. https://doi:10.1146/annurev-soc-071811-145503.

Shipilov, A. V., Li, S. X., & Greve, H. R. (2011). The prince and the pauper: Search and brokerage in the initiation of status-heterophilous ties. *Organization Science, 22* (6), 1418-34. https://doi:10.1287/orsc.1100.0594.

Sorenson, O. (2014). Status and reputation: Synonyms or separate concepts? *Strategic Organization, 12* (1), 62-69. http://doi:10.1177/1476127013513219.

Stuart, T. E., Hoang, H., & Hybels, R. C. (1999). Interorganizational endorsements and the performance of entrepreneurial ventures. *Administrative Science Quarterly, 44* (2), 315-49.

Washington, M., & Zajac, E. J. (2005). Status evolution and competition: Theory and evidence. *Academy of Management Journal, 48* (2), 282-96. https://doi:10.5465/amj.2005.16928408.

7 組織美学の生成と発展

加藤　敬太

7-1　はじめに

　近年，欧米の組織研究の中で「組織美学（organizational aesthetics）」に関する研究が増えてきている．ポストモダンの組織研究で有名な M. J. Hatch らによる組織論の教科書 *Organization Theory*（『Hatch 組織論』）では，最終章（Chapter10）「仮の結論：組織論の将来有望なアイデア（Loose ends: Some promising new ideas in organization theory）」の中で，有望なアイデアの１つとして「組織美学」が取り上げられている（Hatch & Cunliffe, 2013）．

　組織美学とは，美学（aesthetics）を基本とした新しい組織観を提供する研究群である．ここでいう美学とは，単に「美しさ」を問うものではなく，なぜ「美しいと感じるのか」といった「感性」をテーマにした哲学の分野である．かつて日本では，aesthetics を「美学」ではなく人の判断を含む「審美」という言葉を使い「審美学」と訳されることがあった（渡辺，2016）[1]．

　美学の起源は非常に古く，1750 年の A・G・バウムガルテンの『美学』にまで遡る．哲学や芸術学，社会学の領域では，経験科学としての美学が蓄積されてきたものの，組織論の領域で組織美学が議論され始めたのは 1990 年代のことである．組織美学は，主に，1980 年代ごろから活発な議論が展開されてきた組織文化研究（organizational culture studies），その後の組織シ

1　文豪の森鷗外は慶應義塾で「審美学」という講義を行っていたという（渡辺，2016）.

ンボリズム研究（organizational symbolism studies），そしてこれらの関連研究として位置付けられるアーティファクト（artifacts：人工物）にまつわる研究群から派生した研究群である（Gagliardi, 1990; Strati, 2006）．しかし，日本における研究（榊原，1996；竹中，2005，2007，2013；寺本，2012）は，まだ少ないのが現状である[2]．

　本稿の問題意識の第1は，組織美学研究の可能性を検討することである．これまで組織文化に関連する研究は一定の蓄積がなされてきた．これは，いわゆるポストモダン組織研究の流れの中で，1970年代から始まったそれまでの組織構造に注目する組織論から，文化に焦点を当て意味や意味生成に重点を置いた「文化的転回（cultural turn）」の組織論の流れの中で蓄積されてきたものである．組織美学も同じく文化的転回の流れの中に位置付けられる研究群である（Strati, 1990）．本稿では，組織文化に関する研究群の発展の方向性として組織美学を位置付けることを検討していく．

　問題意識の第2は，現実の組織論の分析の対象の中に感性の問題を取り扱うことの意義を検討することである．従来の研究とは違い，感性の問題を議論することによる組織論への貢献を議論していきたい．このことを議論することを通じて，日本においても組織美学の研究に着手する意義を示すことができないかと考えている．それと同時に，組織美学の研究における課題も提示したい．

　本稿の構成は次の通りである．まず第7-2節では，組織論の中で組織美学が登場するまでの学説史を確認する．そこでは，組織文化研究から組織シンボリズム研究を経て組織美学が登場する学説の流れが示される．続く第7-3節では，組織美学の特徴に関して取り上げる．そこでは，「パトス」に基づいた研究群であることと「目的なき合目的性」の組織観を前提にしていることの2つの見方を示し，組織美学の方法論も確認する．それを受けて第7-4節では，組織美学の現状と全体的な概要を確認する．第7-5節では，組織美学の可能性と課題を示す．

2　近年の組織美学に近い研究としては，野中らによる美徳の研究（野中・紺野，2007a，2007b；野中・嶋口・価値創造フォーラム21編，2007；野中・米倉・価値創造フォーラム21編，2019）もあげられるが，この研究を含めたとしてもまだまだ少ないのが現状である．

7-2 　組織美学の登場

7-2-1 　組織文化研究とアーティファクト

　組織美学の源流は，1980年代の組織文化研究から出てきたものと理解するのが一般的である（Strati, 1990）．組織文化とは，「組織構成員によって内面化され共有化された価値，規範，信念のセット」（加護野，1988, p. 26）と定義できる．組織文化の初期の研究で有名な Schein（1984）は，組織文化をアーティファクトと創造物（artifacts and creations），価値観（values），基本的仮定（basic assumptions）の3つにレベルに分けて整理した（図1）．この Schein の理論モデルは，それまでの組織論において組織文化といった

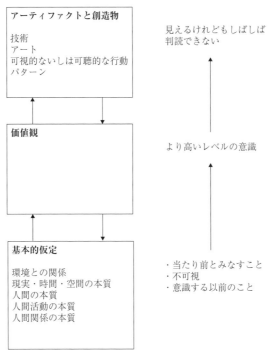

図1　組織文化のレベルとその相互関係

出所：Schein（1984）p. 4

ソフトな側面の直感的かつ感覚的な議論を概念化して集約したものとして評価されている（出口，2004）.

　この3つのレベルで，Schein がもっとも重視するのが一番下に位置する基本的仮定のレベルである．基本的仮定は，人間の本質のみならず，外部環境への適応と内部統合の問題を上手く処理するための学習の成果とされるものであり，外部からは見えない組織文化の本質となるものだからである．そこでは，価値観やアーティファクトは外部から見える付随的なものにすぎないと考えられていた．ただし，ここで Schein が示すように，組織論で組織文化が議論され始めた段階からアーティファクトは組織文化の構成要素の1つとして取り上げられてきた.

7-2-2　Hatch（1993）の組織文化のダイナミクス・モデルと
アーティファクト，組織シンボリズム研究

　Hatch（1993）は，この Schein の理論モデルを発展させ，3つのレベルにシンボルを加えた組織文化のダイナミクス・モデルを提示している（図2）.とくに Hatch は，組織文化を醸成するダイナミックなプロセスにおいてアーティファクトの役割が重要であることを強調する．なぜならば，可視的なアーティファクトが組織においてシンボル化して意味形成（sensemaking）されることを通じた組織成員の解釈は，基本的仮定の変化を促すからである．この点は Schein のモデルとは違う点である．Schein は不可視な基本的仮定を組織文化の土台としていたが，一方 Hatch は可視的なアーティファクトに注目することによって基本的仮定が変化することを指摘し，その変化がやがて主観化することで価値観の変化へとつながり，再びアーティファクト（ないしは創造物）へと具現化するプロセスモデルを提示した．または，その逆のプロセスもあるとした．これが Hach の組織文化のダイナミクス・モデルである.

　このような組織文化が醸成されたり変化したりするプロセスにおいて，組織のシンボルやアーティファクトに注目した研究群は，もともと組織シンボリズム研究として一定の蓄積がみられる（e.g. Pondy et al., 1983; Jones, 1996; 片桐，1995; 高橋，1998; 坂下，2002; 竹中，2002）．この組織シンボリズム研究は，社会学におけるシンボリック相互作用論（symbolic interac-

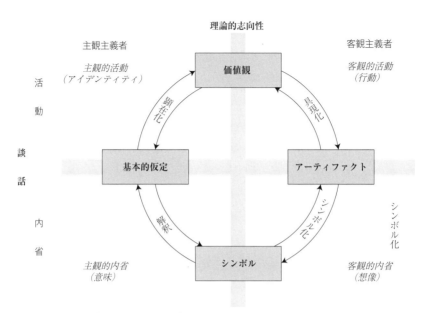

図2　組織文化のダイナミクス・モデル

出所：Hatch（1993）p. 685.

tionism）に影響を受けた研究群であり（Pondy et al., 1983; 片桐, 1995），
Schein などの組織文化研究が機能主義的パラダイムに基づくものであった
ことに対して，解釈主義的パラダイムに基づくものであると整理される
（Jones, 1996; 高橋, 1998; 坂下, 2002; 竹中, 2002）．そこでは，組織のシン
ボル的要素，すなわち言説，儀式，物語，神話などが組織的な意味を伝達す
る媒介として組織内の相互作用を促進し，組織が再構成されていくものであ
ると主張されてきた．

　Burrell & Morgan（1979）の組織論における客観的次元と主観的次元の
区分（the subjective-objective dimension）に基づいてみてみると，従来の
組織文化研究は客観的次元が強調され，組織シンボリズム研究は主観的次元
を強調するものと理解できるが（片桐, 1995；坂下, 2002），Hatch による
組織文化のダイナミクス・モデルは，その両者を融合したプロセスモデルで
あるといえる．

　さらに Hatch のモデルの特徴は，アーティファクトに注目したうえで，

185

表 1　アーティファクトのさまざまな形

カテゴリー	例
物体	アート／デザイン／ロゴ 建築／装飾／家具 ドレス／外見／コスチューム／ユニフォーム 製品／機材／ツール 展示：ポスター／写真／記念品／漫画 看板
口頭表現	専門用語／名前／ニックネーム 説明／理論 物語／神話／伝説とそのヒーローと悪役 ユーモア／ジョーク メタファー／ことわざ／スローガン スピーチ／レトリック／弁論
活動	式典／儀式／通過儀礼 ミーティング／研修／パーティー コミュニケーションパターン 伝統／習慣／社会的ルーティン ジェスチャー 余興／レクリエーション／ゲーム 報酬／罰

出所：Hatch（2011）p. 65.

アーティファクトがシンボル化するプロセスを強調した点にある．表 1 は，Hatch（2011）が整理したアーティファクトのさまざまな形である．アーティファクトは，物体，言葉，行為，あるいはこれらの組み合わせなどさまざまな形態としてみられる．この Hatch（2011）では，アーティファクトを通じた組織の意味形成によって，文化が共有され組織的メンバーシップが現れることを指摘している．

7-2-3　アーティファクト研究から組織美学へ

Gagliardi（1990）も，多くの組織文化の研究者たちは Schein のモデルと主張に従いアーティファクトの重要性について注目することがなかったことを指摘したうえで，アーティファクトの重要性について言及している．Gagliardi は，組織文化においてアーティファクトが重要な理由として，感性的経験のレベルで，物質そのものの能力を超えて，精神的経験の理解を促すスキーマになっているからだという．つまり，アーティファクトによって，直感的にコミュニケーションが促進されていくので，単純にアーティ

ファクトは，その道具的な性質に留まらず，広く組織の意味付けや統合に役立つからである．

　榊原（2010）は，組織研究におけるアーティファクトを考察することの可能性に言及し，組織研究の柱の1つがイノベーション研究である中で，組織のダイナミクスを考察するうえでアーティファクトの意味や価値の変化や生成を論じることで組織研究の展望がひらけると指摘する．換言すれば，組織におけるモノ資源の物的かつ道具的な見方ではなく価値生成の見方が重要であるとの指摘である．

　そのアーティファクトを組織活動（organizational life）のダイナミクスにおける媒体としてみる見方に，美学的側面を加えた主張をしているのがVilnai-Yavetz & Rafaeli（2006）である．彼女らは，組織のアーティファクトの本質的な側面（dimension）として，媒介手段（instrumentality），美学（aesthetics），シンボリズム（symbolism）の3つに整理している．媒介手段とは，個人のタスク，個人目標，組織目標を達成することに役立ったり，ときには妨害したりすることになるという．また，美学の側面は，五感にかかわる経験を引き出すものであるという．シンボリズムの側面は，手段と美学をつなぐ役割があるという．そして，組織のアーティファクトをみるとき3つの側面（ないしはレンズ）を複合的にみなければ，近視眼に陥ってしまうと指摘している．

　Vilnai-Yavetz & Rafaeliはアーティファクトの美学的側面を加えたが，このようにアーティファクトと美学の関係を論じた研究群として発展させていったのが組織美学である（Gagliardi, 1990; Strati, 2006）．Strati（2006）は，アーティファクトは，たんに有形の物的資源なのではなく，変化的で自己革新を遂げていく存在であると指摘したうえで，組織のアーティファクトを理解する際に美学的アプローチが重要であると主張している．その理由として，現代社会を捉えるうえで美学の問題が切り離せないことを指摘している．もともとStratiは，ある製造業の企業の社長室と秘書室のワークプレイスの分析を行い，組織活動においてアーティファクトの美学的理解と組織ルーティンが切り離せないことを発見している（Strati, 1992）．たとえば，社長室や秘書室に飾られた肖像画や工場の写真などは，社長自身や企業としての考えや思いを表現する手段となり，訪問者はそれに触れることでその企

業組織のことを理解し，また組織成員の意思決定の際にはしばしばそのようなアーティファクトを介した議論が行われることがあることを指摘している.

7-3　組織美学の特徴

7-3-1　パトスと組織研究

　組織研究において，1980 年ごろまで「美（beauty）」や「感性（sensibility）」，「五感（sense）」ないしは「感情（emotion or sentiment）」や「表現力（expressiveness）」が正面から取り上げられることはあまりなかったという（Gagliardi, 2007; Strati, 2009）．この背景として考えられるのは，哲学的前提が従来の組織研究とは違っているためである（Gagliardi, 1990, 2007）．そのことは，Aristotle's のコンセプトである「ロゴス（logos）」，「エトス（ethos）」，「パトス（pathos）」という存在論的かつ認識論的な構成要素の違いから説明できる.

　Gagliardi（1990; 2007）は，組織文化を捉える視点を，この「ロゴス」，「エトス」，「パトス」の３つの構成要素の違いから説明している．Gagliardi によれば，「ロゴス」とは「信念（beliefs）」のことで認知的経験（cognitive experience）に値する組織文化の構成要素であるという．「ロゴス」とは調和的な統一を前提とした理性的側面を強調した組織観であり，従来の組織研究の大半は，この「ロゴス」を前提にした経験的研究としての議論を積み重ねてきたのではないだろうか．この点は，後述する組織の合目的性の前提とも一致する点である.

　次の「エトス」とは，Gagliardi によれば組織の「価値観（values）」において倫理的（ethical）かつ道徳的（deontological）なものが組織文化の構成要素になるという．いわゆる「企業と社会」論や CSR（corporate social responsibility）論は，このエトスを前提とした研究である[3].

3　公式組織を論理的かつ体系的に定義した Barnard（1938）でも，最後に経営者の道徳についても触れていて，「ロゴス」と「エトス」の両側面を論じている．また，「ロゴス」と「エトス」の融合した最近の議論として経営戦略論の観点から CSR が論じられることもある（e.g. 大滝ほか，2016）.

このように，従来の組織研究は「ロゴス」を前提にした議論が大半で，また「エトス」を前提とした議論も1つのディシプリンとして確立されている．

ところがGagliardi（2007）は，「パトス」を前提にした議論は組織研究で無視され続けてきたと指摘する．組織文化研究や組織シンボリズム研究においては，「ロゴス」を前提とし，神話や物語（myths and stories）といった文化が言葉で集約されることや，現代的官僚組織の中の習慣（rituals in modern bureaucratic organization）といった行動パターンを体系化するうえで「意味体系（system of meanings）」として考察することを前提としてきたという．

もちろん，組織研究において，意味体系といったソフトな側面を考察することは大きな意義があり組織研究を大きく進展させた．しかしGagliardiは「パトス」を前提とした組織研究が全体的に抑制されてきたことも事実であると指摘する．

では，「パトス」とはどのような構成要素といえるのだろうか．「パトス」は，ロゴス，エトスにつづく3つめの人間の経験に対する基本的構成要素で，人々の現実的な「感覚（feel）」を知覚する方法のことである（Gagliardi, 1990）．それに加えて，Gagliardi（2007）は，「パトス」という概念を理解するうえで，現象学的哲学（phenomenological philosophy）の生みの親といわれる哲学者Martin Heideggerの「情態性（befindlichkeit）」を引き合いに出しながら，人々の情況（circumstances）だけでなく人々の傾向性（disposition），ムード（mood），見せかけ（affectedness），感情（emotion）などを指しているとしている．そのうえで，Gagliardiは1990年代前半になってから，「パトス」に基づいた「感性（tastes and sensory knowledge）」に関する研究が拡がっていったという．

Gagliardiは，この「パトス」に基づく研究として「アーティファクト研究」と「組織美学」，「ナラティブ・アプローチ」の3つの領域が発展したという．とくに，前2つは組織の感情（emotion）を分析する役割を果たしている．これは，従来の研究が理性（rationality）の分析を前提としていたことと対比される点である．

ここまでの議論を整理すると，従来の組織研究は，組織は「ロゴス」を前

提にした理性を追求するものとして捉えることが多かった．また，組織研究の主力的な議論とまではいかないものの，企業倫理を扱う「企業と社会」論やCSR論などにおいて「エトス」を扱う議論も蓄積されてきた．重要なことは，つい最近まで組織研究の中で「パトス」を前提とした議論が絶対的に少なかったこと，そして「パトス」に基づく組織美学が組織研究に新たな知見をもたらす可能性があることである．

7-3-2 「合目的性」と「目的なき合目的性」の組織観

　組織美学のもう1つの特徴は，「目的なき合目的性」の組織観に基づいていることである．これは，美学を取り入れたことによる特徴である．「目的なき合目的性」とは，美学に大きな影響を与えた哲学者 Immanuel Kant が『判断力批判』の中で論じた美の定義の1つである（長野，1984）．

　まず Kant[4] による合目的性とは，たとえば組織において共通目的や戦略を構想するといった実践的な目的によって組織を統合させ成立させようとする場合，それは「理性」に基づいた合目的性を前提としている．これは論理的な思考に基づいた目的概念ともいえる．一方，自然科学が想定するような自然の法則の合目的性は「悟性（understanding）」に基づいたものである．「悟性」とは数的かつ因果関係に基づいた客観的な判断のことを指す．これは組織研究でも法則定立的な見方として定着している（Burrell & Morgan, 1979; 沼上，2000）．

　ところが「美」というのは，論理的な合目的性や客観的な合目的性では判断がつかない．次は，Kant の『判断力批判』で有名な一文である．

　　美とは或る対象の合目的性の形式であるが，それは当の合目的性が目的の表象を欠きながらその対象について知覚されるかぎりでのことである
　　　　　　　　　　　　　　　　　　　　　　　　　（v236，熊野訳 167 頁）

　Kant によれば「美」は主観的な趣味判断によるものであり，それはかつ感性的なものである．すなわち，美しいものの合目的性とは，一般的に考え

4　Kant の美学に関する考え方は，小田部（2020），長野（1984），小林（2021），熊野（2017），西（2020）なども参考にした．

られている合目的性を欠いていたとしても，対象に対して美しさを感じる意味で合点がいく場合を指している．

　このことに関連して，竹中（2007）は，組織秩序について組織目的による秩序，組織文化による秩序，組織美学による秩序という3つに分けて説明している．組織目的による秩序とは，合目的性の組織観であり，目的−手段の図式によって組織化が説明される．ここでは成員個人の目的は，組織目的に優先される．Barnard（1938）が組織の成立には，共通目的，貢献意欲，コミュニケーションの3つをあげたことはこの組織観に相当する[5]．次に，竹中は組織文化による秩序とは，組織成員の主観が組織文化によって排除され文化に染まり統合される状態であると主張している．つまり，組織は組織文化となる価値や信念がセットされることにより複雑性が軽減され組織秩序が形成されるとしている．

　ところが，竹中は，組織美学による組織秩序は，組織文化による組織秩序と決定的に違うと主張している．そこでは，「パトス」を前提にすることで成員個人の主観の多様性を容認し，アーティファクトを媒介にして醸成される準客観的な雰囲気に着目すべきと主張する．竹中がいう準客観的な雰囲気とは，Kantのいうところの「目的なき合目的性」に該当する．多様な主観を有する成員個人がアーティファクトを介して互いの感性を理解したり，共通性を見出したりする中で組織の複雑性が縮減されていく．このことによって組織秩序が形成されるときとは，組織成員らにけっして共通の目的はなくても，感性に基づく共感が得られた状態にあるという（竹中，2007，2013）．

　竹中は，このような見方に立ったうえで，組織を劇場や舞台のメタファーで捉える新たな組織観を提供している．組織を主体やアーティファクトの多様性を容認した舞台として捉え，パトスに基づく表現の場と捉えているので

5　従来の組織研究は，近代組織論以来，基本的に「合目的性の組織観」のもとに議論をしてきたといえる．近代組織論をスタートさせたBarnard（1938）は，公式組織の成立の条件として，共通目的，貢献意欲，コミュニケーションの3つをあげたことは有名である．このとき，個人人格と組織人格を明確に区別し，組織としての共通目的を成立させることが組織化の原点であると論じた．また，組織を意思決定過程のシステムとして捉えたSimon（1976/1997）は，合目的性（purposiveness）が組織の統合の原点となって組織の行動に統合をもたらし，さらに意思決定のハイアラーキーを成立させるものであると主張していた．経営戦略論の議論も同様である．Simonによる意思決定論が初期の経営戦略論の成立に大きな影響を与えたが，経営戦略論の本質は，構想としての戦略から意思決定のパターンを創り出すものであることから（加護野，1997），合目的性を前提にした議論が展開されてきた．

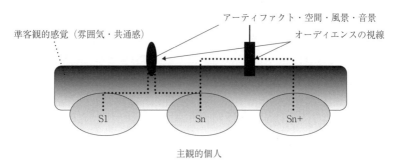

図3　組織美学の観点からの組織秩序の説明

出所：竹中（2013）p. 235.

ある[6]．図3は，組織美学の観点から組織秩序を説明したものである（竹中，2013）．この図では様々な主観を持ち合わせる成員が多様なアーティファクトを媒介とし互いをオーディエンスとして理解し合う雰囲気が醸成されることで，組織空間を創りやがて風景や音景となって秩序だっている状況が描かれている．

　この点において，舞台や劇場のメタファーだけではなく，従来の研究方法を取り入れている主張もある．Strati（2006）は，組織に対するアクターネットワーク理論（actor network theory）に基づいて人とアーティファクトのネットワーク構造を分析することから組織美学を論じることを主張している．また，榊原（2010）は，アーティファクトの意味や価値の生成を捉えるときに組織の実践コミュニティ（community of practice）の見方が示唆に富んでいると主張している．

　また，Taylor（2020）は，組織が秩序だっている状況の新たな見方として主観的な美的感性がつながりを生むという見方を提供している．すなわちTaylor は，従来はリーダーシップによって人と人のつながりが生まれると考えられてきたけど，組織美学に基づいた新しい見方として「美しさ」の共感が人と人のつながりを生むと主張する．前者は「合目的性」に基づくつながり，後者は「目的なき合目的性」に基づくつながりといえる．

6　組織を舞台や劇場のメタファーとして捉える組織観は，Bolman & Deal（2017）や榊原（1996）にもみられる．

7-3-3　組織美学の方法論

　Strati（2009）は，組織美学の研究方法には定性的方法論が採られること
が一般的であると指摘している．また，Warren（2008）は，組織美学に関
して，経験的研究として「美（beauty）」や「感性（sensibility）」や「五感
（sense）」，または「感情（emotion or sentiment）」や「表現力（expressive-
ness）」といったことを取り扱ううえでの難しさがあると指摘している．ま
た，Strati（1992）は，ドイツの哲学者で美学や芸術にも精通する Hans-
Georg Gadamer による解釈学を引き合いに出し，組織美学の理解のために
は，解釈学的なアプローチから組織活動を捉えることの必要性を主張しつ
つ，これから方法論の精緻化が必要だと結論付けている．

　また Warren は，そもそも組織美学研究の領域における方法論の検討が不
足していることを指摘している．そこで，Warren は検討を加え「目利き
（connoisseur）」の視点を取り入れることや，伝統的な民俗誌の研究を参考
にすること，ないしは，経験的なケーススタディを行うことで，組織成員間
の「美的無言（aesthetic muteness）」を分析して「感覚的可能性（sensory
possibilities）」として示すことができると主張する．加えて，Warren は，
視覚や音声，デジタル画像，3D を使った研究の可能性に言及している．

　そこで，Warren は，イングランド南部の田舎町にある多国籍 IT 企業の
ウェブデザイン部門の事例分析を行っている．そこでは，オフィスの空間を
描くために，（1）半構造化された伝記インタビュー，（2）回答者が主導する
写真撮影，（3）美的エスノグラフィーの３つに基づいた調査を行った．その
なかで，Warren は，現場の回答者の美的感性だけでなく自身の美的感性も
検証しつつ，個人と参加者との間で美的反応を共有する「共感的フレーミン
グ」を見つけ出していた．その一方，自身が感じた美的感性と回答者の美的
感性のズレを発見しつつ検証を加えていた．とくに，Warren 自身が一見，
美しいと見える空間も，現場の回答者にとっては日ごろの実用性や喜び，不
満，政治的動き，労使間や部門間の対立などが刻まれていることを明らかに
した．

　ただし，組織美学の経験的研究は，まだ発展途上にあるといえる．アク
ターネットワーク理論や実践コミュニティなど，これまでも定性的方法論で

使われてきた分析フレームワークや，ナラティブ・アプローチやストーリーテリングなども応用できることが考えられる．

7-4　組織美学の現状

7-4-1　組織美学の近年の研究

　近年の組織美学を取り扱った研究としては，定性的方法論のさまざまな手法を組み合わせた調査に基づいた事例研究が増えている．たとえば Louisgrand & Islam（2021）は，上海で行われた高級フレンチ料理の普及を文化産業と捉えて詳細な事例分析を行った．彼女らの発見は，表向きは理想的なフランス料理を作ることがプログラムとなっているものの，実際には背景として人々の美的認識や相互理解といった関係論的認識が美的コラボレーションを生んでいること，またその関係性は安定的ではなく変化的であったことを明らかにした．その際，インタビュー，インフォーマルディスカッション，自由回答アンケート，写真やビデオ撮影などのデータの収集を行っている．

　また De Molli et al.（2020）は，哲学者 Gernot Boehme の「雰囲気」という概念を援用して，スイスのイタリア語圏にあるロカルノ市という小さな街で開催されている映画祭の経時的分析を行っている．データ収集は数年におよぶ映画祭当日のフォトエスノグラフィー，研究者自らがフェスティバルの（想像上の）参加者となった参与観察，インタビューなどの手法が用いられた．一見，開かれた空間とみられるフェスティバルが開催期間を超えて都市の雰囲気をつくっていることが明らかとなった．

　また Stigliani & Ravasi（2018）は，アメリカのボストンにあるデザインコンサルティング会社における 10 カ月間のエスノグラフィーから，デザイナーの美的知識がどう活用され集団のタスクを達成するかの研究がなされている．彼女たちの研究では，過去の研究でいわれる視覚的かつ物質的なアーティファクトが組織の認識プロセス，つまり記憶や分類，コンセプト創造に役立つとされることと違い，アーティファクトが引き起こす美的体験や感情的反応とデザイナーの役割の重要性を明らかにしている．

　このように，近年の研究は，定性的方法論の複数の手法を組み合わせた厚い記述（thick description）に基づく事例研究が出されている．

7-4-2 　広い領域的視点からみる組織美学

　ただし，組織美学は厳密な定義に基づいて研究領域を発展させて来たとは言い難いのも事実である．Strati（2009）や Minahan & Cox（2007）は，組織美学とは近年の組織研究の中で広く「感性」を重視した研究群のことを指すとして整理している．

　Strati（2009）は，組織美学研究の方法と変遷を「考古学アプローチ（the archaeological approach）」，「共感的 – 論理的アプローチ（the empathic-logical approach）」，「美学アプローチ（the aesthetic approach）」，「芸術的アプローチ（artistic approach）」の4つのアプローチで整理している．

　第1は，「考古学アプローチ（the archaeological approach）」である（e.g. Berg & Kreiner, 1990）．このアプローチは，組織美学研究の初期の研究である．組織において研究者が観察しうる組織の建築物や構造物が組織シンボルとなり美的価値観の構築に寄与するのか，その構築プロセスの軌跡をフィールドワークによって記述するアプローチである．前述の組織シンボリズム研究と組織美学研究をブリッジする研究として位置付けられる．Strati のネーミングは少しわかりにくく，「構造物アプローチ（the architectural approach）」と言い換えてもいいかもしれない．

　第2は，「共感的 – 論理的アプローチ（the empathic-logical approach）」である（e.g. Gagliardi, 1990; Gagliardi, 2006）．このアプローチは，組織研究に大きなインパクトを与えたアプローチである．組織シンボルの情景に対して「パトス」の概念を持ち込み，組織マネジメントに対する美学的視点にスポットライトを当てたからである．「考古学アプローチ」に対して，より美学の視点を取り入れて発展させたアプローチといえる．

　第3は，「美学アプローチ（the aesthetic approach）」である（e.g. Strati, 1992, 1999）．このアプローチもまた，組織における美学的言説を明確にしたことで組織研究に影響を与えている．とくにこのアプローチは，どのようにして組織美学が組織内のネゴシエーションによって獲得するのかを論じた点が特徴である．その1つのキーワードが，美学的判断（aesthetic judgement）である．組織の美学的側面の組織活動を論じた点で貢献があるアプローチである．

第4は，「芸術的アプローチ（artistic approach）」である（e.g. Guillet de Monthoux, 2004）．このアプローチは，芸術経営学とでも呼べるアプローチである．実際の芸術家やアートプロモーター，博物館のディレクター，オーケストラの指揮者などに対して，組織化の際の芸術的経験にフォーカスを当て，リーダーシップなどの分析を行い，これらの組織の新しい見方を提供するものである．

一方，Minahan & Cox（2007）は，組織活動において美学を取り入れている研究全体を組織マネジメントにおける美学的転回（the aesthetic turn in management）として，広範囲の論文を6つの観点から整理している．それは，（1）組織研究や組織マネジメントにおいて美学的転回を主張した研究群，（2）マネジメントの流行に従う組織の研究群，（3）ナラティブならびにストーリーテリングのアプローチの研究群，（4）劇場としての組織と演出に関する研究群，（5）即興のマネジメントに関する研究群，（6）クラフティング・マネジメントと組織研究に関する研究群である．Minahan & Cox は，これらの6つの観点ごとに，各種組織研究のジャーナルに掲載された論文を選別して再録している．

Minahan & Cox は，組織美学の今後の課題として，6つの観点からの研究をそれぞれ発展させることは，組織における美的資源の表象的な側面にだけ注目するのではなく，本質的な問題として捉えることとなり，これまでの組織論において組織構造や組織における社会的または政治的構造を調査研究してきたのと同様に，組織の美的可能性の認識に対する研究を進めることができると主張している．

7-5　おわりに：組織美学の可能性と課題

最後に組織美学の研究の可能性と課題を示したい．

可能性の第1は，組織美学が従来の組織研究を補完する役割を担う可能性があるということである．Strati（2009）や Minahan & Cox（2007）の包括的な整理を踏まえると，組織美学は，多岐に渡る領域に対して，「パトス」

や「目的なき合目的性」の組織観を前提とした「感性」に関する見方を提供
しているアプローチであった．この観点にたって組織美学を広く捉えると，
「ロゴス」や「エトス」ないしは「合目的性」の組織観を前提としてきた従
来の組織研究とは違う分析モデルを提供する点において，従来研究を補完す
るアプローチとして発展する可能性がある．

　第2は，組織美学が組織論に感性の問題を取り込むことによって，換言す
ればあらゆる組織の感性を論理的に説明することによって，組織の表現力に
関して論理的な説明ができる点である．従来の組織論は，製品やサービス，
技術力，独自資源，ビジネスモデルなどの差別化や競争優位性などが議論さ
れてきたが，そこでは他の組織との比較優位性が論じられてきた．しかし，
組織にとっての美学は，他者との比較優位性ではなく個別の「美しさ」や
「目的なき合目的性」に注目をしたものである．組織美学は，従来の比較優
位性を前提にした研究とは違う視点を提供し，組織研究を豊かにするものと
考える．

　第3は，わが国の組織論の発展にも寄与する可能性である．組織美学は，
日本の組織の独自性を表現する手段となりうるからである．日本の企業組
織，またはさまざまな日本の組織，ビジネスモデル，ないしは日本の組織の
組織成員にみられる美学的知識や能力は，他国にはない美的特徴があるはず
である．組織美学は，日本企業や日本の組織の独自性を表現する1つの手段
になり得ると考える．

　課題点を2つあげておきたい．まず，組織美学の研究の難しさである．本
章の第7-4-1項で近年の組織美学の研究のいくつかを紹介したが，どれも複
雑な定性的方法論の手法が取り入れられている．研究者にとって，複雑な方
法論を受け入れてくれて，かつ研究の意義が見込めるリサーチサイトと出会
うこと自体が難しいことが予想される．

　それに関連する課題点の第2は，分析ツールの開発に関することである．
「ロゴス」や「エトス」，「合目的性」に関する従来の組織研究は，さまざま
な分析ツールや方法論，概念モデルが蓄積されてきたが，「パトス」や「目
的なき合目的性」に対応するツールやモデルの開発はこれからである．今
後，多くの組織論研究者が援用できるツールやモデルを提示する必要があろ
う．

最後に，本稿を閉じるにあたり今後の組織論において組織美学に求める役割が大きいと考える点を示しておく．それは，マクロ視点からは「パトス」的に感性の問題からみた組織の独自性や優位性に関する論点を提起していること，ミクロ視点からは「目的なき合目的性」から組織成員の共感や共有に関して新しい組織化の枠組みを提供していることである．

謝辞

本研究のコメンテーターを引き受けていただいた山田真茂留先生には，草稿および2022年度組織学会年次大会での報告に対して多くの貴重なコメントをいただきました．ここで厚く御礼申し上げます．

なお，本研究は科学研究費補助金（課題番号：16H03652, 17K03865, 20K01846）の助成を受けた研究成果の一部です．

【参考文献】

Barnard, C. I. (1938). *The functions of the executive*. Harvard University Press（山本安次郎・田杉競・飯野春樹訳『新訳 経営者の役割』ダイヤモンド社，1968）.

バウムガルテン，A. G.（著）松尾大（訳）(2016). 『美学』講談社.

Berg, P. O., & Kreiner, K. (1990). Corporate architecture: Turning physical into symbolic resources. In P. Gagliardi (Ed.), *Symbols and artifact* (pp. 41-67). Aldine de Gruyter.

Bolman, L. G., & Deal, T. E. (2017). *Reframing organizations* (6th ed.). Jossey-Bass.

Burrell, G., & Morgan, G. (1979). *Sociological paradigms and organizational analysis: Elements of the sociology of corporate life*. Heinemann（鎌田伸一・金井一頼・野中郁次郎訳『組織理論のパラダイム：機能主義の分析枠組』千倉書房，1986）.

出口将人 (2004). 『組織文化のマネジメント：行為の共有と文化』白桃書房.

De Molli, F., Mengis, J., & van Marrewijk, A. (2020). The aestheticization of hybrid space: The atomsphere of the Locarno Film Festival. *Organization Studies, 41* (11), 1491-1512.

Gagliardi, P. (1990). Artifacts as pathways and remains of organizational life. In P. Gagliardi (Ed.), *Symbols and artifact* (pp. 3-38). Aldine de Gruyter.

Gagliardi, P. (Ed.) (1990). *Symbols and artifact*. Aldine de Gruyter.

Gagliardi, P. (1996). *Exploring the aesthetic side of organizational life*. In S. R. Clegg, C. Hardy & W. R. Nord (Eds.), *Handbook of organization studies* (pp. 565-580). Sage Publications.

Gagliardi, P. (2006). *Exploring the aesthetic side of organizational life*. In S. R. Clegg, C. Hardy, T. B. Lawrence & W. R. Nord (Eds.), *The SAGE handbook of organization studies* (pp. 701-724). Sage Publications.

Gagliardi, P. (2007). The collective repression of 'pathos' in organization studies. *Organization, *14*（3），331-338.

Guillet de Monthoux, P.（2004）. *The art firm: Aesthetic management and metaphysical marketing*. Stanford Business Books.

Hatch, M. J.（1993）. The dynamics of organizational culture. *Academy of Management Review, 18*（4），657-693.

Hatch, M. J.（2011）. *Organizations: A very short introduction*. Oxford University Press.

Hatch, M. J., & Cunliffe, A. L.（2013）. *Organization theory: Modern, symbolic, and post-modern perspectives*（3rd ed.）. Oxford University Press（大月博司・日野健太・山口善昭訳『Hatch 組織論：3 つのパースペクティブ』同文舘出版，2017）.

Heidegger, M.（著）細谷貞雄・船橋弘・亀井裕（訳）（1995）.『存在と時間（上 / 下）』理想社.

Jones, M. O.（1996）. *Studying organizational symbolism: What, how, why?* Sage Publications.

加護野忠男（1988）.『組織認識論：企業における創造と革新の研究』千倉書房.

加護野忠男（1997）.「経営戦略の意味」『国民経済雑誌』*175*（4），15-28.

Kant, I.（著）熊野純彦（訳）（2015）.『判断力批判』作品社.

片桐雅隆（1995）.「シンボリック相互作用論の組織論の可能性」船津衛・宝月誠編『シンボリック相互作用論の世界』（pp. 163-174），恒星社厚生閣.

川瀬智之（2019）.『メルロ＝ポンティの美学：芸術と同時性』青弓社.

小林信之（2021）.「カントにおける目的なき合目的性について」『早稲田大学大学院文学研究科紀要』（66），13-24.

熊野純彦（2017）.『カント 美と倫理とのはざまで』講談社.

Louisgrand, N., & Islam, G.（2021）. Tasting the difference: A relational-epistemic approach to collaboration in haute cuisine, *Organization Studies, 42*（2），269-300.

Minahan, S., & Cox, J. W.（Eds.）（2007）. *The aesthetic turn in management*. Routledge.

長野順子（1984）.「目的なき合目的性：有機体と美」『研究』（東京大学文学部美学芸術学研究所）（2），127-155.

西研（2020）.『NHK 100 分 de 名著 2020 年 6 月 カント「純粋理性批判」』NHK 出版.

野中郁次郎・紺野昇（2007a）.「分析と論理を超えた『人間の力』を問い直す フロネシスの知：美徳と実践の知識創造論」『Diamond ハーバード・ビジネス・レビュー』*32*（4），50-67.

野中郁次郎・紺野登（2007b）.『美徳の経営』NTT 出版.

野中郁次郎・嶋口充輝・価値創造フォーラム 21（編）（2007）.『経営の美学：日本企業の新しい型と理を求めて』日本経済新聞出版社.

野中郁次郎・米倉誠一郎・価値創造フォーラム 21（編）（2019）.『経営の美徳：次世代リーダー育成塾』日本経済新聞出版社.

沼上幹（2000）.『行為の経営学：経営学における意図せざる結果の探究』白桃書房.

小田部胤久（2020）.『美学』東京大学出版会.

大滝精一・金井一頼・山田英夫・岩田智（2016）.『経営戦略：論理性・創造性・社会性の追求』有斐閣.

Pondy, L. R., Frost, P. J., Morgan, G., & Dandridge, T. C.（Eds.）（1983）. *Organizational Symbolism*. Jai Press.

榊原清則（1996）.『美しい企業 醜い企業』講談社.

榊原清則（2010）.「『人工物とその価値』の研究」『組織科学』*44*（1），26-33.

坂下昭宣（2002）.『組織シンボリズム論：論点と方法』白桃書房.

Simon, H. A. (1976/1997). *Administrative behavior: A study of decision-making processes in administrative organizations* (3d ed./4th ed). Free Press (松田武彦・高柳暁・二村敏子訳『経営行動：経営組織における意思決定プロセスの研究』ダイヤモンド社，1989.／二村敏子・桑田耕太郎・高尾義明・西脇暢子・高柳美香訳『新版 経営行動：経営組織における意思決定過程の研究』ダイヤモンド社，2009).

Schein, E. H. (1984). Coming to a new awareness of organizational culture. *Slone Management Review, 25* (2), 3-16.

Stigliani, I., & D. Ravasai (2018). The shaping of form: Exploring designers' use of aesthetic knowledge. *Organization Studies, 39* (5-6), 747-784.

Strati, A. (1990). Aesthetics and organizational skill. In Turner, B. A. (Ed.), *Organizational symbolism* (pp. 207-222). Walter de Gruyter.

Strati, A. (1992). Aesthetic understanding of organizational life. *Academy of Management Review, 17* (3), 568-581.

Strati, A. (1999). *Organization and aesthetics*. Sage Publications.

Strati, A. (2006). Organizational artifacts and the aesthetic approach. In A. Reafaeli & M. G. Pratt (Eds.), *Artifacts and organizations: Beyond mere organizations* (pp. 23-39). LEA.

Strati, A. (2009). Do you do beautiful things?: Aesthetics and art in qualitative methods of organizational studies. In D. A. Buchanan & A. Bryman (Eds.), *The Sage handbook of organizational research methods* (pp. 230-245). Sage Publications.

高橋正泰 (1998). 『組織シンボリズム：メタファーの組織論』同文舘出版.

竹中克久 (2002). 「組織文化論から組織シンボリズム論へ：『シンボルとしての組織』概念の提唱」『社会学評論』53 (2), 36-51.

竹中克久 (2005). 「組織の美学：身体・感情・感覚」大野道邦・油井清光・竹中克久 (編著)『身体の社会学：フロンティアと応用』(pp. 204-221) 世界思想社.

竹中克久 (2007). 「組織秩序の形成と解体を説明するオルタナティブ：組織目的，組織文化，そして組織美学」『組織科学』41 (2), 95-105.

竹中克久 (2013). 『組織の理論社会学：コミュニケーション・社会・人間』文眞堂.

Taylor, S. S. (2020). Aesthetics and connection. *Organizational Aesthetics, 9* (1), 21-27.

寺本義也 (2012). 「ビジネスモデルの哲学的基盤：知行合一と美学経営の実践」『日本情報経営学会誌』33 (2), 14-24.

Vilnai-Yavetz, I., & Rafaeli, A. (2006). Managing artifact to avoid artifact myopia. In A. Rafaeli & M. G. Pratt (Eds.), *Artifacts and organizations: Beyond mere symbolism* (pp. 9-21). LEA.

Warren, S. (2008). Empirical challenge in organizational aesthetics research: Towards a sensual methodology. *Organization Studies, 29* (4), 559-580.

渡辺茂 (2016). 『美の起源：アートの行動生物学』共立出版.

組織美学のポテンシャル

山田 真茂留

Barnard は『経営者の役割』の序の最後で「組織のセンスを読者に十分に伝えることができなかったこと」を遺憾とし，それは「言葉で説明できないような劇的，審美的な感情」であると述べたうえで，「組織化のアート」に気づくことが必要だと説いている（Barnard, 1938　邦訳 1968, 43-44 頁）．組織美学はまさにこのあたりに解明のメスを入れようと試みる視角にほかならない．センス，美，アートといった事柄は一見組織現象から最も離れているように見える．しかしそれらは実は組織的経験の根幹を形作り，それゆえ経営の真髄に関わるものかもしれない．

　組織美学は組織文化論，組織シンボリズム論の展開の中から派生してきた組織論の一視角である（Jones, 1987, pp.133-134; Strati, 1990; Linstead & Höpfl, 2000, p.1）．それを想えば，この新しい視角の主眼が象徴的な文化現象の根源を観念的に深く抉るということにあるのは間違いない．しかしながら美的な表象は身近な物的存在に宿り，そうであればこそ人々の心を直接に強く打つ．したがって，多くの組織文化研究において表面的とされ，それゆえ軽視されがちだった組織イメージやアーティファクトの類は，組織美学では重要な探究対象の１つとなってくる．その点，加藤のレビュー論文が組織美学を紹介するにあたって，まずは Schein による文化の図式におけるアーティファクトの扱いに言及しているのは非常に示唆に富む．

　加藤が指摘するように，Schein にあってはアーティファクトは文化の要素の１つとされながらも，より深いところに位置する価値や基本的前提に比して重要度の低いものと見なされていた（Schein, 1985　邦訳 1989, 第 1 章）．Gagliardi はこれを鋭く批判し，アーティファクトは表面的でも二次的でもなく，それ自体きわめて意義深い文化現象だと説く．「物的リアリティは，言表不能ないし暗黙の知——一般的に心のコントロールを逃れてしまうようなもの——が伝達される媒体」であり，それを研究することは文化の核心を直接衝くことになる，というわけである（Gagliardi, 1999, p.314）．CI（corporate identity）や VI（visual identity）といったものの策定や改変は

1980年代ににわかにブームとなり，その後は当たり前の経営手法の1つとなったが，そうした視覚的表象は表面的・物質的ではありながら（あるいはだからこそ），市場のオーディエンスならびに組織の成員の心の奥深くに直接訴えかける象徴的文物の好例と言うことができよう．

　ただしアーティファクトの探究それ自体は美という観念と無縁に展開される可能性もある．諸々のアーティファクトは一般的な組織イメージ研究，組織シンボリズム研究，組織文化研究の対象としていかようにも検討することができるのである．またその試みが単なる物的配列の素朴な記述ないし評論に留まってしまう場合も大いにあり得よう．そうなると，わざわざそれを組織美学と銘打つ意義はほとんどなくなってしまう．では組織美学とは，いったいどのあたりに焦点を定めた研究視角なのであろうか．

　組織美学の先駆者としてしばしば名前が挙がるのはStratiとGagliardiである（例えばWasserman & Frenkel, 2011, p. 503; 竹中，2013，第9章を参照）．Stratiは甘さ，妄想，喜び，破壊欲などさまざまな感覚を挙げつつ，組織生活における美学は「聴覚・視覚・触覚・嗅覚・味覚といった知覚能力ならびに美的判断の能力」によってもたらされる人間の知識と関連していると述べた（Strati, 1999, p.1）．これだけ見ると，彼の考える組織美学の対象は感覚や感性一般に広く及んでいるようにも見える．しかしそのうちとくに注目されているのは言うまでもなく第6の感覚としての美的判断の方だ（pp. 115, 120-121）．そしてStratiは，いわゆる美なるものが崇高とか優雅とか聖などといった多様な観念を含み込むことを認めたうえで，自身はひたすら「美しい」という事柄に照準するとしている（Strati, 1992, p.568）．

　これに対して意識的により広い視角を採用しているのがGagliardiである．彼は，「審美的（aesthetic）」なる概念を一般性の高い意味で用いると宣言した．彼の議論では，それは「あらゆる種類の感覚経験を指すものであって，単に社会的に"美しい"と言われたり"芸術"とされたりするものには限られない」．Gagliardiにおいて美的経験は広く①理知的ではない感覚的な知識（専ら無意識的で暗黙の知），②目的志向ではない無心の表出的な行為，③スピーチではないコミュニケーションの3つを包含するものと考えられている（Gagliardi, 1999, p. 312）．

　さて，こうした微妙な違いはあるものの，組織現象のうちに美的な次元を

抉り出そうとしていること，ならびにその美的な次元の中核に関与する諸主体の美的経験を置いていることに関しては，Strati と Gagliardi の二人に共通した姿勢と言って間違いはない．彼らはともに，諸個人の美的な感覚や感性に注目しながら，組織現象を美的に読み解こうと（あるいは読み直そうと）試みているのである．そしてここですぐれて問題となるのは，こうして捉えられた美という観念のはらむ曖昧さにほかならない．この先駆者二人に限らず，組織美学関係の研究者の多くは，主観性を多分にまとう美的経験を深く掘り下げようと腐心しているわけだが，それが主観的なものとして扱われれば扱われるほど，美をめぐる諸々の事柄に共通項を見出すのは難しくなってこよう．そこで露わになるのは，人々によって経験される美がいかに多種多様かということである．

　実際，組織美学にまつわる研究には相当な多様性が認められる．大学組織の教育部門において家族的・コミュニティ的温かさを見出した研究（Jones, 1987），芸術学や数学の研究教育者たちが自らの仕事をどのような形で美と関係づけているかを考究した研究（Strati, 1990），思わぬ事態に遭遇した際の自己組織的な対処の仕方を考えるにあたってジャズの即興演奏が示唆的だということを論じた研究（Barrett, 2000），勤務先のビルの建て替えに際し上位者の押しつけてくる建築イメージを成員たちがどのように捉えているかを検討した研究（Wasserman & Frenkel, 2011）などさまざまだ．これらの多くは経験的探究を行うに際して質的なアプローチを採用しているが，美という主題に関してはインタビューにおける問いかけ方も，またそれへの答え方も，それぞれの主体ごとに振れ幅の大きなものとならざるを得ない．

　質的な研究における厚みのあるインタビューは，それ自体ある種のアートと言える．しかし Strati など，美についてかなり直接的な訊き方をしていて興味深い．「あなたの学部の人たちの仕事の美的次元ってどんな感じのものか聞かせてもらえますか」（Strati, 1990, p. 208），「あなたのフォト・ギャラリーは美しいものですか，それとも美しいものを産みだす手段ですか」（Strati, 1999, p. 124）といった具合だ．哲学的・形而上学的な議論をふんだんにし，質的な深いアプローチを重視する彼にしてはあまりにも「芸」のないインタビューで驚かされる．しかしこれこそ，美にまつわる感覚や感性に関して共同主観的な了解を紡ぎだすことの大変さを端的に物語っていると言

うこともできるだろう.

　加藤論文は,このように多くの主観性を含み込み,それゆえきわめて複雑で多様な組織美学の研究群を非常に手際よくレビューしている.学説史の紹介についても,また諸外国ならびに日本での研究展開の概観にしても大変に的確で,今後,この領域での探究を志す者にとって有益な一里塚となるにちがいない.また組織美学の問題点に関する指摘も適切になされていて,その点も高く評価されよう.加藤は組織美学関連の経験的研究が今なお発展途上にあることを認め,また確実な方法論や概念モデルの構築が今後の課題だとしているのである.

　こうした加藤の議論を承け,評者なりに組織美学の発展に向けて考えるところをここに若干記してみたい.この比較的新しい研究視角においては,古典的な哲学や美学の影響のためか,あるいは素朴な思い込みによるものか,美的だとされる事物の存在や美しいと判断する主体の感覚・感性を揺るぎない所与と見なしてしまっているものが少なくない.しかし芸術作品の鑑賞に際しても,美術史や音楽史に詳しい人とそうでない人とでは美的判断は著しく違ってくるし,現代アートの場合など,そもそもそれがシャベルなのか美術なのか,無音なのか音楽なのかフォーマルな姿だけでは判断できないものもある.ここでものを言うのは文脈性だ(Fenner, 2008 を参照).純粋芸術の場合ですらそうなのだから,組織という場においてはなおさら美を美たらしめている諸々の社会的文脈に細心の注意を払っておかなければならない.美をめぐってはこれを本質的に捉える見方と文脈に応じて読み解く見方の2つがあるわけだが,社会科学の一環として組織美学を推進するのであれば,今後,後者の比重を増やしていくことが求められよう.

　またこれと関連したことだが,美的対象の共有という事態を自明なものと見なして過度の客観主義に陥ったり,またその反対に各人の美的な感覚・感性を相対的なものとしてのみ捉えて過度の主観主義に陥ったりすることの危険性についても気をつけておきたい.前者は組織に関する美的事物の単なる羅列や論評に堕し,また後者も組織において諸個人が下す美的判断の単なる聞き取りや解釈に留まりかねないのである.しかし組織にまつわる美というものは制度や集団や関係の張り巡らす強烈な磁場の影響でさまざまに結晶化したり拡散したり雲散霧消したりする.その共有度すなわち制度化の度合い

は，状況によってさまざまに違ってこよう．新制度派組織論の淵源としても
よく取り上げられる現象学的社会学者の Berger & Luckmann（1966 邦訳
2003）は，主観的意味と客観的事実性との間のダイナミックな関係性につい
て考究したが，組織美学もそうした複眼的な視座を備えておく必要があるも
のと考えられる．

　さらに組織美学は，殊更に美学を名乗らない同種の研究との連携を図るこ
とで，学的内実をより豊かなものにすることができるだろう．例えば日本に
おける企業文化論の先駆者の一人，梅澤は「磨かれた知性と美しい心」を高
度な精神活動としての文化の要素の1つに数えたうえで（梅澤，1995，p.
219），望ましい経営文化の普遍的な価値として哲学性・科学性・倫理性と並
んで美学性を挙げている（pp. 222-223）．また全人格的な行為への没入感覚
としてのフローを掘り下げた Csikszentmihalyi（1975 邦訳 2000）の研究や，
仕事において「一皮むけた経験」に注目した金井（2002）の研究なども，組
織美学的な観点からしてきわめて重要な業績と言うことができよう．

　Strati 自身，組織美学の方法論的・理論的な弱さを認めてしまっているが
（Strati, 1992, pp. 580-581），そのあたりの基盤を補強するとともに，探究の
幅を拡げていけば，組織美学のポテンシャルはさらに増し，組織論全体への
貢献度も上がってくるものと期待される．また学問上の厳密さというだけで
なく，視角の面白さ・興味深さということもそれなりに大事だろう．Strati
によれば，美的判断力は対象が無心で楽しめるものかどうかについての判定
を可能にするという（Strati, 1999, p. 2）．では組織美学という視角は全体と
していま，それ自体，本当に美しく，楽しいものになっているだろうか．

　加藤論文にもあるように組織美学にはまだまだ課題が多く残されている．
上に示したことも含み，各種の挑戦的な課題がクリアされたとき，冒頭で触
れた Barnard 的な関心は真に満たされ，組織をめぐるセンスやアートを存
分に伝えることが可能になるのかもしれない．

【参考文献】

　Barnard, C. I. (1938). *The functions of the executives*. Harvard University Press（山本
　　安次郎・田杉競・飯野春樹訳『新訳 経営者の役割』ダイヤモンド社，1968）.
　Barrett, F. J. (2000). Cultivating an aesthetic of unfolding: Jazz improvisation as a
　　self-organizing system. In S. Linstead & H. Höpfl（Eds.）, *The aesthetics of organiza-*

tion (pp. 228-245). Sage Publications.

Berger, P. L., & Luckmann, T. (1966). *The social construction of reality: A treatise in the sociology of knowledge.* Anchor Books（山口節郎訳『現実の社会的構成：知識社会学論考』新曜社，2003）.

Csikszentmihalyi, M. (1975,). *Beyond boredom and anxiety.* Jossey-Bass（今村浩明訳『楽しみの社会学』新思索社，2000）.

Fenner, D. E. W. (2008). *Art in context: Understanding aesthetic value.* Swallow Press/Ohio University Press.

Gagliardi, P. (1999). "Exploring the aesthetic side of organizational life. In R. C." Stewart & H. Cynthia (Eds.), *Studying organization: Theory and method* (pp. 311-326). Sage Publications.

Jones, M. O. (1987). *Exploring folk art: Twenty years of thought on craft, work, and aesthetics.* University Press of Colorado; Utah State University Press.

金井壽宏（2002）.『仕事で「一皮むける」：関経連「一皮むけた経験」に学ぶ』光文社.

Linstead, S., & Höpfl, H. (2000). Introduction. In S. Linstead & H. Höpfl (Eds.), *The aesthetics of organization* (pp. 1-11). Sage Publications.

Schein, E. H. (1985). *Organizational culture and leadership.* Jossey-Bass（清水紀彦・浜田幸雄訳『組織文化とリーダーシップ：リーダーは文化をどう変革するか』ダイヤモンド社，1989）.

Strati, A. (1990). Aesthetics and organizational skill,. In B. A. Turner (Ed.), *Organizational symbolism* (pp. 207-222). Walter de Gruyter.

Strati, A. (1992). Aesthetic understanding of organizational life. *The Academy of Management Review, 17* (3), 568-581.

Strati, A. (1999). *Organization and aesthetics.* Sage Publications.

竹中克久（2013）.『組織の理論社会学：コミュニケーション・社会・人間』文眞堂.

梅澤正（1995）.「企業文化に関する調査と分析」梅澤正・上野征洋（編）『企業文化論を学ぶ人のために』(pp. 208-224)，世界思想社.

Wasserman, V., & Frenkel, M. (2011). Organizational aesthetics: Caught between identity regulation and culture jamming. *Organization Science, 22* (2), 503-521.

研究開発における
組織内・組織間関係

特許データによる貢献と限界，留意点

吉岡（小林）徹

8-1 特許データの経営学研究における利点

経営学において特許に関心を払った研究は年々増えつつある．学術論文書誌情報データベースである Web of Science に載録された主として英文論文で，そのタイトル，要旨，キーワードに「特許」を含む論文は，図1のとおり近年は年 400 本近く公表されている．経営学全体の論文における割合でみると，2010 年ごろから 0.8 % 前後で推移しており，ニッチながらも一定程度

図1 「特許」をタイトル・要旨・キーワードに含む経営分野の論文数

出所：Web of Science での検索結果より筆者作成

普及した関心対象ということはできるだろう.

『組織科学』においては，2010 年代では渡部（2012），小阪（2014），犬塚・渡部（2014），木川（2016），安本・吉岡（小林）（2018），中本（2018），中村（2019）が特許を対象としている.

　経営学研究の観点からみた特許の魅力は，主として分析のデータ源としての側面にある．特許データは以下の 3 点の魅力を有する.

　第 1 に，組織や人の技術的なイノベーション活動の成果を一定程度反映している．特許は法制度上，新規で，かつ，進歩的な技術創出のインセンティブを付与するものと設計されているため（Levin, 1986），少なくともそれを生み出した組織や人にとって主観的には革新性のある成果であることが保証されている．しかも行政機関による審査を経て特許権として登録された特許は，新規性・進歩性の担保された成果とみなすことができる．企業を対象とした研究では，組織レベルの研究開発投資や財務的なパフォーマンスと特許数との間には相関がある（Griliches, 1990）ことが明らかになっており，これらの理解を裏付けている.

　第 2 に，時系列，国際性の観点で極めて豊富なデータの蓄積がある．電子データとなったものでは米国の特許では 1970 年[1]から，日本の特許では 1964 年[2]からそれぞれ採録されており，いずれも 1000 万件を超えるデータが利用可能である[3]．また，紙媒体の記録では，米国では少なくとも 1790 年まで[4]，日本では 1910 年頃まで遡ることができる[5].

　第 3 に，出願人，発明者，それらの住所，出願日，技術分類，関連する先行特許，そして，発明の内容の記述など，豊富な情報が含まれている．これらの情報を利用することで，様々な経営学上の概念が操作化できる．しかも，出願人や発明者については正確に記載する法制度上のインセンティブがあるため，信頼性も高い.

　では経営学の研究ではどのような概念が特許データにより操作化されてき

1　「PATSTAT」採録分．なお，「PatentsView」では 1976 年から採録されている.

2　「IIP パテントデータベース」採録分.

3　ただし，初期のデータは一部の電子化にとどまる．日本のデータでは 1988 年頃から捕捉率が高い水準となっている.

4　出願人の居住地のみに絞ったデータではあるが，Petralia et al.（2016）がデータセットを公開している.

5　「J-PatPlat」での特許番号検索による.

たのであろうか．また，その操作化における留意点は何であろうか．本稿では組織論，戦略論の観点で主として企業組織が行う研究開発の文脈での組織内関係，組織間関係に関する学術論文のうち，近時のもので，かつ，手法面で参考となる論文を中心にレビューし，これらの問いに答えていく．なお，Savage et al.（2020）も同様の視点で整理で行っているが，本稿は構成概念と操作化の対応に焦点をあてた議論を行う．本稿は経営学研究の手法面での選択肢を広げることを目的とし，特許制度，特許データそれぞれに明るくない読者に向けたチュートリアルとして解説を行っている．

8-2 技術知識資源・研究開発成果の計測

8-2-1 資源・成果の操作化

特許データの典型的な用途は，組織の技術的な資源や研究開発の成果の操作化である．技術的な知識資源の代理指標としては特許権のストック（例えば，Olsen et al., 2016）が用いられることが一般的である．このとき技術の陳腐化を加味するものもあり，例えば年率 20 ％や 25 ％での割合で知識のストックが減じるとする処理が行われる（例えば，Woo et al., 2015）．

成果の代理指標としては特許数がかつては用いられることが多かったが，近年は後述する個々の特許の質を考慮した指標が多い（例えば，被引用数の合計値：Makri et al., 2010．被引用数ウエイト付き特許数：Cohen & Tripsas, 2018）．

8-2-2 個別の技術の質の操作化

特許として出願された個別の技術[6]の質の操作化については，方法論的な工夫が蓄積されている．2000 年代以降の研究では成果の質を加味できる指標として後の特許からの引用数（被引用数，前方引用数）が頻繁に用いられてきた．その操作化の正当性の検証については多数の蓄積があるところであり，レビュー論文（Jaffe & de Rassenfosse, 2019）を参照されたい．なお，

---

6 特許においては同一の思想からなる技術であれば，複数の技術を1つの特許に含めることができる．そのため，特許1件が技術1件を表すという関係には必ずしもない．

日本の特許の被引用数については，鈴木・後藤（2006）が審査請求の有無や維持年数との相関を検証し，特に特許の引用のうち発明者・出願人が行った引用を基に計算された被引用数（発明者被引用数）と高い相関があることを確認している．

　被引用数は一般に，負の二項分布で表現可能なごく少数の特許に偏る傾向がある（例えば，Hegde & Sampat, 2009）．そこで，被引用数の多さ以外にも，上位1％～5％の被引用数に該当するか否かのダミー変数として用いられることもある（例えば，Kelley et al., 2013）．この性質を利用した研究が，ファミリービジネス企業に典型的な研究開発戦略を明らかにした Asaba & Wada（2019）である．彼らは特許出願数，被引用数をそれぞれ研究開発費で除し，研究成果が高い質のものを生み出したのか，専ら発明の数だけを生み出したのかを検証する指標としたのである．

　被引用数は出願人や第三者の事後的な評価を表すが，出願人の出願時点での主観的な評価を表す指標もある．それが同一の発明の海外での特許出願数，すなわち，国際特許ファミリーの大きさである．類似の指標として，主要な経済圏である米国，欧州，日本（近時では日本に代えて中国）での三極で出願された国際特許（triadic patent）を使うことも行われてきた（例えば，Ardito et al., 2018）．また，出願先国の市場の大きさでウエイトをかけた指標（Kabore & Park, 2019）も提案されている．

　被引用数や国際特許ファミリーサイズでは成果の技術的・商業的な価値やインパクトを測るが，技術的な性質を測る指標も古くから提唱されている．その代表的なものが，独自性（originality）指標，汎用性（generality）指標である．これは Trajtenberg et al.（1997）が提唱したものであり，引用特許，被引用特許それぞれの技術分類の多様性を以て前者を独自性の指標として，後者を汎用性の指標として使っている．独自性の操作化には，多様な技術知識に依拠している発明ほど，おそらく独自なのであろうとの前提が存在する．一方，汎用性の操作化には，他分野で利用・応用されるものであるので，汎用的なものなのであろう，との前提が存在する．これらの独自性，汎用性の指標は，近年では Sako et al.（2016）や Argyres et al.（2020）で用いられている．

　独自性については異なる操作化の方法もある．Dahlin & Behrens（2005）

は引用特許の組み合わせが，Jung & Lee（2016）は1つの特許に付与された技術分類の組み合わせが，それぞれ今までにないものであるかを基に独自性が計測できると提案している．これらは Trajtenberg et al.（1997）の指標に比べると，その前提となる仮定に無理がない．他方で，極めて独自性の高い，すなわち，ブレイクスルーのみを捉える傾向が強い点には注意が必要である．また，全ての特許の引用や技術分類の組み合わせを確認する必要があるため，データ操作の負荷が高い点は課題である．なお，これらの手法は組織内での相対的な新規性の計測に応用することができる．Carnabuci & Operti（2013）はその組織の特許の中で今までにない技術分類の組み合わせによって，組織にとって新規性の高い成果を計測している．

8-2-3 組織の技術資源の質の操作化

組織レベルの技術資源の質である，技術的な知識の幅や多角化，分散，また，補完的な技術の保有の操作化を試みたものもある．多角化に関しては，特許に付与された技術分類の種類数を技術の幅とする研究がある（Lodh & Battaggion, 2015）．また，集中度を Herfindahl-Hirschman 指数により求め，多角化の代理指標とする研究が多数存在している[7]（Olsen et al., 2016; Kumar & Zaheer, 2019）．

補完性に関しては，引用関係に着目したものと技術分類の関係に着目したものがある．引用関係に着目した操作化では，同一の被引用特許が引用した，自組織の技術分野をまたぐ2つ以上の特許を相互に補完関係にあるとするものが存在する（Miller & Toh, 2020[8]）．技術分類の関係に着目した操作化では，技術分類が要素技術を表しているとの前提の下，同一の特許に同時に付与される傾向にある技術分類のペアの多さを組織の技術の補完性の指標として操作化するものがある（Dibiaggio et al., 2014）．

---

[7] 戦略提携関係と組織の研究開発の探索との関係を探求した Duysters et al.（2020）ではこれを組織の研究開発の探索の代理指標としているが，この操作化は構成概念との関連性が十分でない．

[8] 彼らは Fleming & Sorenson（2004）が開発した技術分類間の補完性の計測指標を特許レベルに応用しているため，その妥当性には若干の疑問が残る．

8-3 研究開発における技術知識資源以外の内部環境の計測

8-3-1 研究開発戦略のうち技術的な探索と深耕の計測

　特許データは，組織の研究開発における探索（exploraration）と深耕（exploitation）の計測に頻繁に用いられてきた．古典的には，特許に付与された技術分類を基に探索的な行動が行われているか判定するものが散見される．例えば，Belderbos et al.（2010）は，国際特許分類4桁を基に，ある企業にとって過去5年の間に初めてその技術分類に特許出願をした場合に探索的な特許であるとしている．この手法はGuan & Liu（2016）でも踏襲されている．また，写真フィルム産業の企業を対象に組織の技術戦略転換を捉えたCohen & Tripsas（2018）では，特許の技術分類を基にアナログとデジタルの2種に技術を区分して探索的な行動を操作化するともに，同一の発明者がアナログとデジタルの双方に関わるという組織内の人的資源レベルでの戦略転換を操作化している．

　ただし，これらの操作化は組織としての平均的な技術の探索傾向を測るものであり，個別の技術レベルでの探索を測るものではない．近時の研究では，引用情報を手がかりに個別の技術レベルでの探索を計測するものがある．Phelps（2010）では過去7年間に当該組織が引用したことが無い特許の引用を探索の代理指標とし，Flammer & Bansal（2017）ではBenner & Tushman（2002）の手法を手がかりに，特許の引用（後方引用）特許情報を基に，ある特許における引用特許の中で，他組織の特許，かつ，当該組織が引用したことがない特許が占める割合が80％以上の場合，探索的な特許であるとしている．

8-3-2 組織の研究開発体制の操作化

　特許データの発明者の情報を用いることで，組織内の研究開発体制の変化や構造の特徴を操作化できる．例えば，小阪（2014）は，発明者の共同発明関係とその成果の分野の関連性をもとに研究開発体制の特徴を推定し，その体制の特徴と時系列の変化が研究開発の成果にどのように影響を与えていた

かを分析している．この手法は，社史や聞き取り調査では容易に追跡ができない組織内の体制を把握する手段として特許データを活用するものである．

　発明者間の共同発明関係を社会ネットワーク論の視座から捉え，組織の中での研究者個人の社会的埋め込みの度合いや，組織としての研究開発体制の特徴として操作化する研究もある．前者の研究の1つが特定企業1社の38年間の人事データと特許データを接続し分析した犬塚・渡部（2014）である．彼らは共同発明関係を組織内の社会ネットワークの紐帯とみなしている．後者の例がArgyres et al.（2020）である．彼らは組織内の共同発明者のネットワークのエントロピー（孤立した小規模な共同発明者ネットワークの少なさ），そして，共同発明者ネットワーク内での最大のコンポーネントに含まれる発明者数をそれぞれ，研究開発体制の構造の特徴の指標として利用している．

　組織の公式な構造であることは保証されないが，共同発明を行っているチームを中間的な組織と捉え，その組織の技術的な知識の特徴との関係を見ることもできる．Huo et al.（2019）は，個々の発明における共同発明者のそれぞれが過去10年に関わった発明の技術分類を基に，発明者個人間の技術的な距離を求めてそれをチームの技術的な知識の類似性として操作化している．

8-4 研究開発における外部環境の計測

8-4-1 組織間の技術上の戦略的提携・技術的ポジションの計測

　特許データは研究開発における組織間の関係性の操作化にも用いることができる．古典的には共同出願が研究開発の提携関係の指標とされてきた．共同出願関係を基に，これが組織間の社会ネットワークであるとみなした近年の研究として，ナノテクノロジー分野の組織間関係を分析した，前述のGuan & Liu（2016）がある．さらに踏み込んで，共同で特許を所有するような関係であることに焦点を当てる研究としてBelderbos et al.（2014）もある．

　また，特許の技術的な特性を定性的に分析し，企業の戦略的なポジション

を推定する手法もある．代表的な例が，ある産業における中核的な技術を保有するアクターであるのか否かに焦点をあて，戦略的な関係性を操作化したCarignani et al. (2019) である．定性研究における特許データの利用の好例といえよう．

　他方，特許を戦略的関係性のアウトプットとしても用いることもできる．例えば，協調関係による参入コストの低下を，特許データを使って観察することができる．その一例であるVakili (2016) では，技術規格についての特許を持つ企業について，特許プール加入後にその引用関係がどのように変化したかを分析している．特に焦点を当てたものが引用をした企業（被引用特許の出願企業）の性質である．同研究は川下・川上関係にある企業が引用したのか，スタートアップが引用したのか等を分析している．

8-4-2　組織間の技術的関係性の環境条件の操作化

　特許データは組織間の技術的関係性を操作化するためにも用いられる．典型的には組織間の技術的な近接性が操作化されることが多い．この操作化には「技術間距離」としてJaffe (1986) が提唱した手法が広く用いられている（近時の例では，Laursen et al., 2017; Kumar & Zaheer, 2019）．この手法では両組織が持つ特許の技術分類別の特許件数を基に両者の類似度が計算される（この手法の解説として及川，2016）．また，その経時的な変化を計測すると両組織間の技術的な収斂も計測できる（Corredoira & Rosenkopf, 2010）．

　組織間の技術間距離は典型的には提携との関係性で用いられることが多い．例えばLin et al. (2012) では，知識吸収の難しさの指標として技術間距離を用いて，研究開発における提携との相互作用を分析した．似たような操作化を行った研究として，組織間の技術間距離と発明者の異動の相互作用を検証したWagner & Goossen (2018) がある．また，技術的な距離を用いて，企業間からの技術スピルオーバーの可能性を操作化する研究（Byun et al., 2021）もある．

　なお，Jaffe (1986) の距離の計算はやや複雑であるため，簡易的には特許分類別に買収企業と被買収企業で重なっている特許分類の数がそれぞれの企業の当該分類の全特許に占める割合を計算するMakri et al. (2010) の操作

化[9]も選択肢になろう.

8-4-3　組織間の知識フローの計測

　特許の引用情報を組織間の技術的な知識の流れとみなせば, 組織間での知識面での関係性を操作化できる. その一例がCriscuolo (2009) による多国籍企業における海外子会社を通じた本国への知識の逆輸入の分析である[10]. 戦略的な知識フローの可視化の例は安本・吉岡 (小林) (2018) である. 彼等は無線通信規格に必須の特許権の引用情報を基に, 当該規格で支配的な影響力を行使した企業がどのように技術面での影響力を獲得したかを引用関係から推測しようとしている. なお, 組織内関係で述べた探索と深耕の操作化において引用情報を用いる研究 (例えば, Flammer & Bansal, 2017) も同じ視角から操作化をしているものと解釈できる.

　珍しい研究例としては, 特許事務所を媒介した知識の流れの存在を引用情報によって操作化したWagner et al. (2014) が存在する. これは特許の出願にあたって, 複数の組織の特許発明について知識を持つ特許事務所とのやり取りが不可欠な点に着目したものである.

8-4-4　組織間関係と組織内関係の相互作用の操作化

　組織間関係と組織内関係の相互作用も操作化されている. 1つの流れが, 買収という組織間関係の変化による組織内関係への影響の操作化を行う一連の研究である. 中村 (2019) はM&Aという組織間関係の変化と, それによる社会関係資本の拡張, そして, その効果をそれぞれ特許データを使って操作化している. 同様の研究として, 買収による発明者の社会的埋め込みの喪失に焦点を当てた研究であるParuchuri et al. (2006) もある.

　別の流れとして, 組織内関係が外部知識の獲得に影響するかも特許データにより探求されている. Moreira et al. (2018) ではライセンスを受けた技術が組織に吸収される速度が, 組織内の発明者の社会関係資本に影響を受け

9　同研究は米国特許分類を用いているが, 国際特許分類であれば3桁ないし4桁レベルに対応するだろう.

10　後述するように, 発明者引用と審査官引用は区別されるべきであるが, その点についてもCriscuolo (2009) は頑強性の検証を行っている.

ていることを実証している.

8-4-5 特許権の持つ専有可能性の戦略的影響力の計測

　特許権は技術に専有可能性（appropriability）を付与する．その排他性に着目して，研究開発以後の製品展開の場面での戦略的な関係性を操作化する研究もある．例えば，Paik & Zhu（2016）では，組織間の戦略的なスマートフォン分野での特許侵害が争われた訴訟が世界中で提起された結果，訴訟の対象になっていない企業まで国際的な製品展開を差し控える影響がみられたことが示されている.

　他方，協調関係にも特許権は利用できる．Jell et al.（2017）は1つの製品を巡って競争相手と特許を持ち合うことによって生じる関係性について，詳細に事例分析をしている．同様にKwon（2020）は特許権の譲渡がイノベーションの創出にもたらす影響を実証的に分析している．また，数は限られているものの本来排他性のある特許権を第三者に広く開放するとの戦略的行動も取られる．渡部（2012）は契約によって部分的な専有を残した協調的な行動であることを指摘しており，単純な協調行動ではない点が特徴である．この影響の分析例が，IBMの特許開放を分析したWen et al.（2016）である.

　また，近時有力な分析対象が技術標準に必須の特許（standard essential patents: SEP）である．その経済的価値の大きさゆえに企業間の戦略的行動，とくに協調と競争関係に及ぼす影響が大きく，近年ではMiller & Toh（2020）やJones et al.（2021）など戦略論からの研究が登場している.

8-4-6 特許の出願におけるサプライヤーとの戦略的関係の計測

　特許の出願の委託をサプライヤーとの関係性とみなす研究も少数ながらある（例えば，Mayer et al., 2012）．中でも，特許の出願にあたってどのように特許事務所に委託しているかをもとに，サプライヤーの選択の戦略行動を分析したものがSako et al.（2016）である．彼女らは書誌情報のうち代理人の情報に注目し，それを特許事務所の情報と紐付け，委託先が多様であったのか，また，委託先が一定であったのか，委託先に専門性があったのかをいずれも特許データを基に測定した．これを基に，交渉力重視の委託戦略か，関係性重視の委託戦略かであるかを操作化したのである.

これとは逆にサプライヤーとしての特許事務所に注目した研究もある．Mawdsley & Somaya（2021）は，特許の出願の代理についての依頼企業との関係性を特許データを基に計測し，特定の依頼企業との依頼関係の長さをもとに関係性の中への埋め込みの度合いを操作化している．同様に顧客のポートフォリオが顧客に特化した知識を形成するか否かを分けることを日本の特許の代理人への依頼状況のデータを使って分析した中本（2018）もある．

8-5 　特許データの限界

8-5-1 　秘匿との関係性等，知財の戦術的活用の影響

しかしながら特許データを用いた研究には多くの限界がある．これらは少なからず研究の限界として示されてきた（その概況を整理するものとしてTanimura, 2018）．

第1の限界が，特許による専有可能性の，技術分野，産業による差異である．典型的には，創薬，化学産業では特許により製品を専有できる程度が高いが，他の産業では特許が迂回される可能性があり専有できる程度が低い傾向がある（後藤・永田，1997; Cohen et al., 2000）．このため，産業により特許出願に対する動機付けの強さが異なっているのである．この限界を踏まえると，産業を超えて特許データを用いることには細心の注意が必要であることがわかる．

専有可能性と関わるのが秘匿による技術的優位の獲得可能性である．技術情報は秘密管理をしていれば営業秘密（trade secret）としての法的な保護を受ける．これを的確に使いこなすことも組織の知的財産マネジメントの1つである（Bos et al., 2015）．とりわけ製造プロセスや情報技術においては特許データだけではサンプル・セレクション・バイアスが発生する可能性が高い．

第2の限界が，組織の戦略に応じた特許の出願性向の差異である．人為的に付与された排他性を組織は戦略の実現手段として活用できる（Pisano, 2006; 渡部，2012; Holgersson et al., 2018）．単に専有と秘匿だけではなく，

他組織との連携や，製品アーキテクチャの特定モジュールへの多様なプレイヤーの誘引などのための手段として使われ，また，そのために取得されうる（Holgersson & Granstrand, 2017）．つまり，場合によっては当該組織の事業目的のための研究開発の成果とは限らない特許も含まれうるのである（Torrisi et al., 2016）．その最たる例が，国際標準化の技術規格についての会議に参加した当事者の手による直ちに出願された特許である（Kang & Bekkers, 2015）．戦略的に技術規格の交渉，ないし，その後の事業展開を有利なものとするため，特許出願が行われていることをうかがわせるものである．このような極端な例は限られた場面でのみ起こるものであるものの，特許データの分析にあたっては組織の戦略に基づくバイアスが含まれうることは留意しなければならない．

　近年指摘された第3の課題が，組織が特許を出願する際の発明の選抜によるサンプル・セレクション・バイアスである．Criscuolo et al.（2019）は発明者への質的調査とある企業の発明届けのデータを活用し，発明の選抜過程にバイアスがあることを見出した．とくに過去に成功した発明者の特許は積極的に出願の対象となりやすいことが明らかになった．例えば，探索的な特許の場合，過去に成功をしている発明者のものが出願対象になりやすいため，探索に寄与する組織内部の条件を出願された特許を基に分析をしてしまうと，過去の経験の効果を過度に推定することにつながってしまうのである．

8-5-2　審査の影響

　特許は特許庁等の所管の行政庁の審査を経て登録される．登録されたものは新規性，進歩性が一応保証されているが，単なる出願特許はそれが保証されていないことに留意しなければならない．

　また，特許化されたものであるか否かを基に特許の質を議論する場合には，出願人の特許戦略や代理人の特許中間処理の能力，また，特許審査官による判断に由来するバイアスに留意が必要である．とくに探索的な発明については特許化されにくいことが実証的にわかっている（Arts & Veugelers, 2015）．例えば，特許査定率（特許出願のうち登録されたものの割合）は，特許取得に対する組織としての保守的な戦略を表す可能性はあるが，それ以

上のものを表す可能性は低いと捉えるべきである.

8-5-3 制度変更の影響

　特許データは長期間の蓄積があることが利点ではあるが, 度重なる制度変更の影響を受けている点は注意が必要である. 例えば, 減免措置を含む特許料の変更は特に中小企業の出願性向に影響をする (Dang & Motohashi, 2015; 大西, 2019). スタートアップ, 中小企業を対象に分析する際は全体のトレンドについても把握した上で, これらの影響を受けているかを確かめるべきである.

　より長期のデータを使う場合は, 特許対象の変更, 特許の付与条件の変更, 国際特許出願制度の導入に注意を払う必要がある. 特許対象については, ソフトウエア, ビジネスモデル, 生物が典型的な論点となる. ソフトウエアは米国では古くから特許登録例があったものの, 欧州や日本では有形の機器との一体性が求められてきた. 1990 年代に入り欧州では運用の変更があったものの, 必ずしも米国と同様の運用はなされていない. ビジネスモデルはソフトウエア特許の一形態であるが, 自然科学的な成果とはいいがたく, 特許対象となりうるかについて米国においても論争があった. しかし, 1998 年の米国の連邦最高裁判決によって保護の要件が明確化され, ビジネスモデルについての出願が増えることとなった. 生物については米国, 欧州で主として議論になった. 米国では微生物については 1980 年の連邦最高裁判所判決で, 動物については 1988 年の米国特許商標庁の通達により特許対象となった. 欧州は微生物は制度上は保護されうるものではあったが要件が厳しかった. しかし, 1983 年に欧州特許庁が運用を変え, 保護の可能性が広がった. 動物については 1992 年に登録が認められ, 以降, 特許出願が増加した. 日本ではこのうち米国の動向を追随している.

　国際的な特許出願制度の変更についてはとくに 1978 年以降の特許協力条約 (PCT) への加盟, 1995 年以降の TRIPS 協定への加盟が影響を与える. 後者については創薬企業が戦略的に出願を変更したことが報告されている (Lemus & Marshall, 2018).

　1990 年代より前の日本の特許を用いる場合には, 請求項に関する制度の違いに留意が必要である. 日本では長く特許の請求項 (権利を請求する発明

の単位）は1件に限られてきた．1988年に制度が変わり[11]，米国，欧州と同じく複数の請求項を記載できるようになった．これにより出願の傾向が大きく変わっている（近藤・富澤，2008）．長期間の日本特許データを用いる場合，少なくとも前後での出願件数の差異は論点にするべきではない．

8-5-4　出願人・発明者情報の限界

　出願人・発明者情報の利用にあたっての留意点の第1は，表記揺れ，名称変更，異なる名称での登場の可能性である．表記ゆれは誤記や特許出願システムの変更，特許事務所の差によって生じる．例えば，日本ではサムスン電子の特許出願の大多数は「三星電子」名で出願されているが，一部で「サムスン電子」「サムソン電子」名でも出願がされている．出願人の名称変更は，権利者の情報に反映される可能性があるものの，出願時点の出願人名や登録時点の権利者名を利用した場合，注意が必要である．異なる名称での登場は，主として海外企業で見られる．知的財産権の管理を別会社に委ねている場合，これらを的確に捕捉する必要がある．一例を示すと，General Motors社はすべての特許がGM Global Technology Operations LLCによって保有されている．

　留意点の第2は，共同出願人を基にした組織間関係の計測の不正確さである．組織の提携関係は共同出願という形で特許の書誌情報に現れる可能性はあるものの，両者の取り決め次第では片方の組織名で出願されうる．そこで，研究の多くは提携の情報を専門の商用データベースから取得してきた（例えば，Silverman & Baum, 2002）[12]．

　留意点の第3は，発明者とその出願人の情報を用いて，発明者の組織の異動を特定する研究に対するものである．Ge et al.（2016）は後述のLai et al.（2011）の名寄せ済み米国特許の発明者のデータに，ビジネス特化型ソーシャルネットワーキングサービスLinkedInの情報と接続し，それぞれの情報から導出される所属組織の異動の推測結果が少なからず異なることを発見した．さらに，発明者に質問票調査を行い，それぞれの推測結果が正しいか

---

11 ただし1975年からはごく僅かに複数の請求項を持つ特許権が存在する．
12 近時の研究ではRefinitivのSecurities Data Company（SDC）PlatinumやClarivateのCortellis（旧Recap）が用いられている．

確かめたところ，特許データを基にした推測結果では正確率が75％にとどまる一方，LinkedInから得られた推測結果では92％に上っていた．とはいえ，異動の追跡は容易ではないため，特許データに依拠することの意義は大きい．この限界を踏まえ，明示した上で利用するべきであろう．

8-5-5　技術分類情報の限界

　特許には技術分類が付与されているが，これは検索の便宜のためのものであり，例えば「IoT」や「自動運転」といった一般に認識されている技術領域の特定には直ちには結びつかない．通常は技術分類とキーワードを組み合わせ検索をしていく必要がある．その例が特許庁が行う「特許出願技術動向調査」であり，専門家を交えて特許の検索方法を検討し，一般に注目されている技術領域に係る特許の母集団の推定を行っている．研究においては，できる限りこれらの専門家の知見が入った検索条件を用いることが望ましい．

　また，技術分類の多さや技術分類から導出される距離は，厳密には技術的な知識の多様さや技術的な距離を反映しているとは言えない．技術分類の粒度はあくまで便宜的なものであって，技術的な視座から等距離にある技術を特定したものではない．とくに国際特許分類は要素技術と応用分野の双方を捉えており（Caviggioli, 2016），等距離性を前提にすることは必ずしも適切ではない（Jaffe & de Rassenfosse, 2019）．例えば，技術領域によっては多数の技術分類が付与される分野も存在する．とはいえ，Appio et al.（2019）等，近年の研究においてもこの点が致命的な欠点としては指摘されておらず，当面のところは技術分類情報に基づく技術間距離や技術知識多様性の操作化は正当化されよう．

8-5-6　引用情報による知識フローの推定の限界

　特許の引用情報を知識の流れや特許の性質を表すものとすることの可能性と限界については，Jaffe & de Rassenfosse（2019）のレビューにより大きく整理された．とくに指摘されているのが，知識フローとしての推定，特許の質の推定，技術の性質の操作化それぞれの限界点である．

　まず知識フローとしての操作化については，ノイズがあるものの概ね正しいとの結果が2000年代の研究では得られていた．しかし，引用は発明者・

出願人が行った引用（発明者引用）と，審査官が先行技術との関係を示したもの（審査官引用）に分かれる．知識フローと推定するのであれば，発明者引用が有効であると考えられる．

その妥当性を検証したものが Corsino et al. (2019) である．彼らは発明者へのアンケート調査と特許の発明者引用情報を組み合わせて，引用がどのような知識フローを表しているかを検証した．その結果，他組織の特許の参照，他組織の従業員との私的な交流，発明者自身の異動などは発明者引用に比較的反映されていることが確認された．他方，公式な組織間提携・共同は発明者引用に反映されていない傾向があることもわかった．さらに，組織が意図的に引用先組織との訴訟や他組織からの模倣を避けるため知識源の組織の特許の引用を回避している場合もあることもわかった．このように，引用情報による知識フローの推定は条件付きで正当化されることがわかる．

長期間のトレンドを見る上での留意点もある．近年は検索技術の向上によって特許1件に引用される特許の件数自体が増加傾向にある（Huang et al., 2020）．このため，異なる時期で後方引用数を比較するべきではない．

8-5-7　被引用数による特許の質の推定の限界

次に被引用数についても議論がある．まず，被引用数の量は技術分野により異なる（Hall et al., 2001）．このため，分野間の比較には慎重である必要がある．分野間の比較を伴う場合には，その出願年・技術分野での全ての特許の平均被引用数で割り正規化をする（例えば，Breitzman & Thomas, 2015），または，その出願年・技術分野での被引用数上位であるかのダミー変数に変換する（例えば，Kelley et al., 2013）などの手続きが取られる．

被引用数は切断バイアスの影響，すなわち，古い特許であるほど被引用数が多くなることの影響を受ける．そこで，いくつかの研究では研究開発の開始から特許の出願までが5年であること（Jaffe et al., 1993），引用のピークが出願後5年以内であること（Hall et al., 2001）を利用し，出願後5年に限った被引用数を用いることで対処している（例えば，Funk, 2014; Kumar & Zaheer, 2019）．

また，分野による異質性や，引用の性質，とくに発明者被引用か審査官被引用かにより意味するところが違うことは容易に想像できる．この差異を探

索的に分析した近年の研究である Higham et al.（2020）は，発明者被引用
と審査官被引用の差異，自己被引用の差異，技術分野の差異をそれぞれ分析
し，とくに技術分野によって発明者被引用，審査官被引用と相関がある，特
許の質に関わる指標が異なることを示した．被引用数を質の操作化に用いる
際には対象分野の性質を加味する必要であることを示唆している．

　さらに特許の質が企業価値に直結するものでないこともわかっている．被
引用数が多い特許はそれだけ訴訟のリスクに晒されやすいためである（Frey
et al., 2020）．このように被引用数には様々な留意点が存在している．

8-5-8　技術の性質の操作化の限界

　被引用特許の技術分野の多様度を基に算出される汎用性（generality）に
も注意点が指摘されている（Jaffe & de Rassenfosse, 2019）．この手法では，
被引用特許が多い場合にそれらの特許に付与された技術分類の揺れの影響を
受け，本来は多様な技術領域の特許に引用されていないにもかかわらず，一
見多様な技術領域に影響を与えたかのようにみえてしまうことがあるのであ
る．この難点は特に汎用技術（general purpose technology）の特定におい
て問題となる（Hall & Trajtenberg , 2004）．同様に Youtie et al.（2008）は
ナノテクノロジー分野での特許データを用い，汎用性指標は技術の普及性
（pervasiveness）をみているのみで，汎用技術というには，これに加えてイ
ノベーションの誘発，進歩の幅広さなども操作化する必要があると結論付け
ている．

　また，汎用性や引用特許の技術分野の多様度を基に算出される独自性
（originality）についてはノイズが含まれることが指摘されている．これらは
引用数，被引用数が少ないときに値が極度に上下する．特許出願されるもの
の中にはおよそまともな発明とはいえないものもごく僅かであるが含まれて
いる．にもかかわらず，引用，被引用が発生していた場合，変な発明である
がゆえに一見して汎用性や独自性が高く見えてしまうこともある（Czarni-
tzki et al., 2011）．

8-6 特許データの新たな可能性と組織論研究への示唆

8-6-1 名寄せの精緻化

　表記ゆれのうち，出願人名については，研究用データベースである「PAT-STAT」や「IIP パテントデータベース」[13]，また，商用のデータベースではアルゴリズムで名寄せを行い，揺れが緩和されている．また，バージニア大学の研究チームは，上場企業，かつ，米国特許に限られるが，親子関係や表記ゆれを全て加味し，企業群単位での特許を特定したデータベース「Global Corporate Patent Dataset」[14] を作成し，Web で公開している．日本の特許に限っては親子関係は文部科学省科学技術・学術政策研究所が作成する『NISTEP 企業名辞書』で整理されている．

　発明者名については，カリフォルニア州立大学バークレー校のチームが 1975 年から 2010 年までの米国特許の発明者の名寄せを行い，データセットを公開している（Lai et al., 2011）．ただし，この手法には不十分さがあるとの指摘もある．その改善を行った名寄せ手法の提案と，その結果のデータセットをカーネギーメロン大学のチームが公開している[15]（Ventura et al. 2015）．

　中国の発明者については同姓同名が多く研究上の障壁となっていたが，近年，この名寄せ手法についての興味深い提案がなされている．Yin et al.（2020）は，特許のテキストの類似度，および，発明者の住所を手がかりに名寄せを行っている．ただし，彼女らはデータセットを公開しておらず，研究で用いるには未だ障壁がある．

　なお，日本については同姓同名の可能性が相対的に低く名寄せの必要性が必ずしも高くないため，公開された成果はない．しかし，共同発明者の関係を基にした社会ネットワークの分析においては目視での確認を行うべきである．

---

13 https://www.iip.or.jp/patentdb/（2021 年 12 月 20 日閲覧）
14 https://patents.darden.virginia.edu/（2021 年 12 月 20 日閲覧）
15 https://www.cmu.edu/epp/disambiguation/（2021 年 12 月 20 日閲覧）

8-6-2　技術分類をはじめとする分類情報の精緻化

技術と対応する産業分野の情報が必要なときもある．特許データの技術分類を基にした対応産業分野を推定した成果は 2008 年に世界知的所有権機関（WIPO）から「WIPO Technology Concordance Table」として公開されてきた．ただし，対応関係の正確性には限界があった．近時，発明者の所属機関情報を基に精緻化をした対応関係表が公表された（Dorner & Harhoff, 2018）[16]．これにより，より精度の高い分析が可能となっている．

8-6-3　テキスト情報の利用

近年のテキスト・マイニング技術，機械学習技術の進歩により，従来の弱点であった点の克服の試みも見られる．第 1 の研究の流れとして，特許のテキストをトピックモデリングを使い精緻化し，新たな技術トピックの創出の初期にある特許か否かを以て生み出された技術の新規性を計測することを提案するものとして Kaplan & Vakili（2015）や Sun et al.（2021）がある．第 2 の研究の流れとして，個別の特許発明の技術的類似度を特許のテキスト情報を使って計測するものとして（Arts et al., 2018）がある．第 3 の研究の流れとして，汎用技術（general purpose technology）についての新たな提案も表れている．Petralia（2020）はテキスト・マイニングの手法により用語の群としての現れ方を計測し，新たに使われはじめた組み合わせの用語群か，多分野の用語群と高い共起関係にあるものかを基に計測ができるとしている[17]．

これらに加えて，特許発明の区分を実現するものもある．その一例が，欧州特許について特許発明の要旨のテキストデータを基に製法特許を特定した結果をデータセットとして公開した Seliger et al.（2019）である．製法特許については必ずしも出願の動機付けが強くないことは留保すべき点ながら，プロダクト・イノベーションとプロセス・イノベーションの区別が可能になった点はとりわけイノベーション研究の道を拡げるものといえる．

---

16 論文の supplemental としてダウンロードが可能である．https://doi.org/10.1016/j.respol.2018.02.005（2021 年 12 月 20 日閲覧）．
17 ただし，彼等の論文の説明は詳細ではなく，手法については十分な追跡が難しい．

8-6-4 組織論研究への示唆

　このように特許データについての限界が指摘される一方で，その限界を乗り越える創意工夫と研究基盤の整備が著しい速さで繰り返されている．特許データの利点は，定性研究の背景データとしても，また，組織論・戦略論研究における構成概念の操作化やその結果の代理指標としての定量的な活用も可能な点にある．特に近年の定量的な研究には特許データと他のデータを組み合わせたものや，テキストデータに立ち入ったものが散見される．これらの手法の発展と，経営学研究が積み重ねてきた理論が出会うところに新たな研究の機会が存在するのではないだろうか．

【参考文献】

Appio, F. P., De Luca, L. M., Morgan, R., & Martini, A. (2019). Patent portfolio diversity and firm profitability: A question of specialization or diversification? *Journal of Business Research*, *101*, 255-267.

Ardito, L., D'Adda, D., & Petruzzelli, A. M. (2018). Mapping innovation dynamics in the Internet of Things domain: Evidence from patent analysis. *Technological Forecasting and Social Change*, *136*, 317-330.

Argyres, N., Rios, L. A., & Silverman, B. S. (2020). Organizational change and the dynamics of innovation: Formal R&D structure and intrafirm inventor networks. *Strategic Management Journal*, *41* (11), 2015-2049.

Arts, S., Cassiman, B., & Gomez, J. C. (2018). Text matching to measure patent similarity. *Strategic Management Journal*, *39* (1), 62-84.

Arts, S., & Veugelers, R. (2015). Technology familiarity, recombinant novelty, and breakthrough invention. *Industrial and Corporate Change*, *24* (6), 1215-1246.

Asaba, S., & Wada, T. (2019). The contact-hitting R&D strategy of family firms in the Japanese pharmaceutical industry. *Family Business Review*, *32* (3), 277-295.

Belderbos, R., Faems, D., Leten, B., & Looy, B. V. (2010). Technological activities and their impact on the financial performance of the firm: Exploitation and exploration within and between firms. *Journal of Product Innovation Management*, *27* (6), 869-882.

Belderbos, R., Cassiman, B., Faems, D., Leten, B., & Van Looy, B. (2014). Co-ownership of intellectual property: Exploring the value-appropriation and value-creation implications of co-patenting with different partners. *Research Policy*, *43* (5), 841-852.

Benner, M. J., & Tushman, M. (2002). Process management and technological innovation: A longitudinal study of the photography and paint industries. *Administrative Science Quarterly*, *47* (4), 676-707.

Bos, B., Broekhuizen, T. L., & de Faria, P. (2015). A dynamic view on secrecy management. *Journal of Business Research*, *ß* (12), 2619-2627.

Breitzman, A., & Thomas, P. (2015). Inventor team size as a predictor of the future citation impact of patents. *Scientometrics, 103* (2), 631-647.

Byun, S. K., Oh, J. M., & Xia, H. (2021). Incremental vs. breakthrough innovation: The role of technology spillovers. *Management Science, 67* (3), 1779-1802.

Carignani, G., Cattani, G., & Zaina, G. (2019). Evolutionary chimeras: A Woesian perspective of radical innovation. *Industrial and Corporate Change, 28* (3), 511-528.

Carnabuci, G., & Operti, E. (2013). Where do firms' recombinant capabilities come from? Intraorganizational networks, knowledge, and firms' ability to innovate through technological recombination. *Strategic Management Journal, 34* (13), 1591-1613.

Caviggioli, F. (2016). Technology fusion: Identification and analysis of the drivers of technology convergence using patent data. *Technovation, 55,* 22-32.

Cohen, S. L., & Tripsas, M. (2018). Managing technological transitions by building bridges. *Academy of Management Journal, 61* (6), 2319-2342.

Cohen, W. M., Nelson, R. R., & Walsh, J. P. (2000). Protecting their intellectual assets: Appropriability conditions and why US manufacturing firms patent (or not). *NBER Working Paper* No.7552.

Corredoira, R. A., & Rosenkopf, L. (2010). Should auld acquaintance be forgot? The reverse transfer of knowledge through mobility ties. *Strategic Management Journal, 31* (2), 159-181.

Corsino, M., Mariani, M., & Torrisi, S. (2019). Firm strategic behavior and the measurement of knowledge flows with patent citations. *Strategic Management Journal, 40* (7), 1040-1069.

Criscuolo, P. (2009). Inter-firm reverse technology transfer: The home country effect of R&D internationalization. *Industrial and Corporate Change, 18* (5), 869-899.

Criscuolo, P., Alexy, O., Sharapov, D., & Salter, A. (2019). Lifting the veil: Using a quasi-replication approach to assess sample selection bias in patent-based studies. *Strategic Management Journal, 40* (2), 230-252.

Czarnitzki, D., Hussinger, K., & Schneider, C. (2011). "Wacky" patents meet economic indicators. *Economics Letters, 113* (2), 131-134.

Dahlin, K. B., & Behrens, D. M. (2005). When is an invention really radical?: Defining and measuring technological radicalness. *Research Policy, 34* (5), 717-737.

Dang, J., & Motohashi, K. (2015). Patent statistics: A good indicator for innovation in China? Patent subsidy program impacts on patent quality. *China Economic Review, 35,* 137-155.

Dibiaggio, L., Nasiriyar, M., & Nesta, L. (2014). Substitutability and complementarity of technological knowledge and the inventive performance of semiconductor companies. *Research Policy, 43* (9), 1582-1593.

Dorner, M., & Harhoff, D. (2018). A novel technology-industry concordance table based on linked inventor-establishment data. *Research Policy, 47* (4), 768-781.

Duysters, G., Lavie, D., Sabidussi, A., & Stettner, U. (2020). What drives exploration? Convergence and divergence of exploration tendencies among alliance partners and competitors. *Academy of Management Journal, 63* (5), 1425-1454.

Flammer, C., & Bansal, P. (2017). Does a long-term orientation create value? Evidence from a regression discontinuity. *Strategic Management Journal, 38* (9), 1827-1847.

Fleming, L., & Sorenson, O. (2004). Science as a map in technological search. *Strategic Management Journal, 25* (8-9), 909-928.

Frey, C. B., Neuhäusler, P., & Blind, K. (2020). Patents and corporate credit risk. *Industrial and Corporate Change, 29* (2), 289-308.

Funk, R. J. (2014). Making the most of where you are: Geography, networks, and innovation in organizations. *Academy of Management Journal, 57* (1), 193-222.

Ge, C., Huang, K. W., & Png, I. P. (2016). Engineer/scientist careers: Patents, online profiles, and misclassification bias. *Strategic Management Journal, 37* (1), 232-253.

後藤晃・永田晃也 (1997).「イノベーションの専有可能性と技術機会：サーベイデータによる日米比較研究」*NISTEP REPORT* No.48.

Griliches, Z. (1990). Patent statistics as economic indicators: A survey. *Journal of Economic Literature, 28,* 1661-1707.

Guan, J., & Liu, N. (2016). Exploitative and exploratory innovations in knowledge network and collaboration network: A patent analysis in the technological field of nano-energy. *Research Policy, 45* (1), 97-112.

Hall, B. H., Jaffe, A. B., & Trajtenberg, M. (2001). The NBER patent citation data file: Lessons, insights and methodological tools. *NBER Working Paper* No. 8498.

Hall, B. H., & Trajtenberg, M. (2004). Uncovering GPT with patent data. *NBER Working Paper* No. 10901.

Hegde, D., & Sampat, B. (2009). Examiner citations, applicant citations, and the private value of patents. *Economics Letters, 105* (3), 287-289.

Higham, K. W., de Rassenfosse, G., & Jaffe, A. B. (2020). Patent quality: Towards a systematic framework for analysis and measurement. *NBER Working Paper* No. 27598.

Holgersson, M., & Granstrand, O. (2017). Patenting motives, technology strategies, and open innovation. *Management Decision, 55* (6), 1265-1284

Holgersson, M., Granstrand, O., & Bogers, M. (2018). The evolution of intellectual property strategy in innovation ecosystems: Uncovering complementary and substitute appropriability regimes. *Long Range Planning, 51* (2), 303-319.

Huang, Y., Chen, L., & Zhang, L. (2020). Patent citation inflation: The phenomenon, its measurement, and relative indicators to temper its effects. *Journal of Informetrics, 14* (2), 101015.

Huo, D., Motohashi, K., & Gong, H. (2019). Team diversity as dissimilarity and variety in organizational innovation. *Research Policy, 48* (6), 1564-1572.

犬塚篤・渡部俊也 (2014).「パネルデータ分析を用いた社会的埋め込み理論の検証」『組織科学』*47* (3), 64-78.

Jaffe, A. B. (1986). Technological opportunity and spillovers of R&D: Evidence from firms' patents, profits and market value. *American Economic Review, 76,* 984-1001.

Jaffe, A. B., & de Rassenfosse, G. (2019). Patent citation data in social science research: Overview and best practices. In B. Depoorter, P. Menell & D. Schwartz (Eds.), *Research handbook on the economics of intellectual property law* (pp. 20-46). Edward Elgar.

Jaffe, A. B., Trajtenberg, M., & Henderson, R. (1993). Geographic localization of knowledge spillovers as evidenced by patent citations. *The Quarterly Journal of Economics, 108* (3), 577-598.

Jell, F., Henkel, J., & Wallin, M. W.（2017）. Offensive patent portfolio races. *Long Range Planning*, *50*（5）, 531-549.

Jones, S. L., Leiponen, A., & Vasudeva, G.（2021）. The evolution of cooperation in the face of conflict: Evidence from the innovation ecosystem for mobile telecom standards development. *Strategic Management Journal*, *42*（4）, 710-740.

Jung, H. J., & Lee, J. J.（2016）. The quest for originality: A new typology of knowledge search and breakthrough inventions. *Academy of Management Journal*, *59*（5）, 1725-1753.

Kabore, F. P., & Park, W. G.（2019）. Can patent family size and composition signal patent value? *Applied Economics*, *51*（60）, 6476-6496.

Kang, B., & Bekkers, R.（2015）. Just-in-time patents and the development of standards. *Research Policy*, *44*（10）, 1948-1961.

Kaplan, S., & Vakili, K.（2015）. The double-edged sword of recombination in breakthrough innovation. *Strategic Management Journal*, *36*（10）, 1435-1457.

Kelley, D. J., Ali, A., & Zahra, S. A.（2013）. Where do breakthroughs come from? Characteristics of high-potential inventions. *Journal of Product Innovation Management*, *30*（6）, 1212-1226.

木川大輔（2016）.「外部知識の獲得と技術のライフサイクル：バイオテクノロジー産業における抗体医薬品の事例」『組織科学』*49*（4）, 52-65.

近藤正幸・富澤宏之（2008）.『特許請求項数の国・技術分野・時期特性別分析』文部科学省科学技術政策研究所 調査資料 No. 144.

小阪玄次郎（2014）.「専業メーカーと総合メーカーにおける技術開発体制：蛍光表示管業界の事例研究」『組織科学』*48*（1）, 78-91.

Kumar, P., & Zaheer, A.（2019）. Ego-network stability and innovation in alliances. *Academy of Management Journal*, *62*（3）, 691-716.

Kwon, S.（2020）. How does patent transfer affect innovation of firms? *Technological Forecasting and Social Change*, *154*, 119959.

Lai, R., D'Amour, A., Yu, A., Sun, Y., & Fleming, L.（2011）. Disambiguation and co-authorship networks of the U.S. patent inventor database（1975-2010）, *Harvard Dataverse*, https://doi.org/10.7910/DVN/5F1RRI

Laursen, K., Moreira, S., Reichstein, T., & Leone, M. I.（2017）. Evading the boomerang effect: Using the grant-back clause to further generative appropriability from technology licensing deals. *Organization Science*, *28*（3）, 514-530.

Lemus, J., & Marshall, G.（2018）. When the clock starts ticking: Measuring strategic responses to TRIPS's patent term change. *Research Policy*, *47*（4）, 796-804.

Levin, R. C.（1986）. A new look at the patent system. *The American Economic Review*, *76*（2）, 199-202.

Lin, C., Wu, Y. J., Chang, C., Wang, W., & Lee, C. Y.（2012）. The alliance innovation performance of R&D alliances-the absorptive capacity perspective. *Technovation*, *32*（5）, 282-292.

Lodh, S., & Battaggion, M. R.（2015）. Technological breadth and depth of knowledge in innovation: The role of mergers and acquisitions in biotech. *Industrial and Corporate Change*, *24*（2）, 383-415.

Makri, M., Hitt, M. A., & Lane, P. J.（2010）. Complementary technologies, knowledge relatedness, and invention outcomes in high technology mergers and acquisitions.

Strategic Management Journal, 31 (6), 602-628.

Mawdsley, J. K., & Somaya, D. (2021). Relational embeddedness, breadth of added value opportunities, and business growth. *Organization Science, 32* (4), 1009-1032.

Mayer, K. J., Somaya, D., & Williamson, I. O. (2012). Firm-specific, industry-specific, and occupational human capital and the sourcing of knowledge work. *Organization Science, 23* (5), 1311-1329.

Miller, C. D., & Toh, P. K. (2020). Complementary components and returns from coordination within ecosystems via standard setting. *Strategic Management Journal.* Early View.

Moreira, S., Markus, A., & Laursen, K. (2018). Knowledge diversity and coordination: The effect of intrafirm inventor task networks on absorption speed. *Strategic Management Journal, 39* (9), 2517-2546.

中本龍市 (2018). 「顧客ポートフォリオが知識に与える効果：顧客の選択と集中」『組織科学』*51* (4), 43-49.

中村文亮 (2019). 「買収による発明者の研究開発生産性への影響」共同発明関係の変化の観点より」『組織科学』*53* (1), 2-17.

及川浩希 (2016). 「企業間の技術的類似度とスピルオーバー」『フィナンシャル・レビュー』*128*, 67-84.

Olsen, A. Ø., Sofka, W., & Grimpe, C. (2016). Coordinated exploration for grand challenges: The role of advocacy groups in search consortia. *Academy of Management Journal, 59* (6), 2232-2255.

大西宏一郎 (2019). 「特許の審査請求料等減免制度の利用が企業の特許登録等に与える影響」『特許研究』*68*, 35-50.

Paik, Y., & Zhu, F. (2016). The impact of patent wars on firm strategy: Evidence from the global smartphone industry. *Organization Science, 27* (6), 1397-1416.

Paruchuri, S., Nerkar, A., & Hambrick, D. C. (2006). Acquisition integration and productivity losses in the technical core: Disruption of inventors in acquired companies. *Organization Science, 17* (5), 545-562.

Petralia, S. (2020). Mapping general purpose technologies with patent data. *Research Policy, 49* (7), 104013.

Petralia, S., Balland, P., & Rigby, D. (2016). HistPat Dataset, *Harvard Dataverse,* https://doi.org/10.7910/DVN/BPC15W

Phelps, C. C. (2010). A longitudinal study of the influence of alliance network structure and composition on firm exploratory innovation. *Academy of Management Journal, 53* (4), 890-913.

Pisano, G. (2006). Profiting from innovation and the intellectual property revolution. *Research Policy, 35* (8), 1122-1130.

Sako, M., Chondrakis, G., & Vaaler, P. M. (2016). How do plural-sourcing firms make and buy? The impact of supplier portfolio design. *Organization Science, 27* (5), 1161-1182.

Savage, J. P., Li, M., Turner, S. F., Hatfield, D. E., & Cardinal, L. B. (2020). Mapping patent usage in management research: The state of prior art. *Journal of Management, 46* (6), 1121-1155.

Seliger, F., Heinrich, S., & Banholzer, N. (2019). Process_patents. *Harvard Dataverse,* https://doi.org/10.7910/DVN/CBSK2W

Silverman, B. S., & Baum, J. A. (2002). Alliance-based competitive dynamics. *Academy of Management Journal, 45* (4), 791-806.

Sun, B., Kolesnikov, S., Goldstein, A., & Chan, G. (2021). A dynamic approach for identifying technological breakthroughs with an application in solar photovoltaics. *Technological Forecasting and Social Change, 165*, 120534.

鈴木潤・後藤晃 (2006). 「特許統計から見た"価値の高い発明"の特性の解明」特許庁『特許データを用いた技術革新に関する研究』.

Tanimura, K. C. M. (2018). *The patent value chain: Organizational processes, strategic integration, and implications for management research.* Doctoral dissertation, Technical University of Munich, Germany.

Torrisi, S., Gambardella, A., Giuri, P., Harhoff, D., Hoisl, K., & Mariani, M. (2016). Used, blocking and sleeping patents: Empirical evidence from a large-scale inventor survey. *Research Policy, 45* (7), 1374-1385.

Trajtenberg, M., Henderson, R., & Jaffe, A. (1997). University versus corporate patents: A window on the basicness of invention. *Economics of Innovation and New Technology, 5* (1), 19-50.

Vakili, K. (2016). Collaborative promotion of technology standards and the impact on innovation, industry structure, and organizational capabilities: Evidence from modern patent pools. *Organization Science, 27* (6), 1504-1524.

Ventura, S. L., Nugent, R., & Fuchs, E. R. (2015). Seeing the non-stars: (Some) sources of bias in past disambiguation approaches and a new public tool leveraging labeled records. *Research Policy, 44* (9), 1672-1701.

Wagner, S., & Goossen, M. C. (2018). Knowing me, knowing you: Inventor mobility and the formation of technology-oriented alliances. *Academy of Management Journal, 61* (6), 2026-2052.

Wagner, S., Hoisl, K., & Thoma, G. (2014). Overcoming localization of knowledge—the role of professional service firms. *Strategic Management Journal, 35* (11), 1671-1688.

渡部俊也 (2012). 「境界を超えるオープンな知財ライセンス契約：どのようにして生まれ，どのように機能し，どういう意味を持つのか」『組織科学』*46* (2), 27-37.

Wen, W., Ceccagnoli, M., & Forman, C. (2016). Opening up intellectual property strategy: Implications for open source software entry by start-up firms. *Management Science, 62* (9), 2668-2691.

Woo, S., Jang, P., & Kim, Y. (2015). Effects of intellectual property rights and patented knowledge in innovation and industry value added: A multinational empirical analysis of different industries. *Technovation, 43*, 49-63.

安本雅典・吉岡（小林）徹 (2018). 「技術共有に対する知識構築の戦略の考察：移動体通信分野における標準必須特許の引用ネットワークの分析」『組織科学』*51* (4), 33-42.

Yin, D., Motohashi, K., & Dang, J. (2020). Large-scale name disambiguation of Chinese patent inventors (1985-2016). *Scientometrics, 122* (2), 765-790.

Youtie, J., Iacopetta, M., & Graham, S. (2008). Assessing the nature of nanotechnology: Can we uncover an emerging general purpose technology? *The Journal of Technology Transfer, 33* (3), 315-329.

特許データ活用の可能性

安本 雅典

　特許データを用いることで，多岐にわたる組織論（以下，戦略論も含め，組織論と表記）の実証研究が行われている．しかしながら，組織論研究にそった，特許データ活用の方法論についての整理は十分になされてきたとは言い難い．こうした状況に対し，吉岡（小林）論文（以下，本論文）は，特許制度や特許データに馴染みのない読者向けに特許データの活用やそのポイント，注意点とともに，限界を解説し，組織論研究の手法面での選択肢を広げようと試みている．このように，本論文は理論のレビューというよりは，特許データ活用のチュートリアルという側面が強い．ここでは，こうした本論文の特徴をふまえながら，さらに特許データの活用が理論を含む組織論研究においてどのような可能性を持ちうるのか，コメントしてみたい．

1. 本論文の特徴

　特許制度は，イノベーション活動へのインセンティブを与え，その成果の権利を保障するものである．その性質上，特許情報は高い精度と豊富な情報量を保ちながら，公開，蓄積されている．このため，特許データは，経時的，国際的な比較に求められるデータの整合性や一貫性への要望にもたえうるものである．

　しかしながら，実際に実証研究において特許データを活用する際には注意を要する．特許データは公開されているため入手しやすい．とはいえ，対象とする組織現象やそれに関わる概念を適切にとらえるものであるか，またそうしたデータとして適切に取り扱われているかという問題には細心の注意を払わなくてはならない．本論文は，こうした問題を意識しながら，組織論研究における定量と定性の両面での特許データ活用の魅力を示そうとしている．

　特許データに関わる研究は，大別すれば，特許データの抽出や処理に関する方法論の研究と，そうしたデータを用いた様々な実証研究とに分けて考えることができる．前者の特許データのデータとしての信頼性に関わる方法論

については，主としてエコノミストが洗練を試みてきた（例えば本論文でもふれられている Jaffe や Hall の一連の研究参照）．一方，組織論を含む社会科学の各分野では，後者の特許データを用いた実証研究が精力的に行われてきている．

実証研究ではデータの抽出や処理といったデータの信頼性を確保するための方法論が問われる．だが，そもそもそうした現象や概念を特許データで適切にとらえることができるのか，またどのような特許データであれば適切にとらえられるのかという，特許データ活用の妥当性の問題がある．本論文では，まず前半でこの特許データ活用の妥当性の問題を取り扱っている．本論文の前半は，数多くの実証研究における組織現象や関連概念の特許データによる操作化の仕方を概観し，組織論の実証研究における特許データ活用の状況を整理することで，適切な特許データ活用のあり方を探っている．そのうえで，後半では，チュートリアルとして，データの信頼性に関わる特許データの抽出・処理や分析に関する方法論，およびそれらの限界について解説している．

本論文では，近年の文献を中心に，多岐にわたる膨大なレビューを行っている．本論文は，そうした作業にもとづき，組織論の実証研究における特許データの活用の仕方から，その土台となる特許データの抽出・処理や分析のポイント，注意点，限界まで広く網羅した労作である．この点で，本論文は，組織論研究における特許データ活用の好適なガイドであると言える．

2. 理論との接点

では，特許データの活用は，組織論の要請にどのように応えてきたのだろうか．本論文が指摘するように，特許データは組織現象の測定を試みるうえで有効な指標であり，特許データの活用は組織論における実証研究に大きく貢献してきた．ここで改めて注意すべきことは，何をとらえようとするのかという関心や課題によって，抽出・処理され分析されるべき特許情報や特許データの抽出・処理や分析の手法は異なってくるということである．

本論文では，これまでの組織論の実証研究において，組織内外の技術的な知識や成果，研究開発の戦略・体制，組織間の関係や技術知識フローといった組織現象が，いかに特許データを用いて操作化されとらえられてきたのか

を整理している．他にも，例えばスタティックな技術や知識の状態を問うのか，それらのダイナミックな変化や移転を問うのかなど，本論文とは異なった整理の仕方も可能だろう．こうした別の整理の軸と組み合わせて絞り込めば，どのような場合に，どのような特許データの抽出・処理を行い，どのような分析の手法を使用すればよいのか，さらに理解しやすくなるかもしれない．

　では，組織論のどのような理論的な関心や課題にもとづいて，特許データは用いられてきたのだろうか．本論文では，例えば，技術についての多様性，独自性／汎用性，距離，補完性，スピルオーバー／移転といった概念が，引用情報を含む特許データを用いた分析手法で操作化されてきたことを紹介している．また，特許データの情報精度を高めるために特許の書誌情報のテキスト・マイニングの手法が活用されるようになっていることにもふれている．

　ただし，本論文では，特許データ活用の手法のチュートリアルという性質上，以上のような組織論の理論的な関心や課題にもとづく手法は，必ずしも十分に網羅されているわけではない．本論文では主に近年の実証研究が取り上げられているが，それらの先駆けとして，例えば，知識やその探索／深耕とイノベーションとの関係（e.g., Fleming & Sorenson, 2001; Rosenkopf & Nerkar, 2001; Yayavaram & Ahuja, 2008）やイノベーションに関わるネットワークや社会的資本（e.g., Agarwal et al., 2009; Sorenson et al., 2006; Schilling & Phelps, 2007）といった理論的テーマについて，特許データを用いた実証研究がなされ，後続の研究に大きな影響を与えている．これらの研究では，組織／発明者や技術の間の関係をより厳密に把握するためにネットワーク分析や引用の時系列的な分析の手法が提示されている．このように，特許データの分析の手法には，組織論の理論的な関心や課題に応じて，実証研究のなかで発達してきたものも少なくない．理論的テーマによって，どのように特許データが活用され分析されてきたのかについては，別途整理が必要であろう．

　また，それぞれの理論的な関心や課題に応じて，データの抽出や分析の手法は異なってくる可能性がある．例えば，知識の学習やイノベーションのメカニズムを検討する場合と，知財権による競争上の戦略的行動や経済的価値

の獲得の可能性を検討する場合では，特許データの抽出や分析の仕方は異なってくるかもしれない．組織論における特許データ活用の今後の方向性を探るうえでは，以上のように理論的な関心や課題による要請を意識することも必要となってくるのではないだろうか．

3. 理論的な展開への貢献の可能性

最後に，特許（データ）をめぐる課題から組織論の理論的な展開を考えることができないか考えてみたい．本論文でも部分的にふれられているように，特許の出願・取得・運用（訴訟を含む）は戦略的なものであり，こうしたデータを手掛かりとして企業の戦略の理解が進みつつある．

一方，近年では，技術や知識の組織間でのオープン化や移転が進むなかで，特許による専有可能性の意味が変化しつつある（Ahuja et al., 2013; Pisano, 2006）．特許は技術知識やその経済的成果についての専有の権利を保障する手段であり，競争力の源泉となるものであった．だが，近年ではむしろ特許を通じた技術の公開や移転／スピルオーバーに理論的な意義が見出され，それらのメカニズムや効果についての検討が進んでいる（e.g., Alnuaimi & George, 2016; Miller & Toh, 2020; Wen et al., 2016; Yang et al., 2010）．こうした試みからは，知識の移転によってイノベーションが促される条件やメカニズムをはじめ，企業の戦略的行動の新たな理解が進むことが予想される．これらはごく一部の例ではあるが，このように，特許（データ）をめぐる課題から組織論の新たな可能性が切り開かれうることも，最後に付記しておきたい．

【参考文献】（吉岡（小林）論文に書誌情報があるものを除く）

Agarwal, R., Ganco, M., & Ziedonis, R. H. (2009). Reputations for toughness in patent enforcement: Implications for knowledge spillovers via inventory mobility. *Strategic Management Journal, 30*, 1349–1374.

Ahuja, G., Lampert, C. M., & Novelli, E. (2013). The second face of appropriability: Generative appropriability and its determinants. *Academy of Management Review, 38* (2), 248–269.

Alnuaimi, T., & George, G. (2016). Appropriability and the retrieval of knowledge after spillovers. *Strategic Management Journal, 37* (7), 1263–1279.

Fleming, L., & Sorenson, O. (2001). Technology as a complex adaptive system: Evidence from patent data. *Research Policy, 30* (7), 1019-1039.

Rosenkopf, L., & Nerkar, A. (2001). Beyond local search: Boundary-spanning, exploration, and impact in the optical disk industry. *Strategic Management Journal, 22* (4), 287-306.

Schilling, M., & Phelps, C. (2007). Interfirm collaboration networks: The impact of large-scale network structure on firm innovation. *Management Science, 53* (7), 1113-1126.

Sorenson, O., Rivkin, J. W., & Fleming, L. (2006). Complexity, networks and knowledge flow. *Research Policy, 35*, 994-1017.

Wen, W., Ceccagnoli, M., & Forman, C. (2016) Opening up intellectual property strategy: Implications for open source software entry by start-up firms. *Management Science, 62* (9), 2668-2691.

Yang, H., Phelps, C., & Steensma, H. K. (2010). Learning from what others have learned from you: The effects of knowledge spillovers on originating firms. *Academy of Management Journal, 53* (2), 371-389.

Yayavaram S., & Ahuja G. (2008). Decomposability in knowledge structures and its impact on the usefulness of inventions and knowledge-base malleability. *Administrative Science Quarterly, 53*, 333-362.

■**執筆者紹介** （執筆順）

岩尾 俊兵 （いわお・しゅんぺい）　第 1 章

現在　慶應義塾大学商学部准教授
東京大学大学院経済学研究科マネジメント専攻博士課程修了，博士（経営学）
[主要業績]
『イノベーションを生む "改善"』有斐閣，2019（第 73 回義塾賞，第 37 回組織学会高宮
　賞，第 22 回日本生産管理学会賞）
『日本 "式" 経営の逆襲』日本経済新聞出版，2021
『13 歳からの経営の教科書』KADOKAWA，2022

塩谷　剛 （しおのや・ごう）　第 1 章

現在　香川大学経済学部准教授
神戸大学大学院経営学研究科博士課程後期課程修了，博士（経営学）
一般財団法人機械振興協会経済研究所調査研究部研究員，同志社大学商学部助教を経て，
　現在に至る
[主要業績]
「製品の機能次元におけるオーバーシュート：ミニバン市場における実証分析」『組織科
　学』46（3），2013
「経営者による探索と活用が企業パフォーマンスへ及ぼす影響：農業法人における実証分
　析」『組織科学』54（1），2020
「新型コロナウイルス感染症流行下における組織レジリエンス：農業法人における実証分
　析」『日本中小企業学会論集』41，2022

王　亦軒 （おう・えきけん）　第 2 章

現在　大阪公立大学大学院経営学研究科准教授
名古屋大学大学院経済学研究科博士後期課程修了，博士（経済学）
名古屋大学大学院経済学研究科助教を経て，現在に至る
[主要業績]
"Modular and integral knowledge integration: From the case of a Chinese IT enterprise,"
　Journal of Information & Knowledge Management, 17（1），2018
"How digital platform leaders can foster dynamic capabilities through innovation pro-
　cesses: the case of Taobao," *Technology Analysis & Strategic Management,* 2022

吉野 直人 （よしの・なおと）　第 3 章

現在　西南学院大学商学部准教授
神戸大学大学院経営学研究科博士課程後期課程修了，博士（経営学）
松山大学経営学部講師，准教授を経て，現在に至る
[主要業績]
"The materiality of artifacts in performing organizational routines: How patterns of
　action are created and maintained,"（共著），*Materiality in management studies: Devel-*

opment of the theoretical frontier. Springer, 2022
「高リスク組織とルール：安全管理研究のアジェンダ再考」（共著）『組織科学』51（3），
　2018
「レジリエンスの死角：なぜレジリエンスが失敗を招くのか？」『日本情報経営学会誌』
　41（3），2022

古田成志（ふるた・せいし）　第4章

現在　中京学院大学経営学部准教授
早稲田大学大学院商学研究科博士後期課程単位取得退学
中京学院大学経営学部助教，専任講師を経て，現在に至る
［主要業績］
「組織変革メカニズムにおける研究の再整理：コンテクスト研究，プロセス研究，コンテ
　ント研究の観点から」『早稲田大学大学院商学研究科紀要』（75），2012
「組織変革論におけるプロセス研究の変遷：1990年代までと2000年以降のプロセスモデ
　ルを比較して」『早稲田大学大学院商学研究科紀要』（77），2013

谷口　諒（たにぐち・りょう）　第5章

現在　明治大学経営学部専任講師
一橋大学大学院商学研究科博士後期課程修了，博士（商学）
早稲田大学イノベーション研究所次席研究員，一橋大学イノベーション研究センター特任
　講師を経て，現在に至る．
［主要業績］
「シンボルを用いた資源獲得の成功による資源配分の失敗：『バイオマス・ニッポン総合戦
　略』の事例」『組織科学』50（4），2017
「創造的なアイデアを『選ぶ』：チームを待ち受ける矛盾と困難」『日本経営学会誌』（近刊）

金　柄式（きむ・びょんしく）　第6章

現在　一橋大学大学院経営管理研究科経営管理専攻特任講師
一橋大学大学院経営管理研究科経営管理専攻博士後期課程修了，博士（商学）
［主要業績］
"The consequences of overshoot by status-prominent effect : Evidence from start-up's
　IPO in Japan,"Strategic Management Society 41th Annual Conference, Online, 2021-
　09-20.
"Status‐legitimacy spillover, resource mobilization, and negative effects on firm perfor-
　mance," The EGOS and Organization Studies Kyoto Workshop 2019, Kyoto, Japan,
　2019-12-14.

加藤敬太（かとう・けいた）　第7章

現在　埼玉大学大学院人文社会科学研究科准教授
大阪大学大学院経済学研究科博士後期課程修了，博士（経営学）
小樽商科大学商学部准教授，教授を経て，現在に至る

［主要業績］

『学史から学ぶ経営戦略』（分担執筆）文眞堂，2022

「老舗企業の長期存続ダイナミズムとサステイナブルな戦略：八丁味噌と岡崎地域をめぐ
る経時的分析」『組織科学』45 (1)，2011

「ファミリービジネスにおける企業家活動のダイナミズム：ミツカングループにおける7
代当主と8代当主の企業家継承と戦略創造」『組織科学』47 (3)，2014

吉岡（小林）徹（よしおか(こばやし)・とおる）　第8章

現在　一橋大学イノベーション研究センター講師

東京大学大学院工学系研究科博士課程修了，博士（工学）

株式会社三菱総合研究所研究員，東京大学大学院工学系研究科特任助教を経て現在に至
る．

［主要業績］

"Determinants of contract renewals in university-industry contract research: Going my
way, or Good Sam?"（共著），*University-Industry Knowledge Interactions: People, Ten-
sions and Impact*, Springer, 2022.

"The validity of industrial design registrations and design patents as a measurement of
'good' product design: A comparative empirical analysis,"（共著），*World Patent Infor-
mation, 53*, 2018

■コメンテーター紹介 （執筆順）

児玉　充　（こだま・みつる）　日本大学商学部教授

桑田耕太郎　（くわだ・こうたろう）　東京都立大学大学院経営学研究科教授

大月博司　（おおつき・ひろし）　中央学院大学大学院商学研究科特任教授

山口真一　（やまぐち・しんいち）　国際大学グローバル・コミュニケーション・
　　　　　　　　　　　　　　　　　　　　　　　　　　　　　　　　　センター准教授

三橋　平　（みつはし・ひとし）　早稲田大学商学部教授

山田真茂留　（やまだ・まもる）　早稲田大学文学学術院教授

安本雅典　（やすもと・まさのり）　横浜国立大学大学院環境情報研究院教授

■組織論レビュー実行委員

高尾義明　（たかお・よしあき）　東京都立大学大学院経営学研究科教授

服部泰宏　（はっとり・やすひろ）　神戸大学大学院経営学研究科准教授

宮尾　学　（みやお・まなぶ）　神戸大学大学院経営学研究科准教授

■特定非営利活動法人組織学会の紹介

経営学，経済学，法律学，行政学，社会学，心理学，行動科学，工学，経営実務などの観点から総合的に組織の研究を行い，あわせて組織の改善に寄与することを目的として，1959年に設立された学術団体．2005年に特定非営利活動法人（NPO法人）となる．会員は，大学や各種研究機関に所属する研究者の他に，企業等の実務家から構成されている．

詳細は，組織学会のWEBサイトをご覧下さい．
https://www.aaos.or.jp/

組織論レビューⅣ
—マクロ組織と環境のダイナミクス—

発行日──2022年9月26日　初 版 発 行　　　　　〈検印省略〉

編　者──特定非営利活動法人組織学会

発行者──大矢栄一郎

発行所──株式会社　白桃書房

〒101-0021　東京都千代田区外神田5-1-15
☎03-3836-4781　🅵03-3836-9370　振替00100-4-20192
https://www.hakutou.co.jp/

印刷・製本──藤原印刷株式会社

© The Academic Association for Organizational Science 2022　Printed in Japan
ISBN978-4-561-26769-0　C3034
本書のコピー，スキャン，デジタル化等の無断複製は著作権法上での例外を除き禁じられています．本書を代行業者等の第三者に依頼してスキャンやデジタル化することは，たとえ個人や家庭内の利用であっても著作権法上認められておりません．

JCOPY 〈出版者著作権管理機構 委託出版物〉
本書の無断複写は著作権法上での例外を除き禁じられています．複写される場合は，そのつど事前に，出版者著作権管理機構（電話03-5244-5088，FAX03-5244-5089，e-mail: info@jcopy.or.jp）の許諾を得てください．
落丁本・乱丁本はおとりかえいたします．

組織論レビューⅠ
組織とスタッフのダイナミズム

組織学会 編

国際人的資源管理論における日本企業批判

海外派遣帰任者のキャリア・マネジメント

組織研究の視座からのプロフェッショナル研究レビュー

心理的契約研究の過去・現在・未来

組織成員のアイデンティフィケーション

定価 3300 円（税込）　ISBN 978-4-561-26616-7　2013 年 6 月発行

組織論レビューⅡ
外部環境と経営組織

組織学会 編

組織アイデンティティ論の発生と発展

ダイナミック・ケイパビリティ

技術の社会的形成

資源依存パースペクティブの理論的展開とその評価

経営組織のコンピューター・シミュレーション

定価 3300 円（税込）　ISBN 978-4-561-26617-4　2013 年 6 月発行

組織論レビューⅢ
組織の中の個人と集団

組織学会 編

組織行動研究における組織

個人－組織適合研究の系譜と新展開

組織の外に広がる社会関係資本

ジェンダーと組織研究

組織における権力者の心理

逸脱と革新

チーム認知とチームの創造性

過去の展望から未来の問いをどのように導き出すか

定価 3300 円　ISBN 978-4-561-26768-3　2022 年 9 月発行